原道

第 26 辑

陈　明　朱汉民　主编

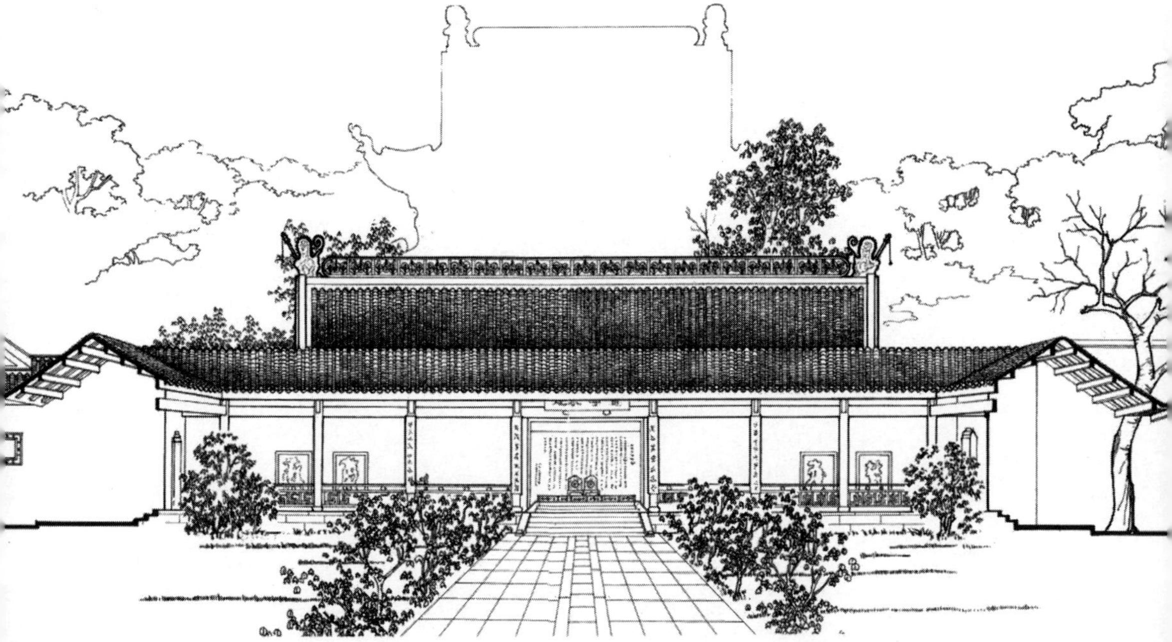

人民东方出版传媒
東方出版社

本辑作者

常　安　西北政法大学行政法学院副教授
朱维群　全国政协民族和宗教委员会主任
王奇昌　内蒙古工业大学人文学院讲师
胡　芮　东南大学人文学院博士研究生
杨　强　西北政法大学民族宗教研究院副教授
曹　伟　兰州大学管理学院讲师
杨立峰　西北政法大学政治与公共管理学院副教授
林　超　山东大学儒学高等研究院博士研究生
王　恒　西南政法大学行政法学院副教授
戴鹏飞　西南政法大学行政法学院讲师
徐　辰　中国政法大学法学院博士研究生
曾海军　四川大学哲学系副教授
多丽梅　故宫博物院故宫研究院博士后研究人员
陈　强　三亚学院副教授
梁玉春　新疆师范大学马克思主义学院副教授
邓林华　湖南大学岳麓书院博士研究生
盛　洪　山东大学经济学院教授
秋　风　北京航空航天大学高研院教授
韩德民　中国语言文化大学人文学院教授
方朝辉　清华大学历史系教授
程广云　首都师范大学历史系教授

陈　明　首都师范大学儒教研究中心主任，原道书院院长

蒋　庆　阳明精舍山长

冯建章　三亚学院艺术学院教师

张　敏　河南大学法学院讲师

靳大成　中国社会科学院文学研究所研究员

束鑫恣　浙江大学哲学系博士后研究人员

朱小飞　浙江大学光华法学院硕士研究生

目　录

思想与学术

读书与评论

编后记

“国族认同的论争与实践”专题

导言：民族问题研究与中华民族共同体意识培育

常　安*

时至今日，虽然不断有学者提出要“超越民族国家、迈向文明国家”，〔1〕或者说用天下体系取代民族国家，〔2〕但放眼世界，国际竞争的主权单位仍然是民族国家，一个民族国家内部多民族的情况，是民族国家的一种表现形式，而非民族国家的对立物。〔3〕中华人民共和国这个主权的社会主义民族国家对应的国家民族，无疑是具有悠久历史和灿烂文明的“中华民族”；我国作为一个社会主义多民族国家，实际上是民族国家这个现代国家形态类型中的一种具体体现：中华民族，经五千年来各族人民交往交融的悠久历史而形成、在近代以来共同面对救亡图存的民族解放任务，新中国成立后，又共同投入建设社会主义国家的民族复兴大业之中，也实现了中华民族国族建构的质的飞跃。

但很多时候，国族建构并不是毕其功于一役的运动战，而是得时刻准备应对新

---

*　常安，西北政法大学行政法学院副教授，西北政法大学民族宗教研究院研究员，法学博士。

〔1〕　如甘阳：《从“民族—国家”走向“文明—国家”》，《书城》2004 年第 2 期，甘阳认为，“中国在上世纪的中心问题是要建立一个现代‘民族—国家’（nation-state），但中国在 21 世纪的中心问题则是要超越‘民族—国家’的逻辑，而自觉地走向重建中国作为一个‘文明—国家’（civilization-state）的格局。”

〔2〕　如赵汀阳认为“对世界负责任，而不是仅仅对自己的国家负责任，这在理论上是一个中国哲学视界，在实践上则是全新的可能性，即以‘天下’作为关于政治/经济利益的优先分析单位，从天下去理解世界，也就是要以‘世界’作为思考单位去分析问题，超越西方的民族/国家思维方式，就是要以世界责任为己任，创造世界新理念和世界制度”，详见赵汀阳：《天下体系：世界之都哲学导论》，江苏教育出版社 2005 年版。

〔3〕　参见宁骚：《论民族国家》，《北京大学学报（哲学社会科学版）》1991 年第 6 期。

的制度挑战的持久战，也正因为如此，我们才会有审时度势、与时俱进的说法。改革开放以来，中国所面临的是一种国内外局势的全方面变迁，这种变迁也直接影响到了当代中国的民族治理，如西方国家在后冷战时代基于地缘政治考虑所打的所谓“民族牌”、民族自治地方部分基层地区地方治理能力的下降、部分公民族裔意识的无限拔高以至于影响到了国家认同和中华民族认同等问题，这些问题均对我国这样一个多民族大国的国族建构提出了新的要求。

2014年召开的中央民族工作会议，正是党中央在深入发展社会主义市场经济和实行对外开放的历史条件下对于当前和今后一个时期民族工作大政方针的新的决策与部署；这次中央民族工作会议所提出的一系列新的思想、论断与认识，也对我国的民族问题研究提出了新的要求。而此次中央民族工作会议精神的一条重要主线，即是对于“中华民族共同体”意识的强调。本次会议，从阐述我国统一的多民族国家基本国情，将“多民族的大一统、各民族多元一体”视为“老祖宗留给我们的一笔重要财富”和“我们国家的一个重要优势”，到强调近代以来中华民族面对亡国灭种危机时对于中华民族作为一个命运共同体的深刻体会，以及加强各民族交往交融交流，增强中华民族凝聚力；尤其是对于“加强中华民族大团结，长远和根本的是增强文化认同，建设各民族共有精神家园，积极培养中华民族共同体意识”的宏伟部署，更是把“积极培养中华民族共同体意识”提升到民族工作的战略任务的高度。

此次会议精神对于“中华民族共同体”意识的强调，也有助于改变以往民族问题理论方面的一些模糊认识与错误思想，而由于民族问题研究自身非常强的现实因素，这种模糊认识与错误思想，实际上对于民族团结的工作实践和中华民族认同也产生不利影响，如周平和关凯等学者所指出的，“随着明显具有后现代色彩的西方多元文化主义和差异政治理论在国内的传播，一些人援引西方理论对这样的观点和思想进行包装，强调组成中华民族的个别民族群体的差异性和分殊化发展的观点和思想便逐渐理论化，并以意识形态的形式传播”，[1]而在具体实践中，“我国民族理论政策在强调少数民族的文化特殊性时，非常普遍的做法是热衷于传播那种通

[1] 周平：《中华民族思想是重大的理论创新》，《中国民族》2015年第3期。

常和现实非常遥远的‘古代’的民族文化，比如传统的生活习俗和服饰，而对少数民族和汉文化的相互影响，却几乎不加展示……我们从公共媒体上获得的关于少数民族文化的信息，大多是那些古老习俗的历史遗迹，而不是现实中那种汉族和少数民族高度互动的文化关系”。〔1〕可以说，这些关于民族问题的模糊认识与不当做法，实际上也和我们在民族问题研究中对于“中华民族共同体”问题研究的重视不足有关，而多元主义、权利原子化、全球化等思潮的涌入和冲击，更使得对于上述问题的认识愈加混乱。

因此，此次中央民族工作会议对于中华民族思想的郑重强调，对于“中华民族共同体意识”培育的伟大部署，可谓正本清源、正当其时。而贯彻中央民族工作会议精神，通过自己的研究为“中华民族共同体意识”的培养提供理论力量，也是当代中国民族问题研究者义不容辞的责任。

国家建构与国族建构，是《原道》长期以来一直关注的主题。在《原道》早期关于中国古典哲学包括儒家政治哲学等方面的稿件中，即不乏对于中国国家建构与国族整合的关照，也不乏针对民族国家理论及其中国应用的分析与反思。在《原道》第24辑，更是明确将“国家建构与国族建构”作为辑刊专题征稿选题，其中也有多篇稿件的主题涉及中华民族共同体意识的培养问题。中华民族共同体意识培养，从某种意义上讲，即是培养各族公民对于中华民族这一国家民族的国族认同意识。认同，本是一个心理学概念，具体到国族认同，实际上就是组成这一国家民族的成员对于国家民族这一政治—文化共同体的归属感。

而在多民族国家，这种国族认同意识的培养，其必须面临的一个问题即是族裔认同与国家认同、国族认同关系的协调，如关凯所指出的，“现代的民族（nation）却无法脱离其内在成员的感情联系，在这一点上，国家建构面临的主要挑战来自于国家内部国民群体的族群多样性——那些与‘国族’相比次一级的‘族群’所具有的内部凝聚力，可能会与国家建构的努力彼此冲突——当某些内部族群保持着超越国家认同的族群认同时，我们或许有理由认为这是国家建构的失败”。〔2〕毕竟，

〔1〕 关凯：《族群政治》，中央民族大学出版社2007年版，第264页。

〔2〕 关凯：《族群政治》，第35－36页。

在一个多民族国家内部，各民族公民对于本民族的认同，或者说其自身的族裔意识，一方面有利于增强各民族公民参与国家公共事务的积极性；但另一方面也有可能对国家民族认同和国家认同起到消解作用，从而不利于民族国家的整体建构。所以，如何通过具体的制度设计确立国家认同与国族认同的最高性，便成为多民族国家进行国家建构和国族建构的重要内容。

鉴于此，《原道》将本期的专题征稿选题定为“国族认同：论争与实践”，即是试图通过对于近代以来我国关于国族认同的相关理论论争的回溯与反思，以及对于民族治理制度建构中的国族认同意识培育问题的分析与思考，探求当代中国的中华民族共同体意识培养之道。所刊9篇论文，有从近代以来中国所面临的“反分裂斗争”这一重大政治话题入手，分析中华民族认同建设对于我国反分裂斗争的重要意义的；也有论者通过对20世纪30年代边疆多民族地区的自治运动的分析，思考族裔认同与国族认同的复杂关系；还有论者以近代中国思想史变迁为背景，分析了“中华民族”概念从“道德想象共同体”到“伦理实体”的嬗变轨迹。民族问题研究具有显明的现实性与政治性，民族问题研究的各种理论论争，也非纯粹的学理推演，因此，本期专题征稿中的另外几篇稿件则更多地将问题视域聚焦于民族治理制度建构中所凸显的国族认同问题，如对于“各民族交往交融”之于民族团结、国家统一的重要性、必要性与路径的强调，对于新中国成立以来民族政策中的中华民族认同培养问题的分析，以及如何通过相应的制度建构来促进中华民族共同体意识的培养等问题的具体分析；均是对于如何通过恰当的民族工作安排、民族政策建构来夯实国族认同的一种思考。

本次中央民族工作会议提出，要加强各民族的交往交流交融。各民族的交往交流交融，有利于加强民族团结、增强中华民族的凝聚力。而在改革开放和社会主义市场经济不断深化、城市化与各民族人口流动频繁的当下，各民族交往交融在城市民族工作与民族关系处理方面的重要性更是不言而喻。本期专题组稿为此重登了全国政协民族和宗教委员会主任、中共中央统战部原常务副部长朱维群先生2014年7月28日接受中国西藏网的专访《民族工作应向“交往交流交融”使劲》。在专访中，朱维群先生开宗明义，强调“在今天社会主义市场经济迅速发展的时代背景下，民族工作要避免强化民族之间、民族区域自治地方和非民族区域自治地方之间的区分，更多强调中华民族的共同性、一致性，促进各民族交往交流交融”；并介绍了我国各民族交往交流交融的悠久历史、厘清了“交融”与“融合”的差异。对于今天民族区域自治制度的发展与完善，朱维群先生指出，“联系历史和现实，我国现行的民族区域自治制度既满足了少数民族自治的愿望，又体现和巩固了国家的统一，是个好制度，应当长期坚持。但时代发展至今，这一制度的社会背景不仅比解放初期，就是比改革开放初期，也都发生了广泛、深刻的改变，如果再去人为扩大自治地方与非自治地方管理方式的区别，再去搞一些新花样，就是不合时宜了”，而经济方面的一些所谓“民族问题”，实际上只是地域发展不平衡问题，在教育文化方面，则“既不能以保护民族特点为名阻碍少数民族文化的现代化；也不能任由中华民族这部分宝贵文化基因在市场自发作用冲刷下整体流失”。朱维群先生的上述深刻论断，有助于我们充分了解中国民族工作格局现状，进而思考如何在具体的制度建构中培养中华民族共同体意识。

今年是抗日战争胜利70周年，在中华民族作为一个命运共同体的发展历程中，抗日战争中中华各族人民团结一心、抗击外侮的共同经历起到了至关重要的作用。“九一八事变”后，中华民族的生存面临空前挑战，边疆形势也愈加恶化，各族人民作为中华民族的成员在与日本帝国主义者的殊死较量中，对中华民族作为一个命运共同体有更为深切的感受，国歌《义勇军进行曲》，即是包括抗日战争在内的中华民族近代以来为争取民族解放而斗争的一部史诗记载。在抗战期间，日本帝国主义者除了自身武装力量的直接入侵，另外一个核心举措就是煽动、扶持一些边疆分裂分子以“自治、自决”之名进行分土裂国阴谋活动。[1]正是基于这样一种背景，在国民政府的立宪活动中，开始更强调中国境内各民族作为中华民族一分子，中国境内各民族面对中华民族的整体民族危机命运休戚相关的一体性层面，这便是抗战时期国民政府立宪活动中对于“国内各民族均为中华民族之构成分子”的强调。而顾颉刚先生、费孝通先生等在1939年关于“中华民族”概念的一系列论争，同

---

〔1〕 边疆民族问题研究，实际上从来不是纯粹的学术研究，日本关于中国满蒙回藏边疆的研究，都深受其政治动机影响甚至直接接受军部等机关的资助，也是服务于亚洲殖民计划的整体安排，详见葛兆光：《边关何处？——19、20世纪之交日本“满蒙回藏鲜”之学的兴起及其背景》，《复旦大学学报（社会科学版）》2010年第3期。

样是基于抗日战争以及日本帝国主义者对于我国的边疆图谋这一现实背景。作为后辈，我们有幸处于安定团结的大好局面，但诚如马戎所指出的："今天，全体中国人都面对着由境外反华势力支持的'藏独'、'疆独'分裂中国的图谋，民族分裂集团最核心的理论就是断然否认'中华民族'，认为中国境内的某些'民族'具有独立建国的政治权利。今天凡是研究中国民族问题的学者，回顾一下70多年前在中国学术界发生的这场关于'中华民族'定义的争辩，重读顾颉刚先生、费孝通先生等前辈在1939年抗日战争最危急时刻发表的这些文章，相信也会和我一样，内心有所触动。"

因此，本辑专题组稿中有4篇稿件分别从不同角度对于顾颉刚先生、费孝通先生当初的论争进行了研究。曹伟的《反分裂视角下的"中华民族认同"建设》指出，顾颉刚、费孝通关于"民族"的争论表面上看来是称谓之争，其核心则事关中国的国家统一与领土完整，中国的分裂主义产生于中国的国家认同弱化之际，并一直以族群民族主义为工具力图在中华民族之外建构新的"民族"，妄图达到分裂中国的目的，通过强化中华民族认同达到强化国家认同之目的，方是反分裂的治本之策，显示出极为清醒的政治认识。杨强的《20世纪早期内蒙古自治运动与中华民族认同》则以20世纪内蒙古所经历的三次自治运动为例，在凸显了族裔认同与国家认同的复杂关系和中国作为一个多民族国家从古典王朝到现代民族国家的转型困境的同时，也为顾颉刚先生、费孝通先生关于"民族"论争的现实政治背景从边疆治理个案角度提供了鲜活的佐证。胡芮的《中华民族：从道德想象到伦理实体》则将顾费论争置身于中国思想史变迁的长时段视野之中，胡文首先梳理了中国民族观念思想发展的历程，指出其与近代以来从西方传入的"民族"概念之含义差别，并详细梳理了近代中国思想界提出"中华民族"这一具有国族（nation）意义的概念的思想历程，勾勒出"中华民族"与传统"民族"概念所存在的从"道德想象共同体"到"伦理实体"的嬗变轨迹。而从事西方民族主义政治学译介与研究的杨立峰，其文《多民族国家的公民团结问题》则以威尔·金里卡的少数族群权利理论与大卫·米勒的共同民族性理论为参照，与当时顾颉刚先生主张基于同一民族认同来维护团结统一而费孝通先生主张通过实现各民族政治平等来实现政治统一的论争观点进行对勘，进而分析了这两种研究路径各自的优势与不足，可以说是就多民族国家的公民团结或者政治统一问题所进行的一种比较视野的分析。上述研究，分别从政治视野、历史例证、思想史分析、比较政治理论等角度，对70余年前的这场涉及国族认同的理论论争进行了全方位的分析，也有助于我们思考当代中国的国族认同问题。

本辑专题组稿的另外4篇文章中，王奇昌的《促进各民族交融的必要性与路径》和林超的《中华民族“多元一体”与“民族成分”的复合标识》两篇文章虽然具体论证方式不同，但都着眼于当代中国民族工作中的中华民族共同体意识培育问题。王文直接呼应了前述朱维群先生的专访，从中西方历史和现实经验教训出发，论证了促进各民族交融的必要性，进而对现行若干相关具体做法提出了反思性意见，最后提出了有针对性的建议。林文运用“囊缩式”认同与“嵌入式”认同这两个概念，描绘出了多民族国家内部民族认同的动态性与复杂性，指出现行“民族成分”一栏中只有56个低层次族属标识的符号分类，只满足了部分具有嵌入式国族认同偏好人群的需求。因此，国家有必要同时增加一个“中华民族”的认同符号，来满足部分具有囊缩式国族认同偏好的公民，在自己“民族成分”一栏中标识出“中华民族”的强烈愿望。而王恒的《民族认同、宪法爱国主义与美国例外论》与戴鹏飞的《苏格兰“民族”建构与1707年议会联合》则分别以美国的国族建构与大英帝国建构进程中的苏格兰“民族”问题为例，为我们思考国族认同问题包括中华民族共同体意识培养问题提供了域外的历史经验梳理。

通过对上述9篇文章的介绍，读者或许发现此次“国族认同：论争与实践”专题的诸篇稿件涉及的领域以政治、法律领域为多。这实际上也并不偶然，国族认同，除了文化建设方面的春风化雨、潜移默化，更需要制度建设方面的相应跟进，而在这其中，似可更充分地发挥宪法作为该国内部各民族共同的政治象征的作用，即实现民族国家建构在宪法文本层面的载明。

就现代民族国家的建构而言，宪法无疑具有非常重要的地位，宪法，作为一个主权独立的民族国家内部的共同政治契约，反映了这个政治共同体的基本政治立场和政治判断；而民族国家要求的民族—国家统一性，则必然要求要确立起一个高于内部各民族认同的国家民族，而在宪法或者宪法性文件中彰显这个国家民族的政治地位，实质上是通过确立一个共同的政治象征来凝聚该国内部各民族政治认同心理基础，进而实现国家民族—民族国家政治构造的同一性。[1]

就中华人民共和国这个社会主义民族国家而言，其对应的国家民族无疑是中华民族。中华民族认同，是高于各族人民对于本族群认同的一种国家民族认同，也是中华人民共和国这个社会主义民族国家塑造中的重要内容。从《中国人民政治协商会议共同纲领》到新中国成立后制定的历部宪法，虽然不乏“我国各民族已经团结成为一个自由平等的民族大家庭”（1954年宪法序言第4段）、“一八四零年以后，封建的中国逐渐变成半殖民地、半封建的国家。中国人民为国家独立、民族解放和民主自由进行了前仆后继的英勇奋斗”（现行宪法序言第2段）的表述，而“我国各民族已经团结成为一个自由平等的民族大家庭”所指正是中华民族，1840以后中国人民为“民族解放”所进行的“前仆后继的英勇奋斗”中的“民族解放”，也只能是作为中国56族群之上整体的中华民族的民族解放；但新中国成立后制定的历部宪法，并无“中华民族”的明确字眼，而更多的采用了“中国各族人民”“中国人民”“包括台湾同胞在内的全中国人民”“全国各族人民”“全国各民族”等表述方式（参见现行宪法序言及条文的相关表述）。而2005年3月14日第十届全国人民代表大会第三次会议通过《反分裂国家法》，作为重要的宪法性文件，则首次在立法表达上明确表明其立法主旨为“为了反对和遏制‘台独’分裂势力分裂国家，促进祖国和平统一，维护台湾海峡地区和平稳定，维护国家主权和领土完整，维护中华民族的根本利益”（《反分裂国家法》第1条）。这是以宪法性文件的形式，对“中华民族认同”的庄严记载，同时也表达了海峡两岸人民的共同愿望。

因此，此次中央民族工作会议精神中对于中华民族思想尤其是“中华民族共同体”意识培育的强调，可以说是我国在民族工作与民族研究方面的一个重大理

---

〔1〕 因此，一些多民族国家，如土耳其、俄罗斯，为了抵消跨界民族等有可能影响国家内部族群对于本国国家认同度的因素，纷纷通过立宪活动强化土耳其民族、俄罗斯统一国家民族等的政治象征意蕴。如土耳其宪法中对于“土耳其民族”的反复表述，旨在塑造一个高于其国家内部突厥人、库尔德人、高加索人、亚美尼亚人、希腊人、阿拉伯人的国家民族；俄罗斯联邦成立后，尤其是车臣叛乱之后，则提出建立“统一俄罗斯国家民族”“公民民族”“政治民族”的政治主张，称呼俄罗斯民族、鞑靼民族等为俄罗斯族裔民族、鞑靼族裔民族，强调“统一俄罗斯民族”与“俄罗斯联邦”在民族国家构造上的同一性。

论创新。而现行宪法文本中“中华民族”认同仅仅属于一种隐含的状态显然是不够的，还应该得到更为明确的彰显。面对目前“台独”“藏独”“疆独”分子主张“法理台独”“西藏独立论”“新疆独立论”等所谓法律战的猖獗之态，我们除了在政治上坚持“维护国家统一和全国各民族团结”、在历史、文化上揭露分裂分子歪曲本族群历史的真正面目，更需要在法律、尤其是宪法文本的层面强化“中华民族”认同，巩固中国各族人民都是中华民族这个大家庭的成员的民族团结意识和宪法爱国主义认同。

民族工作应向“交往交流交融”使劲

朱维群*

中国西藏网讯 近日，全国政协民族和宗教委员会主任朱维群就我国民族工作问题，接受了中国西藏网的专访。他认为，在今天社会主义市场经济迅速发展的时代背景下，民族工作要避免强化民族之间、民族区域自治地方和非民族区域自治地方之间的区分，更多强调中华民族的共同性、一致性，促进各民族交往交流交融。

记 者： 民族问题已成为当今中国社会关注度最高的问题之一。对于5月份召开的第二次中央新疆工作座谈会，从民族工作的角度，您认为最重要的是什么？

朱维群： 第二次中央新疆工作座谈会有关民族工作的精神非常丰富，既有理论阐述、经验总结，也有大量富有创造性的具体措施。而我认为其中最重要的，带有普遍导向意义的，是会议再次强调促进我国各民族“交往交流交融”以及相关政策原则。这些原则不仅适用于当前负有反分裂、反暴力恐怖斗争重任的新疆，而且适用于今后一个长时期内全国的民族工作，其意义正在被越来越多的民族问题理论和实际工作者所认识。

促进各民族“交往交流交融”，第一次提出是2010年2月召开的中央第五次西藏工作座谈会；2010年6月召开的中央新疆工作座谈会再次重申这个原则，同时还提出“增强对伟大祖国的认同、对中华民族的认同、对中华文化的认同、对中

---

* 朱维群，全国政协民族和宗教委员会主任，曾任中共中央统战部常务副部长。本文系作者接受中国西藏网专访所作，原载中国西藏网2014年7月28日，本刊经作者同意转载于此，以飨读者。

国特色社会主义道路的认同”。中央第二次新疆工作座谈会已是第三次强调“交往交流交融”，同时又对前述两个会议有关提法进行完善，提出“依法行使民族区域自治权和贯彻党和国家方针政策相统一、保护少数民族合法权益和依法履行公民义务相统一、促进区域内全体群众共同富裕和重点帮助相对贫困地区相统一”，“增强各族群众的国家意识、法律意识、公民意识”。“交往交流交融”以及相关原则的提出过程本身，就清楚表明中央对此是慎重的，经过深思熟虑的，并不断加以锤炼、完善。

“交往交流交融”的提出虽然历时不久，但其精神实质源远流长。周恩来同志在 1957 年民族工作座谈会上就指出：“由于我国各民族交叉的时代很多，互相影响就很多，甚至于互相同化也很多……如果同化是一个民族用暴力摧残另一个民族，那是反动的。如果同化是各民族自然融合起来走向繁荣，那是进步的。”经过此后五六十年民族工作的丰富实践，汲取正反两方面的经验教训，我们今天对这一原则内涵的理解，应当说比那个时候要丰富多了。

记　者：“交往交流交融”是我国民族关系史上的规律性现象，还是社会主义时期的特有现象？

朱维群：“交往交流交融”现象贯穿于中国历史各个时期，是包括社会主义时期在内的整个中国民族关系史的重要的规律性现象。我们只是比前人拥有更加有利的社会条件，可以做得更加自觉。

中国自古就是多民族共有的大舞台，历朝历代少数民族开拓土地，守卫边疆，与中原民族共同生活，对中国疆域和中华统一体的形成与发展有巨大的贡献。离开少数民族，就没有今天中国的格局。比如，蒙古族主导的元朝结束了唐亡之后中国 370 多年的分裂局面（其中包括北宋，因为北宋只有一个相当局限的小一统），此后中国至今 700 多年再也没有发生全局性的分裂。满族主导的清朝不仅为近代中国的版图奠定基础，而且对边疆的治理比较前面任何朝代更加规范、有效。清朝至少从康熙时代起，就完全彻底地认同自己是“中国人”，大清是“中国”的一个新朝代。最近一些人在网上热传一种说法，“崖山之后无中国，明亡之后无华夏”，这种说法不仅完全不符合历史事实，而且对国家的统一极具危害。更多的道理不说，如果把元朝、清朝排除在中国之外，那么蒙古族、满族历史上世居的土地，两个王朝开拓、巩固、管辖的辽阔边域，岂不也都不属于中国？

在统一和争取统一的几千年中，中国各民族共同生产生活，相互学习、相互通商、相互通婚，即使是民族间残酷的战争和统治阶级民族歧视政策，都改变不了各民族交融、融合的大趋势。历史上，哪个民族、哪个王朝对民族关系采取开放、包容的态度，它的发展就快，就能成就大事业；哪个民族、哪个王朝采取自我封闭、歧视他族的态度，它就难免衰微，即使一时成功也迅速走向失败。

我国多民族现象是客观存在的历史现象，但民族间不断的交融、融合，使我国民族现象呈现一种生动活泼、流动多变的气象。没有哪一个民族族源是纯粹、单一的，每个民族的发展演变都是在同其他民族混居、互动、交融中，既保持自己特色，又不断吸纳其他民族成分中完成的。这就造成了我国民族间界限不同程度呈现出相对性、变易性、不确定性。汉族以古代华夏族为主体，在漫长历史中不断吸纳其他民族成员，故能成其大。同时又有相当多汉人融入到少数民族，壮大了少数民族并形成一些新的民族，少数民族之间也不断发生交融、融合。一些民族发展了，一些民族消亡了，又有一些民族产生了，这就造成中国历史上各个王朝，民族格局没有哪两个是完全一样的。把民族现象视为凝固不变的现象，用行政手段把民族界限划分得过于清楚，并不符合中国民族现象的实际。

正是由于中国各民族本来就“你中有我，我中有你，血脉相通，文化相连”，所以当中国面临西方帝国主义侵略的时候，很快就开启了“中华民族”共同体认知的自觉。如果没有历史上持续不断的交融、融合为基础，很难设想近代以来仅仅百余年，几亿、十几亿中国人就能形成如此坚固的“中华民族”认同。

记　者：今天我们各民族“交往交流交融”的条件，比历史上如何？

朱维群：由于漫长的封建主义生产关系的束缚及大汉族主义、狭隘民族主义的影响，由于近代以来西方帝国主义的侵略并在中国划分势力范围，也由于地理上的隔断和长期落后的交通条件的限制，中国各民族之间的交往交流交融在历史上是非常不容易的。新中国建立后，我们党领导的两次全国性社会变革为各民族交往交流交融创造了根本性有利条件。第一次是全国性的土地改革和少数民族地区民主改革，不仅埋葬了全国范围内的封建主义制度，也打碎了部分少数民族地区存在的奴隶制、封建农奴制，在此基础上各民族真正有了相互平等交往的可能性。第二次是改革开放，解除了高度集中的计划经济体制对人口流动的种种不合理束缚，使少数民族有了走出传统聚居区，在全国范围内寻求更大发展空间的可能。社会主义市场经济大潮把过去地区间的壁垒冲破了，包括劳动力在内的各种生产要素在全国范围内流动起来，大量少数民族人口走向全国，进入城镇化进程，而全国也有越来越多的人口流向少数民族地区，这使得各民族混居、杂居程度迅速提升。到2010年，全国已有近2000万少数民族群众到中东部地区中心城市打工、经商、求学。如果按一家五口算，这2000万背后就是1亿人，相当于我国少数民族总人口数目。目前居住于城市和混居地区的少数民族人口已超过少数民族总人口的三分之一。不管你愿意不愿意，民族交融已经成为中国社会普遍现象，不可阻挡的洪流。我以为，不需人为做多少推动，只要顺其自然，不去做反面使劲儿的事，中国民族分布格局在未来几十年中还会发生更大改变。

同时也要看到，当前维护国家统一、反对分裂的斗争不断出现新的情况，新疆、西藏等地有时斗争形势还相当严峻。以美国为首的西方从来没有放弃利用中国民族问题分裂瓦解中国的图谋。促进民族交往交流交融，是各民族发展、进步的需要，也是我们维护民族团结、巩固国家统一的民众基础的需要。

记　者：“交融”与“融合”有区别吗？强调“交融”会不会如同有些人士担心的那样，把少数民族“融”没了？

朱维群：“交往交流交融”的关键是“交融”。离开“交融”，提倡“交往交流”没有太多意义，因为时代发展到今天，还有什么人群相互是不可以交往交流的吗？我理解“交融”与“融合”是有区别的。“融合”是指民族间的差异最终消失，清人叫“诸族相忘、混成一体”，它更多表现为一个结果。而“交融”是指民族间共同点、一致性增强，同时又保有自己的文化特色、特点，“交融”更多表现为一个过程。中国民族最终融合，民族现象消失，是极为遥远的事；而具体民族同他民族融合为一个民族，则是历史上常见的现象。即使如此，我们也不能在现实工作中企图用行政手段，人为推动“融合”，这是违背民族现象规律的，违背社会主义时期民族工作大目标的，不仅不可能成功，而且可能招致损失，我们有过这样的教训。但是这不等于说因此我们连促进“交融”也不敢说了。交融不是汉化，不是对少数民族历史和文化的否定，而是使各个民族的文化、优点为所有民族共有共赏共享。在交融过程中，少数民族的优点长处不是应被忽略，而是应得到更有力的弘扬。这些年在我们的文艺舞台上，少数民族的歌曲、舞蹈、习俗所占的地位和分量越来越重，也越来越好看。这不是民族文化关门的结果，而是开门交融、积极吸取其他民族文化长处的结果。我们的民族文化政策今后取向，应当是尊重差异，包容多样，促进交融。

记　者：第二次中央新疆工作座谈会哪些政策措施是为了促进“交往交流交融”？

朱维群：应当说，整个会议精神，会议所采取的各项措施，都有利于各民族“交往交流交融”。比如，统筹规划推动新疆和内地、南疆和北疆、兵团和地方、各民族之间的人员交流，推动建立各民族相互嵌入式的社会结构和社区环境，鼓励各族群众混居、杂居，有条件的中小学稳步推进民汉合校及混班教学、混合住宿，有序扩大新疆少数民族群众到内地接受教育、就业和居住规模，帮助他们融入当地社区，促进各民族文化交融创新，推进双语教育，促进各民族群众在共同的生产生活和工作学习中加深了解，增进感情，等等。

因为具体情况不同，会议有些政策措施在目前阶段只施之于新疆部分地区。但我认为，随着实践的深入，这些政策措施或早或晚势必施之于全部新疆乃至全国。因为这是大势所趋。

记　者：以您的看法，促进“交往交流交融”主要应当包括哪些方面？

朱维群：最重要的，是民族工作理论、政策和措施的走向，尤其是政治制度和治理方式的设计，要避免强化和细化民族之间，民族区域自治地方与非民族区域自治地方之间的区别，更加强调共同性、一致性。从历史上中央政府与边远民族地方政权关系的沿革来看，汉代中央政府对边远属国的要求主要是政治上不反叛，而对其具体施政的管理则比较疏阔，时强时弱。唐代至宋、元交替时期普遍实行羁縻制度，民族地方政权头领成为中央政府委任的官员，但可以世袭，而羁縻地方财政、户籍、赋税等一般并不入中央政府统一账本。南宋至元、明、清普遍实行土司制度，土司也是由中央政府委以官职，可以世袭，但对中央政府负有贡赋和征兵等义务。无论是羁縻制度还是土司制度，一般都以地区命名，不以民族命名，以避免民族命名容易带来的不确和矛盾。至明、清，西南地区逐步实行改土归流，土司制度相继被废除，代之以政府任命的“流官”，中央对这些地方的管理方式已与内地没有太多差别。观其大略，历史上中央政府对边远民族地方的管理，一是根据具体情况，一般都制定有特殊政策，允许与内地管理方式不完全相同；二是随着这些地方的开发，与内地联系的加深，以及中央政府强化集权国家的需要，越到后来，其管理方式与内地越趋一致。

记　者：那么，您怎样看待我们今天的民族区域自治制度？

朱维群：新中国建立之际我们确立了民族区域自治制度，主要目的是为了反对搞“民族自决”、“民族自治共和国”、“联邦制”。当时如果我们选择了那一套，我们国家今天面临的分裂危险要大得多！联系历史和现实，我国现行的民族区域自治制度既满足了少数民族自治的愿望，又体现和巩固了国家的统一，是个好制度，应当长期坚持。但时代发展至今，这一制度的社会背景不仅比解放初期，就是比改革开放初期，也都发生了广泛、深刻的改变，如果再去人为扩大自治地方与非自治地方管理方式的区别，再去搞一些新花样，就是不合时宜了。还是以稳定保持民族区域自治法所规定的现有格局为好。

在经济方面，从我国当前民族分布的现实出发，国家对少数民族地区的经济支持中，民族因素和地域因素的考虑仍将在相当长一个时期内并存，但要逐步向强调地域因素方向引导。也就是说，政策的差别性要更多以自然环境艰苦、群众生活贫困、负有守卫边疆和保护自然环境的责任等地域性因素为根据。当前一些地方所谓“民族问题”，其实是地域发展不平衡问题，地方干部群众要求加快发展问题。地域发展不平衡是中国经济建设中带有规律性的现象，将长期存在，通过国家一般性政策可以解决，对民族地区应当加大力度，但不必同“民族问题”联系起来，更不能动辄上升为“民族关系事实上不平等”。如果作这样的联系，中国的“民族平等”就变成遥遥无期的事儿了。

在教育文化方面，历史上中原地区源源不断地从少数民族那里获取文化养分，少数民族也不断从中原获取文化上的帮助和提升，这两种趋向最终造就了中华民族“多元一体”文化格局。在现在这个经济社会高速发展、开放时代，各民族相互文化交流日益增多，这一方面造成各民族自觉、不自觉都在汲取其他民族文化，相互差异呈减少的趋势；另一方面，许多民族更加珍惜并努力保持、开掘自己的文化传统，重视本民族文化特色的彰显。这两方面取向都应当尊重，既不能以保护民族特点为名阻碍少数民族文化的现代化；也不能任由中华民族这部分宝贵文化基因在市场自发作用冲刷下整体流失，政府应给予特殊支持。总的方向应当是在社会主义现代化的进程中，在爱国、民主、科学的共同价值观基础上，实现中华民族文化多样性和共同性的统一。

维稳和反分裂斗争应当从“民族问题”中脱敏。由于我们每个人都有一个国家认定的“民族”身份并经常受到强调和提醒，这就在客观上使得不同民族身份的公民之间发生的任何好事，都可以赋予“民族团结”的意义，但发生的任何问题，小到日常生活中的磕磕碰碰，大到以分裂国家为目的的暴恐事件，也都有可能变成“民族问题”，有的情况下甚至导致政策变形。我以为，认识、处理涉及“民族因素”的有关事件，还是要按照事情本来性质作判断，以法律为准绳作处理，法律面前人人平等，不宜轻易上升为“民族问题”，另设标准，导致法律的实施因民族而易，个别人的问题变成多数人的问题。

新中国成立之初，全国少数民族干部只有48000人，而现在超过300万人，其中科技专业人才比重迅速上升。这是我们党民族工作的标志性成就。现在少数民族干部的构成与解放初期有了很大不同，几乎全部都是由党一手培养起来的。当我们今天说某个同志是“少数民族干部”时，仅仅是指他出身于某个少数民族，而不是说他的政治立场、世界观与非少数民族干部有什么不同。少数民族同志一旦成为党员干部，他就不再仅仅是他出身的那个民族利益的代表。他可以而且应当运用同本民族的天然联系反映本民族群众的利益诉求，但其出发点，应当是中华民族的整体利益。因此，在更多培养使用少数民族干部的同时，要用党章对干部的共同标准要求他们，他们自己也应当避免成为某种“特殊”党员、“特殊”干部。除法律有规定外，应避免有些地方干部职务“民族世袭”现象，增加内地干部和民族地区干部易地交流的比重，为民族干部提供更多到发达地区任职的机会，为他们的成长开拓更广阔的空间。用各民族干部的“交往交流交融”，带动各民族的“交往交流交融”。（原刊责编：范凡）

促进各民族交融的必要性与路径

王奇昌*

[内容提要]

从中外经验教训来看，这几年来屡被提及的促进或加强各民族交融在当代中国很有必要。但弱化民族意识、只讲历史上的团结而不提冲突并不能起到相应作用，大力促进族际通婚、推进嵌入型居住格局等措施则有很多实践限制。就当前而言，要促进各民族交融，比较关键的措施是逐步取消或改变固化民族界限的政策，厘清有关少数民族的优惠政策的目的及限度，积极引导宗教与社会主义社会相适应，以培育和增进中华民族共同体意识。

[关键词]

民族界限　民族交融　中华民族　共同体意识

近年来，党和政府多次提出要促进各民族“交往交流交融”，[1]2014年中央民族工作会议也再次强调“加强各民族交往交流交融”。[2]这是党和国家根据国情

*　王奇昌，内蒙古工业大学人文学院讲师，宗教学博士。

〔1〕　参见《中共中央国务院召开第五次西藏工作座谈会》，《人民日报》2010年1月23日；胡锦涛：《深入贯彻落实科学发展观，努力推进新疆跨越式发展和长治久安》，《党的文献》2010年第6期。

〔2〕　参见《中央民族工作会议暨国务院第六次全国民族团结进步表彰大会在北京举行》，《中国民族报》2014年9月30日。

和世界局势做出高瞻远瞩的决策，但也引出一个新问题："交融"是一个新名词，其与"融合"的区别何在？是不是会把少数民族"融"没了？正如2014年中央民族工作会议所言，"做好民族工作，最关键的是搞好民族团结，最管用的是争取人心。"〔1〕面对社会上的一些疑虑，对促进各民族交融展开多层次的讨论从而消除疑惑、达成共识是非常必要的。2014年7月，全国政协民族和宗教委员会主任朱维群先生在接受中国西藏网访谈时，已经提出民族工作应向"交往交流交融"使劲，并全面回答了这些问题。〔2〕笔者作为出生在内地的蒙古族，曾在中央民族大学学习了七年的民族学相关专业，博士在中国社科院宗教所就读，毕业后又去了内蒙古自治区工作，对此问题也有些思考。下面就尝试就促进各民族交融的必要性和路径展开一些讨论，以供学界和政界参考。

一、促进民族交融的现实必要性

之所以要促进交融，并不是要借此来解决所有的民族问题，而是因为从古今中外经验教训来看，促进交融非常有利于维护民族团结和国家稳定。另一方面，群体边界也是容易塑造和强化的，而进入近代以来一些外部势力总是千方百计在中国各个民族中制造隔阂和矛盾。不过交融并不能主动实现，交往交流中往往会引发新的矛盾，因此要促进交融。笔者在此着重论述除了要应对外部的挑拨离间外的其他为何要促进各民族交融的原因。

从历史上看，中国维系数千年不倒的重要原因就是各群体的交融及统治者对此的积极推动。现在的汉族就是多个群体交融的产物。孟子曰："舜生于诸冯，迁于负夏，卒于鸣条，东夷之人也。文王生于岐周，卒于毕郢，西夷之人也。"虽然古

---

〔1〕《中央民族工作会议暨国务院第六次全国民族团结进步表彰大会在北京举行》，《中国民族报》2014年9月30日。

〔2〕《朱维群：民族工作应向"交往交流交融"使劲》，中国西藏网，http：//www. tibet. cn/news/index/xzyw/201407/t20140728_2009826. htm。

代也有“非我族类，其心必异”的说法，但主要是一种文化种族主义。[1]“金张之家，七叶貂冠”是形容高门华胄的常用典故，而金家的开创者金日磾就是投降汉朝的匈奴休屠王的儿子。相对于同时期其他国家和地区而言，中央王朝并没有视边疆地区的民众为异教徒，而是注重积极向边疆传播儒家文化，同时也吸收边疆地区的文化，赵国主动学习“胡服骑射”、唐朝长安城胡风甚盛就是明证；而边疆的诸多民族也积极学习中原文化，北魏孝文帝主动推行改革就是明例。

相对之下，欧洲在历史上曾采取宗教歧视或种族歧视政策，后来又采取多元主义政策，结果遭遇重大挫折。有报道称，从欧洲前往中东参加ISIS的极端分子层出不穷。在另一方面，一些基督徒担心穆斯林大量涌入欧洲会导致欧洲的文化灭亡，甚至开始采取极端手段。2011年7月奥斯陆袭击案的制造者布雷维克就主张要把那些不接受欧洲文化的穆斯林赶出欧洲去，甚至不惜对支持多元文化政策的工党的支持者大开杀戒，造成76人死亡的惨剧。在这样的背景下，部分欧洲国家开始反思过去的政策。例如，在2011年2月的德国慕尼黑安全政策会议上时任法国总统的萨科齐宣布，法国不能接受部分新移民所提出的诸如男女不平等、让小女孩失去上学自由等生活方式的改变。[2]时任英国首相卡梅伦的也表示，“在多元文化政策指导下，政府鼓励少数族群文化独立发展，导致一些年轻的英国穆斯林走向个人极端主义。现在是将过去的失败政策翻过去的时候了”。[3]针对2011年8月的伦敦骚乱，卡梅伦指出“we will not let any phony concerns about human rights get in the way”（我们不会让虚伪的人权关注挡道）。[4]

族群的易强化和塑造使得促进各民族交融显得必要。在阿马蒂亚·森看来，避免冲突的重要途径就是个人不再拘泥于特定的单一身份。[5]但族群身份往往在个

---

[1] [美]戴蒙德：《枪炮、病菌与钢铁——人类社会的命运》，谢延光译，上海译文出版社2006年版，第353－354页。

[2] 《欧洲多元文化政策受挫》，冯倩编译，《中国文化报》2011年3月1日。

[3] 《欧洲多元文化政策受挫》，冯倩编译，《中国文化报》2011年3月1日。

[4] “UK riots：David Cameron’s statement in full”，elegraph. co. uk，10 Aug 2011，17 Sep 2011. http：//www. telegraph. co. uk/news/uknews/crime/8693134/UK-riots-David-Camerons-statement-in-full. html

[5] 参见[印]阿马蒂亚·森：《身份与暴力：命运的幻象》，李风华等译，中国人民大学出版社2009年版。

体认同中占据重要地位，而且族群容易强化和塑造。古人有言："十里不同风，百里不同俗。"各个地方的差异是非常之大的，凭空创造一个所谓的与其他群体相异的"民族传统"并非易事。曾有西方学者用大量事实说明，传统是可以创造出来的。[1]也有论者指出，在当前的历史文化研究中，一些本是地域性或者为多个民族所共有的历史文化往往被视为某一民族的历史文化。[2]另外，族群的建构也并非难事。例如，根据俄罗斯学者的描述，苏联曾经建构出没有什么历史根据的民族，但很快被固化下来，而且在这个过程中部分知识分子还会推波助澜。[3]在当前中国，由于包括成为少数民族可以享受一定的优惠政策在内的种种原因，不少群体都追求成为新的民族或归入已有的少数民族。特别需要注意的是，由于当前中国的行政部门掌握大量资源，因此要注意一些地方政府在各种利益驱动下参与到族群的塑造或强化。

交往交流并不一定能带来交融。交流不一定意味着和平："我们也不应把穆拉勒格岛民同约克角土著之间的关系想像成一种从未间断的友好聚餐，土著迫不及待地从海岛老师那里汲取文化。实际上，贸易和战争交替进行，而战争的目的则是割取敌人的首级做战利品和把女人捉来做老婆。"[4]即使在现代中国，各民族的交往交流中也会出现一些矛盾。据2000年第五次人口普查调查，居住在城市和散居地区的少数民族人口已经超过少数民族总人口的1/3。但"个别少数民族成员的特殊感、优越感不能使其正确认识自己，总以'自己是少数民族应该得到照顾'为由，在一些事情上明明是自己的不对，但却不听劝阻或者无理取闹，抱着一种'不敢对我怎么样'的态度，甚至一些人还借机骗取财物或聚众闹事。"[5]这不但给当地相关部门带来了困扰，也使得汉族与少数民族之间有了隔阂。因此，在增进交往交流的同时采取多种措施促进各民族交融是非常必要的。

---

〔1〕参见［英］霍布斯鲍姆、［英］兰格：《传统的发明》，顾杭、庞冠群译，译林出版社2004年版。

〔2〕曹大明：《"赶毛狗"不是土家族特有文化》，《中国民族报》2013年7月19日。

〔3〕参见［俄］瓦利里·季什科夫：《苏联及其解体后的族性、民族主义及冲突——炽热的头脑》，姜德顺译，中央民族大学出版社2009年版。

〔4〕［美］戴蒙德：《枪炮、病菌与钢铁——人类社会的命运》，第355页。

〔5〕《纵论城市民族工作》，《中国民族》2006年第9期。

二、对若干相关做法建议的看法

促进各民族交融只是解决民族问题的手段，而不是最终目的，更何况民族问题只是社会问题的一部分。因此我们既要积极推进，更要尊重规律、考虑民众的承受能力。当前有些做法建议有待商榷，而有些做法建议不能高估其落实后的效果。自然，正如论者所说，虽然“交融”正式提出的时间较短，但精神实质源远流长，〔1〕本文所涉及到的案例并不局限于当前几年。

（一）弱化民族意识

本来，交融意味着“民族间共同点、一致性增强，同时又保有自己的文化特色、特点”，而不是要消灭民族。〔2〕强化公民意识是可行的，也是必要的。但强化公民意识没有必要一定要以弱化民族意识为基础。弱化民族意识缺乏国内的法律支持，也与中国政府签署的若干国际公约有背离之处，而且没有可行性。民族本是历史的产物，特别是藏族、蒙古族、维吾尔族等民族拥有独特的语言文字、历史文化和风俗习惯，弱化民族意识只会引起激烈的反应。更重要的是，面临现代社会剧烈的变迁，一些民族已经有很强的失落感，如果再试图去削弱其民族意识只会适得其反。以很多人觉得已与汉族没有什么区别的蒙古族为例。蒙古族自从进入热兵器时代之后不复原来的辉煌，当前草原面积又因为种种原因在缩小，游牧生活方式快速消失。随着与大量汉族的交错居住，蒙古语言文字的使用范围也在日趋减少，不可避免引起一些人对于自己的民族会趋向消亡的担忧。在此情况下，一些蒙古族的民族意识就比较强烈。在有些蒙古族心目中，那些为了优惠政策而改为蒙古族的人为“新蒙古”，对于蒙汉通婚家庭的子女称之为“一半蒙古人”。〔3〕显而易见，一些论者的弱化民族意识的建议就值得商榷。

---

〔1〕《朱维群：民族工作应向“交往交流交融”使劲》，2014年7月28日。
〔2〕《朱维群：民族工作应向“交往交流交融”使劲》，2014年7月28日。
〔3〕那顺巴依尔：《蒙古族历史记忆与当代民族认同构建》，第七届人类学高级论坛论文《论文集》。

（二）只讲团结而不提历史上的冲突

这其实是一个老问题。中国历史上的民族关系是比较好的，但中原政权与边疆政权的冲突并不少见。宋元之际的许衡曾对历史上的民族关系有这样的描述："中国胜，穷兵四远，臣伏戎夷；夷狄胜，必溃裂中原，极其残酷。如此报复，何时能已。"[1]就是被普遍认为与少数民族政权保持良好关系的唐朝，也主动或被动地卷入了诸多战争之中。例如，虽然吐蕃多次向唐朝要求和亲，但与此同时屡次向唐朝发动进攻。自然，相对于世界其他国家和地区，中国各民族之间还是有着很悠久的和平交往交流的传统，而且一切需要向前看。但我们不能对历史上曾经出现过的矛盾或冲突视而不见。正如吕思勉在《中国民族演进史》的《序》中宣言："为要求各族亲近、团结起见，将已往的冲突和现在未能一致之处，隐讳而不能尽言，未免是无谓的自欺。"[2]民族交融绝不是宣传出来的，而立足历史与现实、放眼未来努力促进出来的。

换言之，我们要歌颂民族团结的典型，而不是过分肯定乃至美化一些少数民族人物和政权。新中国成立初期，《五朵金花》《冰山上的来客》等影片都是很优秀的歌颂民族团结的作品。笔者在伊犁进行调研时，就听到当地官员说《红河谷》就挺好的，我们这里也有不少可歌可泣的事迹，完全可以拍成电影。[3]但社会上也曾经存在着涉嫌美化一些少数民族人物和政权的倾向。例如电视屏幕上曾充斥着歌颂清朝"盛世"和"明君"的各种作品。但问题在于：虽然有清一代统治者积极学习汉文化，但也有一些极端措施如剃发易服。《孝经》有言："身体发肤，受之父母，不敢毁伤，孝之始也。"服装的形式也被中原人看重。孔子有言："微管仲，吾被发左衽矣！"当时江南多地因为反抗剃发易服令而爆发反清起义。乾隆年间，剪辫风波曾波及诸多省份。[4]有清一代，朝鲜也借此发挥，出使中国的使者就认为汉人已经被蛮夷统治，朝鲜才继承了中华正统。[5]在民国初期，衣冠问题

---

[1] 许衡：《鲁斋遗书》，《北京图书馆古籍珍本丛刊》，书目文献出版社1991年版，第297页。

[2] 吕思勉：《中国民族演进史》，《中国民族史两种》，上海古籍出版社2009年版，第262页。

[3] 中国社会科学院2010年国情调研重大项目"我国的边疆稳定与民族团结"项目组：《关于我国的边疆稳定与民族团结的项目调研资料汇编——基于对内蒙古、西藏、新疆三个自治区的实地访谈》，内部资料，2011年编印，第124页。

[4] 参见［美］孔飞力：《叫魂》，陈兼、刘昶译，上海三联书店1999年版。

[5] 葛兆光：《想象异域——读李朝朝鲜汉文燕行文献札记》，中华书局2014年版。

也一度成为社会的焦点问题。〔1〕就是到了现在，祭孔是否采用清朝服饰在最近几年也开始成为一个颇有争议的问题。

平心而论，在某种程度上而言，剃发易服说大不大，说小不小。可大，神州陆沉；可小，一朝有一朝之仪轨。但在笔者看来，美化惨痛的往事无疑是在揭开历史上的伤疤。再加之本来中国在清朝遭到前所未有的侵略，不少人就认为是清朝使得中国招致如此屈辱，如果有人再去美化清朝自然会招致不可忽视的反对。

（三）推进族际通婚

对于此点，笔者另有专文论述，在此只是简要提及一下。族际通婚会促进民族的交往，但作用不能被高估。族际通婚能够促进民族关系，但族际通婚的增多更多是良好民族关系的结果，而不是原因。而且族际通婚还受到历史上关系、现实中宗教信仰的差异程度等因素影响，不同民族的情况也有很大差别，不能简单以族际通婚率的高低判断民族关系的好坏。事实上，如果从人类普遍心理而言，选择与自己类似的异性作为配偶的心理相当常见。例如，汉族有亲上加亲的说法。而在对内蒙古某地的调查显示，只有14%的蒙古族居民家庭为族际通婚家庭，有40%的蒙古族反对族际通婚，29%的人对不同的民族通婚持赞同态度。〔2〕

另外，通婚往往涉及到性别政治。对于很多群体而言，往往是可以娶其他群体的女性，但不乐意自己群体的女性外嫁，因此族际通婚在有些时候会成为一个敏感问题。在新中国成立初期，新疆地方就对族际通婚采取了审慎态度，一度下文禁止汉族男性干部迎娶少数民族女性。〔3〕自然，当前法律规定婚姻自由，任何人或组织都不得干涉。但在族别意识还没有消失的今天，更不应像一些地方采取各种行政措施推进族际通婚，〔4〕否则很容易会适得其反，影响民族关系。

---

〔1〕 参见李竞恒：《衣冠之殇：晚清民初政治思潮与实践中的“汉衣冠”》，《天府新论》2014年第5期。

〔2〕 包玉山、姜楠：《城市化进程的民族问题调查研究——以内蒙古鄂尔多斯伊金霍洛旗为例》，2013年民族关系国际研讨会暨中国人类学民族学2013年年会民族关系分会论文，2013年编印，第155页。

〔3〕 李晓霞：《新中国成立后新疆族际通婚政策的演变》，《西北民族研究》2006年第1期。

〔4〕 参见石磊、肖涛：《推动西藏各民族大团结大融合》，《新西藏》2014年第7期；朱秀英：《新疆且末县民汉通婚有“大礼”》，http：//www.xj.chinanews.com/html/V62/2014/08/25/29662196.htm。

（四）营造嵌入型格局

最近学界、政界对此都讨论得比较多。但这个操作起来比较困难，当今商品房都是自由购买，民众也可以自由迁徙。虽然政府可以仿照新加坡等国在廉租房分配上考虑营造嵌入型格局，但毕竟廉租房只占商品房的少数。大规模迁徙人口也不可行。人口流动往往引发很多问题。在内蒙，很多人对外来人才是欢迎的。但在新疆，不少人认为是内地人过去抢了他们的饭碗。[1]而且不少边疆地区的生态环境也无法承载太多的人口。换言之，我们不能低估不同群体因风俗习惯不同产生矛盾的可能性，也不能高估地方政府面对大量少数民族流动人口的治理能力。我们尊重多元，但不能为了多元而多元。在这种情况下，应对营造嵌入型格局采取审慎态度。另外，中国的民族居住格局呈大杂居、小聚居，在某种程度上而言这本身就是嵌入型格局。当前个别地方一些不同民族之间出现了一些隔阂情绪，从而影响到居住格局，尽可能消除隔阂才是当务之急。有谚语云："强扭的瓜不甜。"如果一些隔阂都没有消除却大力推行嵌入型格局，效果不一定好。

三、一些可能比较关键的措施

在笔者看来，要促进民族融合，以下措施是比较关键的：一是要逐步取消或改变固化民族界限的政策；二是对优惠政策的目的及限度进行认真的研讨，并做好宣传工作；三是积极引导宗教与当代社会主义社会适应。

（一）要逐步取消或改变固化民族界限的政策

应该说，不同群体都有而且应该有自己的特色。而且交融的本意也是鼓励各族民众保留自己文化特色，学习其他群体长处。但当前问题在于，现实生活中很多政策是把民族界限固化了。例如，在很多场合都要注明民族身份。这些政策应该逐步取消或改变。特别需要指出的是，在理论上和实际工作中民族与宗教往往被混为一

---

〔1〕《关于我国的边疆稳定与民族团结的项目调研资料汇编——基于对内蒙古、西藏、新疆三个自治区的实地访谈》，第83页。

体。这一方面是违背了宗教信仰自由政策，另一方面也与交融背道而驰。如果过于强调某个民族与特定宗教的联系，那么由于宗教的重要性、长期性和排他性，不同民族的共同性很难越来越多，反而可能会越来越少。如果认为某个民族必须信仰某种宗教、践行某种风俗，实质上是在进行民族界限的强化。

（二）对当前优惠政策的本质及限度进行认真的研讨

优惠政策有其合理性，但本质上是为了各族人民更好的发展，不是照顾，也不是特权，更不是还债，而且重在提高自我发展能力。首先，少数民族地区的丰富资源支援了国家建设，而且不少少数民族地区属于生态屏障地区，理应享受相应的优惠政策。但这种政策应该更多的是针对特定地区的居民，而不是某个民族的人。其次，如果不对具体优惠政策的本质进行认真研讨，可能会被一些群体看作是这是汉族在还历史上大汉族主义的债，从而导致优惠政策越多越不利于民族关系的局面。在笔者看来，历史上汉族固然有文化优越感，但世界绝大多数群体都有文化优越感，而且文化优越感并不等于军事上的强势，没有军事上的强势是谈不上压迫的。纵观中国历史，更多的是周边政权侵扰中原。且不说金灭北宋、元灭南宋、清灭明，就是在汉族极为强盛的汉唐，匈奴还屡次南下，而吐蕃则进占过长安。而生活在汉族政权的少数民族享受的待遇也不能说差，以屡次发动对匈奴攻击的汉武帝时期为例。当时匈奴浑邪王率众来降。按照汲黯的说法，匈奴“攻当路塞，绝和亲”，结果汉武帝却“虚府库赏赐，发良民侍养，譬若奉骄子”。再者，优惠政策应基于增强自我发展能力有一个限度。过多的优惠不但增加了国家的财力负担，而且不利于当地民众的自我发展。[1]此外，对于优惠政策的调整除了做好宣传工作外，还要有审慎的考虑。以某些地区的少数民族享受的生育政策为例，这实则是相对于汉族限制较少。在计划生育政策日渐放松的大背景下，我们不能为了追求形式上的平等而轻率主张废除有关少数民族的生育政策，更稳妥的办法是也逐步放开汉族的生育政策。

---

〔1〕《关于我国的边疆稳定与民族团结的项目调研资料汇编——基于对内蒙古、西藏、新疆三个自治区的实地访谈》，第37页。

(三)积极引导宗教与社会主义社会适应

党中央很早就提出了积极引导宗教与社会主义社会相适应。有领导同志在2001年对于积极引导宗教与社会主义相适应的涵义给出说明:“积极引导宗教与社会主义社会相适应,不是要求宗教界人士和信教群众放弃宗教信仰,而是要求他们热爱祖国,拥护社会主义制度,拥护中国共产党的领导,遵守国家的法律法规和方针政策;要求他们从事的宗教活动要服从和服务于国家的最高利益和民族的整体利益;支持他们努力对宗教教义作出符合社会进步要求的阐释;支持他们同各族人民一道反对一切利用宗教进行危害社会主义祖国和人民利益的非法活动,为民族团结、社会发展和祖国统一多作贡献。要鼓励和支持宗教界继续发扬爱国爱教、团结进步、服务社会的优良传统,在积极与社会主义社会相适应方面不断迈出新的步伐。”[1]这对于促进各民族交融很有意义。

有学者指出:“既然把对本教神灵的信仰和服从当成最高的美德,当然便把持不同信仰者视为异教徒,把迫害和消灭异教徒的恶行视为美德。”[2]换而言之,只有积极引导宗教与社会主义社会相适应,才能部分化解宗教本身的排他性,从而为促进各民族交融提供良好基础。另外,对宗教事务的依法管理以及对宗教极端主义的打击能够减少与宗教信仰相关的冲突,从而为减少民众间的隔阂、促进各族民众的交融提供坚实基础,但在有些时候也会引起一些埋怨情绪,[3]甚至成为个别宗教信徒心目的受难和殉难,从而不利于促进各民族交融。这就需要积极引导宗教与社会主义社会相适应,尽力从源头化解隐患。

结　语

就全世界而言,前苏联和南斯拉夫的例子已经说明单靠政治原则很难维系一个

---

〔1〕《论宗教问题》,《江泽民文选》第3卷,人民出版社2006年版,第387页。

〔2〕吕大吉:《宗教学通论新编》,中国社会科学出版社1998年版,第770页。

〔3〕马平:《当前我国伊斯兰教的问题以及若干思考》,金泽、邱永辉主编:《中国宗教报告(2008)》,社会科学文献出版社2010年版,第165页。

多民族的国家。[1]西方的多元化政策也遭受越来越大的挫折。党和政府提出要促进各民族“交往交流交融”可谓立足于中国历史的高瞻远瞩的决策。但鉴于民族问题的复杂性，社会各界在提出有关促进各民族交融的相应建议时应充分考虑各项措施的可行性和接受度。总而言之，如何促进民族交融是一个非常复杂的问题，需要群策群力。笔者也只能叙述片孔之见，以待大家。

〔1〕［美］塞缪尔·亨廷顿：《再论文明的冲突》，李俊清编译，《马克思主义与现实》2013年第1期。

中华民族：从道德想象到伦理实体

胡　芮*

[内容提要]

中国民族历史悠久，“民族”作为一个重要概念维系着数千年的历史叙事。近代以来，由于传统与现代、中国与西方的“民族”意义并不完全重合，现代民族国家建构与传统民族观之间产生了巨大的张力，传统“民族”与西方现代“nation”意涵不同的事实甚至也造成了中国近代民族认同的意识危机。在试图打造中西方、传统与现代“民族”概念一体化“巴别塔”进程中，中国思想界创造性地提出了“中华民族”这一具有国族（nation）意义的概念。“中华民族”作为一个被建构的意识形态，与传统“民族”概念存在着从“道德想象共同体”到“伦理实体”的嬗变轨迹。传统“民族”概念本身的道德意蕴应该重新得以重视，同时还需注意的是，“中华民族”作为伦理实体的现实形态，在理想国家哲学层面意义上的建构也还处于未完成的状态之中。

[关键词]

民族　道德意涵　想象共同体　中华民族　伦理实体

* 东南大学人文学院博士研究生。本文系江苏省普通高校研究生科研创新计划资助项目（KYLX_0073）的阶段性研究成果。

“民族国家”是现代社会的基本政治组织形式，在“家国一体”传统社会形式解构之后，“民族”以一种崭新的“共同体”面貌出现。从某种角度来看，中国近代史正是民族国家形成和发展的历史，思想启蒙或政治救亡均是从不同的维度来回答现代“民族国家建构”这一时代中心议题。摆在我们面前的一个历史现实是：传统意义上的“民族”作为一个极其重要的概念维系着中国数千年的历史叙事，但与此同时，这一“民族”概念与统一的现代“民族国家建构”之间存在着巨大的张力。1912 年成立的中华民国作为亚洲第一个共和国，结束了中国长达两千余年的帝制时代，翻开了中国历史崭新的一页。无论这一成就具有多么重大的时代意义，却不能掩盖这一历史时期民族主义思想界纷乱、嘈杂的思想现实。回顾历史，不难发现一个吊诡的事实：作为民族革命产物的中华民国却在之后的岁月中深陷民族问题的历史泥淖，甚至时至今日，中国社会依然时刻怀有民族危机之隐忧。所以有理由相信，民族国家在形式上的确立并不意味着“国族”〔1〕建构的完成，从现实角度来看，王纲解纽和传统伦理体系的崩解甚至加剧了民族危机和边疆危机。与此同时，由于传统中国是一个复杂的多民族帝国，历史文化及其传承脉络体系极其庞大冗杂，在这一基础上建立的现代“民族国家”，并不能通过西方民族主义理论得以较好诠释。因此，在考虑中国现代民族国家建构问题上，必须要澄清历史叙事中的“民族”与“民族国家”建构主体的“民族”的异同，把握从传统到现代社会转型中“民族”形态嬗变的规律。

一、道德想象：共同体的出现

在正式梳理中国民族观念思想发展历程之前，有必要厘清一个基本概念——民族。现代“民族”概念起始于西方国家，安德森在其著名的《想象的共同体》一

〔1〕 笔者认为，国族的出现既与政治事件密切关联，同时共同的民族文化历史记忆也是国族建构的重要思想资源。民族、国族均可以视作人类社会生活中的“共同体”，国族作为一种现代性的共同体形式，蕴含着人们对未来的想象，也体现着历史的向度。国族的特点是强调主权独立、领土统一、政治自决。受现代文明的深刻影响，尤其是民族间交流融合的加强，现代“民族”概念更多以一种历史或文化的形态出现。

书中给予“民族”一个充满想象力的定义：“它是一种想象的政治共同体——并且，它是被想象为本质有限的，同时也享有主权的共同体。”[1]在这个定义之中，被人类学家奉为圭臬的“客观特征”统统离场，安德森将“民族”这一共同体的特征指向认知领域。他同时指出，“想象”不是捏造，而是一种社会心理学上的“社会事实”。从这个角度来看，现代“民族”极有可能通过意识建构得以形成。西方现代“民族”观念的最显著特征是“享有主权”和“本质有限”，这两个特点与中国传统的民族观形成非常鲜明的反差。

中国传统民族意识出现的时间较早，先秦时期的“华夷之辨”可以看成是最早的民族意识雏形。“华夷之辨”的核心要素——文化，成为辨别民族的标识。唐文明认为传统“华夷之辨”具有三层意义：教化意义、种族意义、地理意义，其中教化意义是其中最为核心的因素。[2]他在谈到“华夷之辨”的时候特别强调民族形成的时间性维度。这样多重意义的“华夷之辨”就不是以判别华夏民族和夷狄的形式出现，而是提供了一种以某种文明为核心的文化族群共同体存在方式。先秦时期，华夏族作为华夏文明的现实承载者，通过文明交流或武力征伐的方式客观地实现了教化作用，在这一教化理想未完成之前，华夏族和夷狄的地理或文化边界都是存在的。随着交流程度不断地加深、拓宽，既有的文明地理边界被实践活动所超越，原有“华夷之辨”不再具有现实意义。华夏族和夷狄之间的界限模糊直至没有区别，一个融合的、崭新的民族“汉族”开始出现。换言之，以教化意义为首要意义，则传统民族观更侧重于民族融合思想。

作为亚细亚农耕文明的典型代表，华夏文明的根基在于农业生产。除了受自然条件的制约，农业生产方式具有很强的复制性，在农业文明快速发展的过程中，华夏族较早产生了“天下一家”的大同思想。1988 年，费孝通在《中华民族的多元一体格局》演讲中谈到汉族成为民族融合主导力量的原因时认为：“如果要寻找一个汉族凝聚力的来源，我认为汉族的农业经济是一个主要因素。看来任何一个游牧

[1] 吴叡人：《认同的重量：〈想象的共同体〉导读》，[美] 本尼迪克特·安德森：《想象的共同体：民族主义的起源与散布》，吴叡人译，上海世纪出版集团 2011 年版，第 15 页。

[2] 唐文明：《政治自觉、教化自觉与中华民族的现代建构》，中国人民大学出版社 2013 年版，第 52 页。

民族只要进入平原，落入精耕细作的农业社会里，迟早就会服服帖帖地主动融入汉族之中。”[1]费孝通是从民族形成的内源性因素来谈农业的作用，但外源性影响对民族的形成也具有重要的影响。随着生产范围的逐步扩大、交往领域的不断拓展，不同族群不断进入视野，直至具有不同生产方式和文化背景的族群以一个强大的“他者”面貌出现，彼此之间关于共同体的想象开始生成。

安德森认为“想象的共同体”最初而且最主要是通过文字（阅读）来想象的，因此文字因素在民族意识形成的初期具有极其重要的影响。唐文明提出“华夷之辨”三重意义中的教化意义，也正是因为在族群互动关系之中，华夏族最早成功地掌握了以文字为代表的文明武器而具有普世教化的客观能力。但需要指出的是，中国传统文化的品格是谦逊而克制的。《礼记》有云：礼闻来学，不闻往教。这说明，在民族互动的历史中，教化意义的体现并非是主动对外炫耀文明的威力，而是热衷于塑造文明中心的巨大向心力来完成。这种类似于“己所不欲、勿施于人”的民族关系理论较早出现在中国传统思想中，这种道德性的民族观对中国民族融合发展的历史影响深刻。纵观中国历史，极少看到以教化作为使命主动开展对外的交往活动。强调教化的客观功能，警惕以“教化”为名义的大民族主义，是理解中国传统民族观中教化意义的关键所在。

问题是，中国传统民族观能否与现代民族概念进行同义替换？一般认为，现代意义上的民族观念是与西方政治现代化进程相伴出现的，现代民族的确立是现代政治学权利观普及的结果。中国传统民族观念具有强调融合、尊重多元、专注自身文化中心建设等道德性特点，以民族作为共同体来主张权利的倾向并不明显，它与西方现代民族观念的功利性特点截然不同。因此，中国传统意义上的民族是一种道德性的想象共同体。“天下大同”的理想是在人间建立符合最高道德准则的王国，这在实践之中是不可能真正实现的，只能是一种非经验的想象，或者说是一种“心理的现实”。民族的道德属性，也是中国传统民族观和现代西方民族观相区别的地方。秦一统六国的政治现实刺激了人们关于一个更加强大的共同体的想象。帝国统一的进程中道德的作用时常被忽视，但事实上道德因素往往能在民族融合过程中发

[1] 费孝通主编：《中华民族的多元一体格局》，中央民族大学出版社1999年版，第32页。

挥重要的影响。在秦王朝由盛而衰的历史经验之中，新统治者看到了道德力量在维系统治中的重要作用而通过政治力量加以推动。汉初曾对“孝”德的大力推崇，武帝时期更是“罢黜百家、独尊儒术”，最终确立了道德理想主义色彩浓厚的儒家思想作为官方意识形态。在两汉四百余年的历史长程之中，虽偶有国家分裂之虞，“国家统一”却一直都是最高伦理价值追求，这种心态根植于国人意识形态心理结构之中，并在历史的长河中不断积淀和加深。

从文化史和社会史的脉络中来理解“民族”概念，安德森将现代“民族”理解为想象的共同体，但这种做法却遭遇到了反对。杜赞奇认为，早在西方民族主义传入中国之前，中国人早就有类似于“民族”的想象了，对中国而言，崭新的事物不是“民族”这个概念，而是西方的民族国家体系。[1]这说明，安德森“想象的共同体”概念仍未能完全与中国传统民族观念相融通。安德森超越了人类学将民族视作各种“经验”产物的窠臼，虽然“想象的共同体”的定义已经开始接近人类意识形态和精神世界，但却依然没有道破“民族”作为人类作为共同体存在方式的道德属性。将道德与想象联系在一起，我们或许还能从康德那里找到资源。康德坚信在人类心灵世界中有一种向善本能，这就是对世界和人类心灵的想象和敬畏，他曾动情地感叹道，能持久而强烈地震撼我们心灵的是我们头顶的星空和心中的道德律。民族作为经验世界不存在的事物只能归之于想象，想象又与道德存在着某种程度的关联。因此，在考虑确立民族的诸要素：经济、政治、文化之外，应该还要包括道德的因素。

长期以来，在理解“民族”概念时，总会产生“古今中外、莫衷一是”的困惑，这与我们忽视民族的道德属性具有莫大的关联。步入近代之后，中西方文明交流激荡，现代西方政治体制强势主导全球一体化进程。在这一过程之中，以民族国家为组织形式的西方文明给中华文明造成了极大的冲击，动摇甚至解构了中国数千年来的传统民族观念。中国近代民族主义奠基者严复，通过翻译和介绍西方进化论思想，改变了传统“以夏变夷”的民族观，开始宣传“物竞天择”竞争性民族观念。他说：“物竞者，物争自存也，以一物以与物争，或存或亡，而其效则归于天

[1] [美] 本尼迪克特·安德森：《想象的共同体：民族主义的起源与散布》，第15页。

择。天择者，物争焉而独存。”[1]这种崭新的看待民族关系的角度，促使国人思考关于民族危机的解决之道。这种赤裸裸的角力与长期以来道德性的民族观是截然不同的，这一时期的民族观产生了怎样的嬗变及影响？

二、伦理实体：启蒙时期的国族建构

近代西方“民族”概念是与民族国家政治体系一起进入国人视野的。19世纪末，西方现代民族主义特有的观念，尤其是主权至上、领土完整、权利不可分割等内容对传统民族观造成极大的冲击。徐嘉的理解是，“这些西方民族国家观念与种族竞争的世界观传播或引进到中国并与中国传统的种族意识、族群意识相融合，逐步形成了现代中国的民族与民族主义观念。以后，这种观念不断深化，进一步形成中国民族、中华民族等概念。民族的确立并丰富和民族的自觉意识的形成，酝酿并促使传统伦理核心价值的转变。”[2]这一观点强调不同文明、不同时代民族观之间的相互融通之处，并没有将中国传统民族观和西方现代民族观对立起来，而是选取了一种商谈、建设的视角来看待近现代思想史上的“民族难题”。这一思想事实上强调了近代民族观嬗变现象对伦理价值造成的影响，道出了中国传统民族观中长期存在却又被长期忽视的道德意涵。

建立民族国家的首要任务是要在理论上阐述清楚“民族”为何物，但是时的中国思想界似乎未经反思就将西方“nation”的概念与传统的“民族”概念等同起来。文化意涵、道德意涵明显的中国传统“民族”与政治意义、权利意义突出的“nation”之间具有相当大的鸿沟，这也为20世纪30年代关于“中华民族是一个”的顾费之争埋下了伏笔。之所以称现代“民族”或“nation”是想象的共同体，安德森从人类精神史出发分析道：“它是想象的，因为即使是最小的民族的成员，也不可能认识他们大多数的同胞，和他们相遇，甚至听说过他们，然而，他们相互连

[1] 《天演论·察变》，《严复集》第5册，中华书局1986年版，第1324页。
[2] 徐嘉：《中国近现代伦理启蒙》，中国社会科学出版社2014年版，第166页。

接的意象却活在每一位成员的心中。”〔1〕梁启超也曾说：“民族成立之唯一要素在‘民族意识’之发现与确立。何谓民族意识？谓对他而自觉为我。‘彼日本人，我中国人。’凡遇一他族而立刻有‘我中国人’之一观念浮于其脑际者，此人即中华民族之一员也。”〔2〕这说明与传统民族在客观历史进程中自然形成所不同的是，现代民族的形成要诉诸主观意识的建构。面对岌岌可危的国家形势，中国思想界对于建立现代民族国家的呼声甚高。他认为，在民族竞争生存空间的法则之下，只有顺应潮流建立民族国家，才是文明存续、国家保存的根本之道。需要指出的是，造成近代民族危机、文明危机既有王朝政治的腐朽的原因，同时西方民族国家罔顾正义原则，以武力欺压别族，自视高级文明而蔑视别国文明的非道德做法也是促使中国民族意识觉醒的直接原因。

关于中国近代民族意识兴起的描述，比较经典、影响最大的是费孝通从“自在”到“自觉”的提法。他从人类学的角度出发，描述了中国境内民族“大杂居、小聚居”的现状，并从数千年交往的历史中总结出“你中有我，我中有你”相互依存、不可分割的“多元一体”格局，汉族是这个多元之中的核心。〔3〕他就此认为，中华民族是以一个自在的实体出现在历史之中的，而促使中华民族自觉的产生则是近代以来的民族危机。一般认为，古代中国是家国一体的“天下观”并没有近代意义上的国家观。然而也有学者从民族关系史的角度质疑“中华民族”在近代才产生“自觉”。葛兆光则比较倾向于“唐宋转向”说。他认为唐宋时期，民族政权环伺的局面促使了民族观的转向。〔4〕这一观点注意到民族“自觉”的产生是一个长期的历史过程，但彼时的民族观并没有因自我意识的觉醒而产生“主权意识、领土意识”等现代民族主义的基本因子。宋代的民族危机从某种程度加快了中国自我文化中心建设的速率，这一时期宋儒在思想上的建极实践更是体现了唐宋时期的民族观与传统民族观专注于自我文化中心建设的特点并无二致。葛兆光关于唐宋时期“民族自觉”、“中国性”产生的观点，给我们提供了一个更为全面、长

〔1〕［美］本尼迪克特·安德森：《想象的共同体：民族主义的起源与散布》，第6页。
〔2〕《中国历史上民族之研究》，《饮冰室合集》之八，中华书局1989年版，第1－2页。
〔3〕费孝通：《中华民族的多元一体格局》，《北京大学学报（哲学社会科学版）》1989年第4期。
〔4〕葛兆光：《宅兹中国——重建关于“中国”的历史论述》，中华书局2011年版，第42页。

程的角度检视我们近代民族观念的形成史，由此我们不得不对“民族”与“中华民族”作出概念上的区分以澄清误解。英国民族主义研究权威学者安东尼·史密斯认为，现代民族的确立需要三个条件：是否有自觉确定的居住疆域，是否有规范的公共文化，是否追求政治上的自决。[1]这意味着，历史上（包括唐宋）产生的民族自觉意识，均与近代产生的“中华民族”自觉意识并不相同，“中华民族”自觉意识的产生，其直接目的是建立独立国家、享有主权，这与历史上某一民族在某一区域内部的政治自决意识是有本质区别的。简而言之，近代形成的“中华民族”是与“民族”概念不同的“国族”，“国族”概念与拥有独立主权的民族国家密切关联，它所想象的是在一个国家内部，将不同民族或族群整合为一个实体，我们将这个实体称之为“国族”（nation）。

可见，近代“国族”的产生已经标志着民族观念由“道德想象共同体”发展为“伦理实体”的阶段。中国传统意义上的民族是客观历史进程中自然形成的共同体，道德属性是其标志性特征，近代“国族”则是人类社会和精神领域发展到高级阶段而形成的伦理实体。伦理实体是黑格尔哲学体系中的重要概念，他在《精神现象学》和《法哲学原理》中做了充分阐发。黑格尔将伦理实体的精神发展谱系与人类历史的发展联系起来，由家庭—市民社会—国家的辩证发展体系客观展现了伦理实体的生长过程。诚然，黑格尔这里的“国家”是一种与现实主义国家观并行的理想主义国家观，但仍不妨碍其成为一种解释近代民族国家形成的重要理论资源。近代以来，在以革命为主要实践基调的民族国家建构和民族建构中，中华民族自觉的政治原因自然是谈得较多的，而伦理的维度却较少涉及，但这并不妨碍将近代的建国运动理解为一场基于理想主义的实践，从根本上来讲，这也是一场关于国家理论哲学的建构。回顾历史，可以明显地看出建国理论从最初险隘的民族主义到之后大民族国家建构的嬗变轨迹。

晚清以来，深感于“堂堂华国，不齿于列邦；济济衣冠，被轻于异族。有志之士，能不痛心”[2]的严重危局，以孙中山为代表的民族革命派在1894年兴中会

---

〔1〕［英］安东尼·史密斯：《民族主义：理论、意识形态、历史》，叶江译，上海人民出版社2006年版，第12－13页。

〔2〕《香港兴中会章程》，《孙中山全集》第1卷，中华书局2006年版，第21页。

成立之时，确立了以“驱除鞑虏，恢复中国，创立合众政府”的宗旨。这意味着早期民族革命的首要目的是推翻满族贵族统治，建立以汉族为主的民族国家，“合众”二字也为民族联合政府的出现埋下伏笔。1905 年同盟会成立时的宗旨是“驱除鞑虏，恢复中华，创立民国，平均地权”，〔1〕这种仅以反满为目的的民族主义思想来源于孙中山对民族和国家的认识。他认为建立民国的政治目的和驱除鞑虏的民族革命手段是民族国家的建构实践的一体两面，“我们推倒满洲政府，从驱除满人那一方面说是民族革命，从颠覆君主政体那一方面说是政治革命，并不是把它分两次去做。讲到那政治革命的结果，是建立民主立宪政体。”〔2〕这也就是说，“排满”的手段并非民族革命派真正的民族观，其真正的目的在于立宪共和政体这一国家政治体制的确立。霍布豪斯认为，理想主义的国家观点似乎“表达了一个伦理学的原则”，其中有两个重要的元素，一是关于超越一切个别人之上的实体的概念，一是将国家等于这个实体的看法。〔3〕虽然改革立宪派与民族革命派在国家建构实践上分歧甚大，但这并不妨碍两者共同分享“现代民族国家建构”这一政治伦理时代主题，甚至双方在民族理论探索方面多有相互发明之处。其中，以改革立宪派代表人物梁启超对“中华民族”概念产生所做的贡献最大。1901 年，梁启超在《中国史叙论》一文中使用了“中国民族”这一概念，他说彼时为“中国民族合同全亚洲民族，与西人交涉竞争之时代”。〔4〕进而，他于 1902 年在《论中国学术思想变迁之大势》一文中，第一次提出“中华民族”这一概念。20 世纪初，民族概念方经日本进入中国思想界，梁启超敏锐地察觉到西方“nation”概念与中国传统“民族”概念直接等同所隐藏的国家分裂危机。所以他强调，中华民族自初就是多元结合的产物，是在漫长的历史长河之中不断融合壮大的。这种做法背后当然隐含着政治性目的，其实质就是将中国境内的各传统“民族”统合起来形成一个“nation”，这个“nation”是超越一切个别人之上的伦理实体，国家便建基于这个伦理实体之上。

---

〔1〕《中国同盟会总章》，《孙中山全集》第 1 卷，第 284 页。
〔2〕《在东京〈民报〉创刊周年庆祝大会的演说》，《孙中山全集》第 1 卷，第 325 页。
〔3〕［英］L. T. 霍布豪斯：《形而上学的国家论》，商务印书馆 1996 年版，第 23 页。
〔4〕《中国史叙论》，《饮冰室文集点校》，云南教育出版社 2001 年版，第 1627 页。

根据黑格尔的理论，“国家是伦理理念的现实——是作为现实出来的、自知的实体性意志的伦理精神，这种伦理精神思考自身和知道自身，并完成一切它所知道的，而且只是完成它所知道的。”[1]国家以一种民族精神的完整形态出现，是民族精神的实体。这番晦涩的论述实际上是在以一种理想主义的角度来诠释真正意义上的国家状态，国家是最完满的伦理实体。“自在自为的国家就是伦理性的整体，是自由的现实化；而自由之成为现实乃是理性的绝对目的。”[2]这一观点的实质是：国家是一个伦理的实体，且应当是一个健全而现实的伦理实体。换言之，国家必须体现普遍性的伦理精神要求。回顾民国初年的历史，我们看到的却是这个亚洲最早成立的共和国在政治历程上的艰难跋涉。因此我们有理由相信，中华民族作为一个伦理实体还仅仅是以一个概念的形式出现，理论上的建设和意识形态方面的建构还亟待深化。而这，也与民国以降中华民族自身的历史命运紧密地联系在了一起。

三、中华民族：从概念到民族主义话语形式

国族的确立带来了以现实国族利益为目标或出发点的思潮。民族主义成为20世纪以来最重要的思潮之一，表现为政治民族主义、经济民族主义、军事民族主义、文化民族主义等诸多形态。民族主义在思想层次上也有深浅之分。胡适曾指出：“民族主义最浅的是排外，其次是拥护本国固有的文化，最高又最艰难的是努力建立一个民族的国家。”[3]民国成立之后，思想界需要回答的时代问题是：如何维护和公共这个伦理实体，怎样加强其整体性，提升其一体化程度？中华民族一体化的过程中同样伴随着关于“中华民族”的探讨，其中最著名、影响最大的讨论莫过于30年代的顾费之争。1939年，顾颉刚先生在《益世报》和《边疆周刊》上发表其著名的文章《中华民族是一个》中明确提出“对外只有一个中华民族，对内没有民族之分”的观点，引起学界激烈的讨论。

---

〔1〕［德］黑格尔：《法哲学原理》，商务印书馆1996年版，第253页。

〔2〕［德］黑格尔：《法哲学原理》，第258页。

〔3〕《个人自由与社会进步》，《胡适文集》第1册，北京大学出版社1998年版，第587页。

实际上，在顾费之争产生前，关于国族问题的探讨就一直存在于民国思想界。以五四运动为时间节点，之后的中国思想界激进主义、自由主义、保守主义三者并立，相互以不同的方式对国家和民族的前途发声。各种民族主义思潮纷纷以报刊为载体进行话语诠释，这种民族主义话语体系的建立，对近代以来“中华民族”伦理认同的深化产生了深远的影响。“九一八事变”之后，中国民族危机空前加深，民族主义思潮空前活跃。1932 年成立的《国风》在高扬民族意识方面独树一帜，产生了较大的影响。《国风》极力反对五四以来的新文化（新文学）运动，认为该运动对中华民族传统文化贻害甚大。坚决维护传统文化，坚守民族立场成为《国风》的主要思想倾向。民族的自我觉醒是民族意识强化和民族精神张扬的关键，《国风》成员们看到了教育和宣传的重要性。正如艾里·凯杜里在《民族主义》中所指出的“民族自决是一种意志的决定；而民族主义首先是一种教导正确的意志的方法。”[1]《国风》的创办，就是旨在强化中华民族的集体意识，弘扬民族文化和伦理精神，树立健康的国风、民风，从思想上抵御外敌。《国风》的旨趣是“本史迹以导政术，基地守以策民众，格物致知，择善固执；虽不囿于一家一派之成见，要以隆人格而升国格为主。”[2]之后，《国风》在封面直接表明自己的宗旨是：“一、发扬中国固有之文化；二、昌明世界之最新学术。”

民族意识的强化，是《国风》时期的历史背景，也是其重要标榜的思想风向。长期以来，中华民族的文化思想基础是儒学，说得更直白一些，是孔子思想，因此，尊孔是《国风》以民族文化为本位的突出表现之一。《国风》创刊不久就专门出版了纪念孔子的“圣诞”特刊（第三号），这也可以看作是“南高—东大学派”[3]对五四新文化运动批孔、反孔的总回应。在《明伦》中柳诒徵认为人伦、伦理、礼教是研究时下中国学术、道德、思想、行为之根本问题。这一考量并非仅仅是站在传统道德主义立场，柳诒徵认为“五伦”可以作为改变世风和稳定社会心态的精神

---

〔1〕［美］艾里·凯杜里：《民族主义》张明明译，中央编译出版社2002 年版，第 76 页。

〔2〕柳诒徵：《发刊辞》，《国风》第 1 卷第 1 号，1932 年 9 月 1 日。

〔3〕五四新文化运动中，北大新文化派的激烈反传统主张引起了南京高师—东南大学师生（南高 1921 年成立东南大学）的强烈反应，催生了以“学衡”保守主义思想为代表的“南高—东大学派”，其后，“南高—东大学派”以南京高师—东南大学—中央大学为中心，形成了一个广泛而延绵的学术文化脉络，造就了现代中国学术史上一个重要学术共同体。

力量，这也就是民族共同体意识的源泉。在《从历史上寻求民族复兴之路》一文中，柳诒徵主张要讲民族主义就需要从中国历史中去寻求民族精神。[1]他的民族史观在政治思想的表现，是与前期《学衡》一脉相承的道德理想主义与贤人政治，同时更有文化救国的鲜明倾向。在《对于中国文化之管见》中，他将中国传统文化分为政法、学术和生活三个层面，并针对有的人面对中国的落后而产生的“全盘西化”论调进行了尖锐的批判。《国风》派对传统文化，尤其是对孔子极端推崇，认为这是建立民族凝聚力的核心。但是这种“好古不疑”的静态文化观确然是有问题的，因为就历史本身来看，孔子“圣人”形象也存在着一个明显的嬗变轨迹。[2]虽然《国风》尊孔的时见在新文化派的眼中被视作“保守”“落后”的思想，但其对传统文化满怀敬意、竭力传承的态度却在客观上促进了近代“中华民族”伦理认同的形成。他们重视宣传教育，重视人伦世风的思想确实也产生了良好的社会影响。随着抗日全面战争的爆发，《国风》等报刊更是充分发挥舆论阵地的作用，将爱国热情与民族精神一齐展现出来。在以民族革命为主调的语境中，“中华民族”作为一个整体的伦理认同不断深化，终于在1939年喊出了“中华民族是一个！”的时代强音。

在《中华民族是一个》之前，顾颉刚曾发表文章认为，“中国本部”这一概念的流行危害极大，亟应废弃。他说：“我觉得最痛心的一件事，乃是帝国主义者造出几个分化我们的名词，传播进来，我们上了他们的当，随便用了……这不能不责备我们知识分子的糊涂，以致国家陷入空前的危险。”[3]他举例说明，“满洲Manchuria”“蒙古Mongolia”“新疆East Turkistan”等概念对中国整全性造成巨大冲击。在文章结尾处，他再次呼吁：“我们要逐渐消除国内各种各族的界限，但我们仍尊重人们的信仰自由和各地原有的风俗习惯！我们今后要绝对郑重使用‘民族’二字，我们对内没有什么民族之分，对外只有一个中华民族！”[4]从理想国家哲学的层面来看，“一个民族，一个国家”确实是现实社会中最理想的方式。需要重申的

---

〔1〕《国风》第5卷第1号，1934年7月1日。
〔2〕参看胡芮：《先秦“圣人”道德形态嬗变的伦理意蕴》，《原道》第25辑，东方出版社2015年版。
〔3〕顾颉刚：《“中国本部”一名亟应废弃》，《益世报》1939年1月1日。
〔4〕顾颉刚：《中华民族是一个》，《益世报》1939年2月13日。

是，这里的“民族”是政治意涵明显的“nation”，也就是顾颉刚所指的“中华民族”这一国族概念，顾颉刚这种政治意涵明显的民族观很快引起了重视经验差异的人类学者费孝通的反对。马戎评论说：“从今天的学科视角来看，这次对话是一位在中国成长的历史学家和一位由西方培养的人类学家之间的对话。西方人类学的传统研究对象就是处在‘未开化或半开化’的野蛮人群体，他们的田野调查就是对这些人群的方方面面进行考察、描述和类别分析。”〔1〕这说明，这场两个不同学科之间的对话“论域”并不完全重叠。

顾颉刚在随后的回应之中真诚地承认了学科不同所造成的学术取向差异，同时他“愚诚”地希望中国人类学家们在视西方人类学传统为圭臬的同时，能关注时下中国之现实，这才是中国知识分子应尽的责任。在接下来的讨论中，顾颉刚不断对“民族”概念进行反思，他认识到自己的“民族观”也经历了一个明显的变化过程：“我当初使用这‘民族’一名正同你的意思一样，凡是文化、寓言、体质有一点不同的就称之为一个民族。请你翻出我的《古史辨》看，‘夏民族’、‘商民族’、‘周民族’、‘楚民族’、‘越民族’……写的真太多了。”〔2〕但是这种历史文化意义的“民族”与政治意涵明显的现代“民族”之间却有着极大的不同，他描述了所接触到的众多主张“民族自决”者的群像，在没有政治压迫和文化差异的背景下，突然地产生“民族自决”情绪的人大多是受到了外来“民族”概念的影响。这使得近代中国在外来民族国家侵略之下产生的整体“民族自觉”，碎裂为历史文化族群之间相互对抗的意识，其危险不言而喻。总体来看，顾颉刚强调历史文化延续基础之中的政治统一是具有鲜明的时代特征的，但费孝通强调的人种差异、文化差异所蕴含的“多元”平等也该得到应有的重视。“统一”和“多元”这两种具有张力的价值后来被费孝通凝练进“中华民族多元一体”的表述之中，可以视为“中华民族”作为一个伦理实体在理论上达到的新高度。

费孝通关于“中华民族多元一体”的理论，事实上继承了顾颉刚“中华民族”是一个的基本价值。这里的“多元”既是对传统历史文化价值的尊重，也是基于

〔1〕 马戎：《如何认识“民族”和“中华民族”》，《中南民族大学学报（人文社会科学版）》2012 年第 5 期。

〔2〕 顾颉刚：《续论“中华民族是一个”：答费孝通先生》，《益世报》1939 年 5 月 8 日。

人类学的视角对种族差异给予的认定。概而言之，现代“中华民族”的形成与发展的历史与传统“民族”的历史是紧密联系的，“中华民族”的现代建构与现代中国民族国家建构是同一个历史事件的两个维度，在重视“中华民族”政治意涵的同时，绝不可忽略其概念背后隐含的数千年的历史文化意义，特别是传统民族观中丰富的道德意涵。在现代民族矛盾和边疆危机仍然时时浮现的现实图景中，我们依然有理由相信，共和政体的确立之外的“中华民族”的现代建构，亦即伦理实体建构仍是一个尚待完成的时代使命。

20 世纪早期内蒙古自治运动与中华民族认同

杨 强*

[内容提要]

20 世纪早期内蒙古经历三次自治运动，第一次是清末的反放垦、反设县运动，主体是蒙古农牧民；第二次是北洋时期的一系列自治运动，主体是封建王公，目标是维护王公传统的封建特权；第三次运动是 30 年代的百灵庙高度自治运动，内蒙古社会各阶层都投入到这次运动中，目标则是争取民族自治，建立自治政府。随着三次运动的逐步展开，蒙古族对蒙古民族意识和中华民族意识有了清晰的认识，增强了对中华民族的认同，在维护国家统一的前提下积极争取民族自治权，为后来我国民族区域自治制度的创建进行了有益的探索。

[关键词]

内蒙古　自治　民族意识　中华民族

清末之后的半个世纪中，北部边疆危机频现，清末之后的历届政府都试图加强对这一地区的直接控制，以维护国家统一，但效果适得其反，激发了三次内蒙古的

---

* 杨强，西北政法大学民族宗教研究院副教授，法学博士。本文系国家社科基金青年项目“近代内蒙古社会变迁与法制改革研究”（课题号 10CFX010）阶段性成果。

自治运动。这三次自治运动既是蒙古族争取民族自治权益的运动，也是中华民族争取独立与解放历史的一部分。

一、清末内蒙古的自治运动

1640年漠南蒙古各部相继归附清朝，清廷实施了“因俗而治”和“分而治之”之策，姚锡光曾说：“我朝之御蒙古，众建以分其力，崇释以制其生，一绝匈奴、回纥之祸，其术可谓神矣。”[1]为了应对北疆危机，光绪二十八年初（1902年1月），清廷任命贻谷为督办蒙旗垦务大臣，赴内蒙古西部督办垦务，开始了对内蒙古的全面放垦，这成为对蒙古新政最重要的内容。内蒙古西部放垦土地共计约10万余顷，东部哲、昭两盟及依克明安公属地放垦共计约360万余垧另1.6万余顷。[2]放垦蒙地不仅直接威胁到蒙汉农牧民的生计，也损害到蒙古王公和汉族地主、地商的利益，因而遭遇了来自各方面的反抗。

（一）清末反抗放垦运动

1. 伊克昭盟独贵龙运动。[3]独贵龙源于蒙语“多归拉那”，意为环形，独贵龙成员到约定的地点席地而坐成环形，与会人员签名也呈环形，从而使领导人不易被识破。乌审旗的独贵龙抗垦斗争开始得最早，光绪二十九年首批垦务官员来到乌审旗后，遭到敖德巴、白音赛音等率领的数十名青年独贵龙成员强行阻止。光绪三十三年，乌审旗的独贵龙进一步壮大到十二个，推举各独贵龙首领轮流主持，统筹领导全旗抗垦。伊盟的独贵龙武装抗垦发展普遍，斗争激烈，有力地抗击了清朝的放垦，表达了他们保卫牧地的主张，在部分地方获得了一定的胜利。

2. 丹丕尔的武装斗争。准格尔旗是伊克昭盟最后报垦的一个旗，光绪三十一年正月该旗札萨克报垦了该旗南界地即黑界地，而黑界地早被丹丕尔私垦，民户交

---

〔1〕 姚锡光：《筹蒙刍议》，远方出版社2008年版，第5页。

〔2〕 西部放垦面积根据《内蒙古中西部垦务志》记载统计而来，东部放垦面积引自于《蒙古民族通史》第5卷上，内蒙古大学出版社2002年版，第140页。

〔3〕 此部分参考《蒙古民族通史》第5卷上，第187－189页。

租于蒙旗。七月十一日丹丕尔招聚蒙众往攻十里长滩东局，蒙众遂将局中文牍账簿等件概行焚毁，将该旗报垦的蒙员格什巴图等捆缚谋害。[1]得到贻谷奏报后，朝廷认为丹丕尔形同背叛，着严拿务获，归案究办，十二月丹丕尔被擒获，次年正月被贻谷正法。丹丕尔领导的准格尔旗武装抗垦斗争最为激烈，对当时整个时局的震动和影响最大。光绪三十四年正月，归化城副都统文哲珲奏参贻谷“二误四罪”，其中一误为“误认宗旨”，“朝廷放垦蒙地，乃恤蒙以实边，非攘地以图利也。而贻谷视为谋利之道，于是蒙古报地多益求多，于地户征收则刻意加刻。取游牧之地而垦之，而蒙民怨矣；夺垦熟之地而卖之，而汉民怨矣。”就此奏参，光绪帝传旨：“朝廷放垦蒙地，意在开荒备边，并非攘地图利……且纵勇滥杀，烧毙台吉丹丕尔一家五命之多，复罗织成狱，辄将丹丕尔置诸重辟，尤属残酷无论。”[2]光绪帝对贻谷被参案态度非常严厉，不准任何人为之申辩，可见丹丕尔一案对时局影响之大。丹丕尔的抗争让朝野再一次反思对蒙政策，并使朝野达成了基本共识，即“朝廷放垦蒙地，意在开荒备边，并非攘地图利”。

3. 陶克陶领导的抗垦斗争。陶克陶系郭尔罗斯旗塔奔塔虎人，放垦后赖以依靠的土地和草场被剥夺，他们无处伸冤。陶克陶在忍无可忍的情况下，对儿子、亲族和义兄说：“与其土崖似的坍塌，不如宝石般爆炸；与其泪流满面，不如举起铁拳；当今，生不一定愉快，死不一定悲哀。拉出去，把地局子砸塌!”[3]遂于光绪三十二年九月发动武装抗争。陶克陶主要在哲里木、呼伦贝尔、昭乌达盟与官兵战斗，在战斗中与白音达赉、卷毛生铁子和巴塔尔仓率领的另外两支义军互为声援、彼此联合，东三省总督徐世昌称“西北沿边二千余里几无乐土”。宣统二年四月，在东三省总督徐世昌的重兵追击下，经外蒙古车臣汗部贝子旗界多罗克卡伦进入俄罗斯境。这场被称为蒙匪、巨盗的武装抗垦斗争得到了蒙古农牧民的同情、支持和帮助，清朝官员也认识到正是“蒙户接济”“蒙员蒙民通风接济”使他们“毫无阻

---

〔1〕《开办蒙员聚众抗阻攻抢局所据实奏请严惩折》，《垦务奏议》，商务印书馆 2010 年版，第 360 - 361 页。

〔2〕赵全兵、朝克主编：《内蒙古中西部垦务志》，内蒙古大学出版社 2008 年版，第 341 - 345 页。

〔3〕参见厚和、陈志远：《陶克陶胡抗垦析略》，刘海源主编：《内蒙古垦务研究》，内蒙古人民出版社 1990 年版，第 239 页。

碍”。陶克陶领导的武装抗垦斗争虽然失败了，但这场斗争表现了普通农牧民的力量，表达了他们的利益诉求，有力地抗击了清廷的放垦。

（二）清末抗垦斗争的特点

1. 自发性、盲目性。如陶克陶领导的蒙古农牧民的武装斗争，目标是地局子，仅仅是为了减轻经济压迫。换言之，他们的斗争具有自发性和盲目性，没有认识到真正压迫他们的是封建统治，真正束缚他们的是封建思想。

2. 无组织、无目标。清末内蒙古出现了各种形式的反抗斗争，无论是伊克昭盟独贵龙运动还是丹丕尔的武装斗争或是哲里木盟陶克陶的抗垦斗争，都是偶发的，没有形成稳定的组织，斗争的主体多是蒙古牧民，蒙古王公没有走上争取蒙古族民族权益的道路。在运动中并不主张脱离中央政府而独立，更没有提出争取蒙古族自治权这样的清晰目标，表明清末内蒙古自治运动还处于初级阶段。

3. 起因是清廷的放垦与设县。放垦政策的实施伴随的是武力镇压，开垦到哪里官兵就到哪里，清廷通过武力强制剥夺了蒙古王公对土地和人民的治权，蒙古王公和蒙古普通民众也失去了世世代代赖以生存的土地。放垦政策形成的旗县矛盾问题不但没有得到解决，反而贯穿了近代内蒙古的整个过程。在清末法制改革的过程中，有这样几个问题需要回答和解决：谁享有对蒙古族原有辖地的治理权，应该建立什么样的机构行使这种治理权，中央与内蒙古地方的权力关系如何定位？清廷的态度是由州县逐步取代盟旗行使对内蒙古的治理权，而蒙古族则坚持要求在内蒙古地区由蒙古族行使民族自治权，清末之后的历届政府和内蒙古地方之间长期地进行了博弈，这也成为内蒙古近代法制史的主题。

二、北洋时期内蒙古的自治运动

民国初立，百废待兴，外蒙独立、内蒙离心，北疆危机。蒙古民族意识的高涨从法理上危及民国政治基础，蒙古独立运动从政治上直接危及民国领土完整。传统的多民族国家如何进行现代国家的建构，成为民国统治者的棘手问题。

（一）内蒙古的独立自治运动

1. 呼伦贝尔的独立运动。外蒙古独立后发来归顺公告，胜福等人积极响应，1912 年 1 月 15 日，叛军占领呼伦城，宣告“独立”，归顺库伦政府，并以呼伦贝尔旗属官兵等全体通电称：“革命起事，各省附和，仇杀旗人，将覆大清。我呼伦贝尔旗人系满清之一小部分，世受国恩，自应尽一分臣子之义，故大众议定，起大清帝国义军，保守疆土，决不承认共和，亦不受汉官管制。”〔1〕呼伦独立后，北洋政府忌惮俄国干预没有武力征讨，后于 1915 年 11 月签订了《中俄就呼伦贝尔局势问题达成之协议》，从此中国政府恢复了对呼伦贝尔地区的主权。

2. 乌泰发动的“东蒙古独立”事件。乌泰是科尔沁右翼前旗郡王兼哲里木盟盟长，外蒙古独立后向内蒙古各盟旗发出归附通告，乌泰立即派人前往库伦表示归顺，并请求给予援助。“当时的外蒙古统治者特别欢迎乌泰的归附，立即应允了乌泰所要求的物资援助。”〔2〕得到外蒙古的蛊惑和支持后，乌泰铤而走险于 8 月 20 日发布《东蒙古独立宣言》。〔3〕乌泰叛乱后，北洋政府致电奉天、吉林、黑龙江三都督，下令军事围剿叛乱，历时一个多月平息了“东蒙古独立”事件。

3. 贡桑诺尔布的“独立”活动。喀喇沁右旗札萨克郡王于 1912 年正月召开了一次旗内的秘密会议，会上宣布了他的内蒙古独立计划。他说：“这几年来，开办学校，训练军队，振兴实业，这一切都是为了蒙古民族的独立做准备工作。现在清朝颠覆，民国肇造，外蒙独立，正是我们行动起来的好机会，如果再拖延下去，就要前功尽弃了，由日本泰平公司订购的枪支弹药，即将运来，需要马上派人去取，希望你们深思熟虑……”〔4〕但因无人支持而没有取得任何结果。1912 年冬，贡桑诺尔布召集热河境内各蒙旗王公、札萨克商讨热河境内实行自治，为热河都统熊希龄侦知，急电袁世凯请示制止的办法。袁世凯采用调虎离山之计，任命贡桑诺尔布

---

〔1〕 军机处电报档：《黑龙江巡抚周树模致内阁军咨府陆军部理藩部电》（宣统三年十一月二十七日），《中国近代史资料丛刊·辛亥革命》第 7 辑，第 306 页。

〔2〕 博彦满都：《乌泰王叛乱事件》，《内蒙古文史资料》第 1 辑，内蒙古人民出版社 1962 年版，第 84 页。

〔3〕《乌泰王发布东蒙古独立宣言及札鲁特左旗对乌泰的援助》，《内蒙古文史资料》第 1 辑，第 92 页。

〔4〕 吴恩和、邢复礼：《贡桑诺尔布》，《内蒙古文史资料》第 1 辑，第 113 页。

为民国政府蒙藏事务局总裁。贡桑诺尔布从此离开喀喇沁右旗，他所从事的内蒙古独立运动就此结束。

（二）蒙古独立运动中民族意识的特点

1. 以同种同教宣扬蒙古意识，以蒙古意识论证独立的正当性。蒙古族具有独特而深厚的民族认同、历史认同和宗教认同，这些都为民族分裂主义进行社会动员提供了适宜的资源。1206年成吉思汗建立蒙古汗国后，蒙古族长期建立自己的政权，他们生活于蒙古高原上，从事着以游牧经济为主体的生活方式，操持着蒙古语，尤其注重氏族血统传承的民族，这些因素都让蒙古族非常具有民族认同意识。蒙古族最初信仰萨满教，明代中期后藏传佛教传入蒙古地区，蒙古族逐步笃信藏传佛教，蒙古族法律更是把藏传佛教奉为指导思想，藏传佛教成为蒙古族的文化血脉。至清末仅内蒙古就有10万喇嘛，占到男性人口的30%—40%。如此众多的喇嘛加上虔诚的信徒，蒙古王公利用宗教所激发的号召力非同凡响。从以上各种宣言、通电中可见，民初内外蒙古独立活动中始终高举“保种保教保全领土”的大旗，提出了同一个民族同一个宗教有权保全自己领土的政治主张。蒙古王公贵族利用“蒙古民族意识”旗帜追求自身的政治诉求，并从历史资源、宗教资源、民族资源寻求认同和社会动员，进而企图建立独立的民族国家。这些主张披着民族主义的外衣，将其争取独立的行为解释为脱离清朝藩属关系、脱离清朝殖民统治的正当行为，这与辛亥中革命派提出的“种族革命”目标有异曲同工之妙。

2. 把蒙古民族意识绝对化，与中华民族意识对立起来。内、外蒙古仅仅是一个地理和行政区划上的概念区别，蒙古王公却利用蒙古人在历史、语言、宗教和生活方式上的一致性，把蒙古人对历史、语言、宗教和生活方式上的认同抽象为蒙古民族意识，并把这种民族意识绝对化。如呼伦贝尔独立通电、《东蒙古独立宣言》中便将“中国”与“蒙古”“蒙古人”与“汉人”对立起来。其实，在中国文化传统中并没有“民族”这一概念，而是用“华”“夷”等概念区分不同的族类共同体，在汉语语境中具体的群体划分则多表达为“某某人”，如汉人、蒙人、满人、苗人等，汉人与五方之民的差异在《礼记·正义》中早有叙述，及至后世，“中国人”“华人”的含义更多是指文化上有差异的人。清末之后，“种族”“民族”等这些西方概念传至中国，传统王朝国家族类共同体划分方式和划分概念开始被“种族”“民族”等概念代替，传统王朝国家的“华夷之别”转化为“民族”之别，“汉人”“蒙人”关系转化为“汉族”“蒙古族”关系。在这种政治观念和话语体系的转化中，无论是革命派还是蒙古王公们都用民族之别重新解读王朝中国多元的族类共同体历史，也都用民族之别重新解读王朝中国多元的族类共同体之间的关系，从而将民族意识绝对化。革命派把汉民族意识等同于中华民族意识，蒙古王公把蒙古民族意识与中华民族意识对立起来，这直接影响了蒙古族对民国的认同和对中华民族的认同。是建立单一的民族国家还是多民族的国家，也就成为新成立的民国不得不面对的一个理论和实践难题。

（三）北洋政府羁縻蒙古，以增强蒙古族对中华民族的认同

1. 提出“五族共和”论以协调蒙古族认同与中华民族认同。1912 年 1 月 1 日孙中山发表了《中华民国临时大总统宣言书》，宣告中华民国成立。《宣言书》称：“国家之本，在于人民。合汉、满、蒙、回、藏诸地为一国，即合汉、满、蒙、回、藏诸族为一人。是曰民族之统一。”这是第一次在正式的文件中提出了五族共和论。辛亥革命后，孙中山扬弃了原来民族主张中偏狭的思想，积极宣讲了五族共和的主张。他《在张家口各界欢迎会的演说》中说：“今日中华民国成立，汉、满、蒙、回、藏五族合为一体，革去专制，建设共和，人人脱去奴隶圈，均享自由平等之幸福，实中国四千年来历史所未有。”〔1〕

2. 召开西盟王公会议以安抚西盟各旗。库伦独立后两次文檄乌兰察布盟、伊克昭盟，希图煽惑西盟附从。第二次檄文称：“我蒙古向系同族同宗。谅必允从。现恐南路敌人。行将兴并来伐。即应妥为防守。以图疆域。”〔2〕为断绝库伦独立之虞，向西盟各旗宣布共和，绥远将军张绍曾承袁世凯之命召开西盟王公会议，会议发表了“乌伊两盟各札萨克劝告库伦文”：“现在共和新立，五族一家，南北无争，中央有主。从前各省独立均已取消。我蒙同系中华民族，自宜一体出力维持民国，

〔1〕《孙中山全集》第 2 卷，中华书局 2011 年版，第 451 页。

〔2〕周正朝：《昭乌达盟纪略》，远东出版社 2008 年版，第 293 页。

与时推移。”〔1〕黄兴涛认为：“这大概是在政治文告中，第一次由少数民族代表人物共同议决，宣告中国少数民族同属‘中华民族’的一部分了。”〔2〕

3. 出台《蒙古待遇条例》以换取蒙古王公的支持。1912年8月《蒙古待遇条例》正式公布，其内容为：“各蒙古王公原有之管辖治理权，一律照旧；内外蒙古汗、王公、台吉世爵位名号，应予照旧承袭，其在本旗所享有之特权，亦照旧无异；蒙古各地胡图克图、喇嘛原有之封号，概仍其旧。”〔3〕《条例》承认了蒙古王公原有自治权，爵位、名号、世袭权及各种特权一律照旧，对蒙古既得利益集团作出了重大的让步，以换取蒙古王公阶层的支持。“概仍其旧”四个字可以概括《条例》的立法精神和宗旨，其本质就是用维护蒙古封建主的封建特权交换蒙古封建主对北洋政府的支持。作为中华民国的《蒙古待遇条例》，满篇都是王公的治权、爵位、名号、封号、俸饷，每条都是一律照旧、照旧无异、概仍其旧，连一个“民”字都没有提及，更毋庸言及民众的权利和利益。《蒙古待遇条例》是民国政府第一次用法律形式确认蒙古原有的封建制度，重申了蒙古王公贵族的封建特权，承认了蒙古王公贵族与牧民之间的封建关系。该《条例》成为北洋政府羁縻蒙古的重要手段，对笼络蒙古王公、稳定北部边疆产生了积极的影响。

三、国民政府时期内蒙古的自治运动

（一）内蒙古自治运动的经过

1928年国民政府宣布将热河、察哈尔、绥远三个特别区改为省，随后三个省政府相继宣告成立，这样内蒙古全境分划各省。改省后，国民政府在内蒙古积极推行移民放垦和屯垦政策，遭到了内蒙古各阶层的强烈反对，北平和南京的蒙古人展开了一系列的请愿活动。迫于压力，国民政府于1929年11月召开了蒙古会议，制定了《蒙古盟部旗组织法》。该法是国民政府制定的有关蒙古地方制度的唯一正式

〔1〕 西盟王公招待处编辑：《西盟会议始末记》，远方出版社2007年版，第35页。

〔2〕 黄兴涛：《民族自觉与符号认同：“中华民族”观念萌生与确立的历史考察》，香港《中国社会科学评论》2002年创刊号。

〔3〕 曹永年主编：《内蒙古通史》第4卷，内蒙古大学出版社2007年版，第62页。

法令，成为内蒙古盟旗制度得以保留的法律依据，但由于国内政局动荡，国民政府内部各派倾轧，该法并没有得到实际的执行。

《建国大纲》曾明确提出“对于国内弱小民族，政府当扶植之，使之能自决自治。”但国民党统一全国以后，并没有兑现这些开明、进步的许诺，反而淡化和消解民族问题，对于蒙古人提出的各种自治要求采取拒绝或推诿的办法。蒙古族没有感受到国民政府政治上的进步，没有得到国民党许诺的平等和扶助，得到的却是政治上的分割、经济上的剥夺和文化上的歧视。在锡林郭勒盟副盟长德穆楚克栋鲁普（德王）的倡导下，1933 年 7 月 26 日，云端旺楚克及部分蒙旗代表召开了第一次内蒙古自治会议，并向国民政府发出“准许蒙古高度自治通电”。10 月 9 日第二次自治会议在百灵庙召开，会上讨论并决定了《内蒙古自治政府组织法》。该法提出“援国民政府建国大纲内各民族自决自治决定，召开内蒙各盟部旗长官自治会议，决议在国民政府领导下，成立内蒙自治政府”。〔1〕从百灵庙发轫的高度自治运动，引起国民政府及社会各界的极大震动，也得到了内蒙古西部各盟旗的广泛响应，迫使国民政府重新审视事态，寻求消弭对策。

（二）内蒙古自治运动的起因

关于此次内蒙古自治运动的起因，历来众说纷纭。曾巡视内蒙古的黄绍竑曾认为“此运动是直接间接受了日本人的煽动与指使”，是“一个脱离国家统治的独立行动。”〔2〕今人白拉都格其则认为，“民族压迫的存在，是近代内蒙古民族运动产生的最主要原因。”〔3〕综合分析，起因如下：

1. 建省问题引发的旗县之争。《建国大纲》中孙中山先生对未来中华民国地方政府的设计中仅有省县的规划，北伐胜利后，国民政府酝酿整饬划一地方行政，拟将热河、察哈尔、绥远改为省。1928 年 9 月 5 日，国民党中央政治会议以特别区域于法无据，通过特别行政区域改省决议，将“热河、察哈尔、绥远、青海、西康

〔1〕 卢明辉：《蒙古“自治运动”始末》，中华书局 1980 年版，第 36 页。
〔2〕 黄绍竑：《五十回忆》上册，风云出版社 1945 年版，第 264 页。
〔3〕 白拉都格其：《关于近代内蒙古民族运动研究的几个问题》，《内蒙古社会科学（汉文版）》1997 年第 6 期。

均改省”。[1]至此，清末以来历届中央政府计划在内蒙古遍设行省的计划得以实现，使蒙古族在政治上、地域上被分割。清末以来的旗县之争因三省的建立而强化。从德王对黄绍竑的谈话中可以看出蒙古人对省县的态度：“现在蒙古盟旗与省府的冲突，不是由于双方感情不好，也不是民族间发现恶劣的情感；盟旗与省府之冲突，完全由于制度之不良。现在蒙古是一地二主，所以即使双方有良好之感情，因为权利关系，必会发生冲突。”[2]

2. 王公改革引发的王公离心。蒙古封建王公世袭其领地和牧民，享有政治特权和经济特权，清末和北洋政府改革，只是以放垦和设县来逐渐浸入和缩小王公的实权，在制度上仍然承认和保护王公封建特权。国民政府建立蒙藏委员会后，《蒙藏委员会施政纲领》规定：“改组各盟公署、旗扎萨克府……其后废除封建式的世袭制度。实行解放奴隶；保护解放之后自由；绝对禁止役使奴隶、买卖奴隶。”[3]王公制度改革固然体现国民政府反封建的进步性，但这也等于废除了蒙古王公赖以生存的两个基石，即王公身份的世袭与牧民对王公的人身隶属关系，遂引发王公离心，并成为自治运动的积极参与者和领导者。

3. 放垦蒙地引发的蒙民离心。各省建立后都将放垦蒙地作为省政府的主要工作，掀起了大规模放垦蒙地的高潮，从1932年至1935年，仅河套地区就占有耕地168281亩，包头河西垦区占有耕地5880亩。[4]放垦时，原本放垦章程规定地价、地租要以一定比例由省县返还给蒙旗，但省县往往不照原定章程返还。这样不仅使蒙民因失去牧场而生活艰辛，也使盟旗行政经费陷入困难。蒙民反对垦殖的呼声日益增高，从自治宣言中可以体现出蒙古人对放垦的态度：“乃政府不第不此之图，反从而穷困之。始而开荒屯垦，继而设县置省，每年执政之所谓富强之术，直吾蒙古致命之伤，痛定思痛，能不伤感?!”[5]

4. 日本侵略引发的蒙民自救。日本一方面挑拨蒙汉关系、诱惑蒙古王公，以

---

[1] 《国民政府改热河等区为行省通电》，《总理对于蒙藏之遗训及中央对于蒙藏之法令》，第275-276页。

[2] 黄奋生：《内蒙古盟旗自治运动纪实》，中华书局1935年版，第148页。

[3] 乌力吉陶格套：《清至民国时期蒙古法制研究》，内蒙古大学出版社2007年版，第142页。

[4] 王龙耿：《绥西屯垦与包头》，《包头文史资料选编》第6辑，包头政协1984年印行。

[5] 札奇斯钦：《我所知道的德王和当时的内蒙古》，中国文史出版社2005年版，第104页。

达到殖民内蒙古的目的。“九一八”事变后，关东军出兵占领东三省，并以支持蒙古独立、自治为诱饵，吸引、拉拢内蒙古王公、上层人士，包括多伦的李守信、锡林郭勒盟盟长索特纳木拉布坦和西苏尼特旗德王。另一方面进行军事威胁、间谍恐吓，甚至进行直接的军事入侵。1935 年 12 月，关东军以中方不履行《秦土协定》为借口侵占了察哈尔盟，同时派间谍、武装军人至西蒙各旗恐吓。自治通电中称：“迩来强邻俱侵，刻不容缓；燕雀处幕，覆亡之祸已迫；因循偷安，已为事势不许。”〔1〕即明确地表达了蒙民自治以救危亡而固国防的目的。

（三）国民政府的对策

1. 高度重视，出台内蒙古自治新方案。自治通电发出后，引起国民党中央和社会各界的极大震动。蒙藏委员会出台了治标治本两策，治标之策是派员剀切宣慰、劝阻，设法消弭；治本之策是拟具蒙古自治筹备委员会方案。〔2〕9 月 26 日国民党中央政治会议决定在地方自治范围之内允许蒙古自治，行政院据此提出改革蒙古三种方案，其中方案二《改革蒙古地方行政系统方案》规定：“有蒙古人聚居的省份，分别设置蒙古地方政务委员会……负责办理属于蒙古人聚居区域之地方行政事务，并受中央边务部之指挥监督。”〔3〕

2. 派员巡视，与自治组织商谈解决方案。黄绍竑按照行政院命令巡视内蒙各盟旗，在百灵庙黄绍竑与内蒙古自治运动的负责人进行了商谈。云王、德王等坚持要求撤废在内蒙古所设各省，以内蒙古自治政府作为内蒙古统一最高行政机关实行自治，而黄绍竑坚持按照国民党中央所定方案为基础进行商谈，双方在设立蒙古统一最高自治机关上相持不下。因黄绍竑的坚持，云王、德王作出让步，同意成立第一、第二自治区政府，各自治区政府直隶于行政院，各自治区间设一联席会议，商决共同事宜。黄绍竑接受该方案，并答允转呈国民党中央。

3. 出台《蒙古自治办法》，圆满解决内蒙古自治运动。1934 年 2 月 28 日，国

---

〔1〕 卢明辉：《蒙古“自治运动”始末》，第 30 页。

〔2〕《蒙藏委员会关于蒙古自治治标治本决议案》，《中华民国史档案资料汇编》第 5 辑第 1 编，第 64 页。

〔3〕 黄奋生：《内蒙古盟旗自治运动纪实》，第 102 页。

民党中央政治会议通过并公布了以蒋介石、汪精卫名义提出的《蒙古自治办法原则八项》，该原则是蒙古自治运动过程中产生的重要文件，对此后的内蒙政治演变产生了直接的影响。主要内容有："蒙古适宜地点设一蒙古自治政务委员会，直隶于行政院，并受中央主管机关之指导，总理各盟、旗政务；各盟旗管辖治理权一律照旧。"[1]《原则》与蒙古方面提出的方案出入不大，进京请愿的蒙古代表表示接受，内蒙古高度自治运动取得了初步成果。随后根据国民政府命令，成立了蒙古地方自治政务委员会，标志着蒙古自治运动得到了初步的解决。

（四）国民政府时期内蒙古自治运动的特点

1. 内蒙古王公积极参与了自治运动，但是动机各异。在争取王公的统治权上，他们有着共同的利益，因此内蒙古王公积极参与，但他们动机各异。王公中的守旧派只是为了借自治运动来保护和加强自己的封建统治地位，从省县夺回一部分自己失去的权益。运动的另外一位领导人德王比其他王公开明，但作为一个蒙古王公他更是一个大蒙古主义者。无论是自治运动还是投靠日本，他都将这些选择作为他"继承成吉思汗的伟业""重建大蒙古国"的手段。但是，他没有认识到蒙古族与中华各民族一道成为命运休戚的民族共同体，他投靠日本反被日本所利用的下场也说明了他大蒙古主义者立场的错误。

2. 知识分子和青年学生积极参加到此次自治运动中。此自治运动中，王公阶层成为领导者和倡导者，一些知识分子和青年学生成为运动的骨干。运动的领导者德王常常以青年领袖自居，他在身边网罗了很多受过高、中等教育的蒙古族青年，如陈绍武、关翼卿、云继先等，这些青年学生都成为自治运动的核心力量。当蒙古留平学生会得知章嘉活佛前往阻止自治的消息后，发出了反对宗教干涉政治的宣言，并到北平西站和嵩祝寺示威。蒙古留平学生会亢仁、吴柏龄、札钦斯奇等人为支持蒙古自治，曾赴北京饭店谒黄绍竑陈述内蒙自治意见。

3. 自治运动以民族自治为指导，政治指向明确。此次自治运动运用民族自治

[1] 《行政院为解决蒙古自治问题办法原则八项致蒙藏委员会训令》，《中华民国史档案资料汇编》第5辑第1编，第76页。

权理论阐释其合理性，并以孙中山“扶助弱小民族使之自决自治”为根据。自治伊始，在“为推行蒙古高度自治真相电”中表示：“佥日采用高度自治，建设内蒙自治政府，急谋团结促进，以补中央所不及”。[1]国民党中央通过“内蒙古自治办法十一项”后遭到内蒙古各界的反对，在汪精卫召开的座谈会上，白云梯等人陈述自治理由中称：“内蒙自治是根据孙中山先生‘扶植弱小民族使之自决自治’之遗训提出的，是合理的要求，不是背叛中央的行为。”[2]自治运动政治指向清晰明确，即在国民政府领导下，组织内蒙自治政府，总揽内蒙行政。

4. 在自治运动中始终坚持民族自治而未主张民族独立。内蒙古自治运动引起国民政府及社会各界震动，但与清末、北洋时期的蒙古自治运动相比较，这次运动始终坚持以孙中山先生手定的《建国大纲》第4条“扶植弱小民族使之自决自治”为依据，坚持在国民政府的领导下行使自治权限，从未有主张“独立”的只言片语。在与黄绍竑的谈话中，德王曾强调：“蒙古成立自治政府，仍接受中央命令，外面所传分裂运动，有种种背景，都是谣言。”[3]关于此次自治运动的“日本背景”，长命博士学位论文《国民政府时期的蒙古自治——从百灵庙自治运动到绥境蒙政会成立》中有过较为客观公正的深入分析，即认为日本西进客观上促进了此次自治运动的发生，但绝非日本人操纵了此次自治运动。

四、20世纪早期内蒙古自治运动的特点

从清末至国民政府时期的半个世纪中，内蒙古各阶层为了各自的权益和蒙古族民族利益进行了不同形式的自治运动，引起了社会各界的思考和争论，体现了中国作为一个多民族国家在从传统国家到现代国家转型过程中的种种困境，反映了多民族国家里民族地方治理秩序和民族认同建构的诸多难点与特点：

1. 自治运动的主体日益扩大。清末内蒙古自治运动主体主要是牧民，北洋时

---

〔1〕《中华民国史档案资料汇编》第5辑第1编，第90页。
〔2〕卢明辉：《蒙古“自治运动”始末》，第63页。
〔3〕黄奋生：《内蒙古盟旗自治运动纪实》，第148页。

期主要以蒙古封建王公为主体，国民政府时期内蒙古各阶层都参与到民族自治运动中，王公发挥了号召和领导作用，知识青年则成为运动的骨干力量，蒙古农牧民也以各种形式参与，这反映了蒙古自治运动的主体日益扩大。尽管各阶层的利益不尽相同，但争取民族平等、民族自治成为社会各界的共识。

2. 自治运动的目标从经济逐渐转向政治。清末内蒙古自治运动主要目标是反对放垦、反对设县，但是他们没有意识受到剥削、压迫的真正根源是清朝封建制度。北洋时期蒙古王公们进行了各种自治运动，甚至是独立运动，但是他们争取的仅仅是维护蒙古王公传统的政治特权，所以一经北洋军阀诱惑，就达成妥协，根本未曾意识到民族平等、民族自治是多民族国家中少数民族生存、发展的基石。国民政府时期内蒙古民族自治运动的目标则从经济转向政治，开始积极追求民族自治，并冀望在全内蒙古范围内建立统一的自治政府，这体现了内蒙古自治运动的成熟。从清末到国民政府时期的历次蒙古自治运动，经历了从自发到自觉、从分散化到组织化、从盲目性到有意识性的发展。

3. 历次自治运动的局限性。尽管在自治运动中他们提出了争取民族平等、民族自治的主张，反对民族压迫和民族专制，却从未提出在蒙古社会内部反对封建压迫、反对封建专制的主张，从未提出全民自治的主张，自治运动的各种宣言、文件从未提及内蒙古封建制的改革，这也反映了历次蒙古自治运动的阶级性和局限性。正如黄奋生所讲："自治之真谛，乃由官治而移入民治，即所谓民主政治者是也……各王公一面为封建之主宰者，一面又系自治之领导者，背道求合，事所罕见。"〔1〕如果仅仅实行民族自治，而不在民族地方废除封建制度，这不是真正的自治，这个少数民族也不会获得真正的解放。

4. 在自治运动的过程中对中华民族的认同越来越强。现代民族国家的构建通常是通过诉诸民族情感同一性，强化国民对于国家的认同感，进而以民族国家同一性的方式来体现统治的合法性。但对于多族群国家而言，在从传统国家向现代国家转变的过程中，必然面临着协调诸如中地关系、主体族群与少数族群关系等一系列现实政治问题。清末内蒙古自治运动尚未触及民族认同和国家认同的问题，北洋时

〔1〕 黄奋生：《内蒙古盟旗自治运动纪实》，第242－243页。

期内蒙古的自治运动则是处处强调蒙古民族意识的绝对化，与中华民族的认同对立起来，造成北洋时期严重的边疆危机和国家合法性危机，这一危机一直延续到国民政府时期，也引起了学术界对于这一问题的激烈争论。顾颉刚先生认为，中国只有一个民族——中华民族，汉、满、蒙、藏、回等族不宜称为“民族”，而费孝通先生认为汉、满、蒙、藏、回等族也可以称为“民族”，这一争论恰恰是内蒙古政治生活中蒙古民族意识和中华民族意识冲突的理论反映。从国民政府时期内蒙古自治运动的过程来看，通过北洋政府、国民政府两个时期一系列的历史叙事、国民教育、意识形态塑造和制度建构等手段，蒙古族已确立了对中华民族的认同，较好地协调了蒙古族认同和中华民族认同的关系。

五、结语

从清朝末年至20世纪30年代的近半个世纪，是我国从传统国家向现代国家转型的重要时期，是现代民族意识所造的关键时期。在这一过程中，清廷、北洋政府、国民政府试图通过意识形态塑造、移民、设县等手段加强对内蒙古的直接统治，但由于与历史传统和民族意识的冲突，反而激发了一浪又一浪的民族自治运动。在自治运动中，蒙古族从争取经济权益到争取政治权益，从争取阶层利益到争取民族自治权。中央政府面对蒙古族争取权益的自治运动，也逐步调整了中央与民族地方的权力关系，通过中华民族意识的塑造增强各少数民族的认同，通过民族自治和地方自治理论化解各种少数民族的独立意识。面对日、俄的侵略，蒙古族对中华民族的认同也逐步加强，进而融合到中华民族觉醒的历史潮流中。

反分裂视角下的“中华民族认同”建设

曹 伟*

[内容提要]

“民族”在现代汉语里使用频度很高，但含义十分模糊。百年来围绕着“民族”的涵义中国学界曾爆发过数次争论。20世纪30年代，顾颉刚、费孝通关于“民族”的争论表面上看来是称谓之争，其核心则事关中国的国家统一与领土完整。中国的分裂主义产生于国家认同弱化之际，并一直以族群民族主义为工具，力图在中华民族之外建构新的“民族”，以达到分裂中国的目的。通过强化中华民族认同达到强化国家认同之目的，是反分裂的治本之策。

[关键词]

反分裂 中华民族 国家认同

20世纪30年代，顾颉刚和费孝通两位先生围绕着中国境内的汉族、满族、蒙古族、藏族、回族是否应该称为“民族”爆发了一场争论。[1]顾颉刚先生认为，

---

* 曹伟，兰州大学中亚研究所、兰州大学管理学院讲师，法学博士。

〔1〕 参见马戎：《如何认识“民族”和“中华民族”》，《中南民族大学学报（人文社会科学版）》2012年第5期。

中国只有一个民族——中华民族，汉、满、蒙、藏、回等族不宜称为“民族”，而费孝通先生认为汉、满、蒙、藏、回等族也可以称为“民族”。这一争论时至今日仍未有定论，其核心在于在中国谁有资格建立自己的民族国家。近代以来，中国经历了由传统帝国到现代民族国家的转型，在此过程中国家民族主义一方面促进了“中华民族”意识的觉醒及其民族国家的建立，另一方面族群民族主义也刺激了中国边疆地区分裂主义的产生。〔1〕百年来，围绕着国家认同，国家民族主义与族群民族主义在意识形态领域进行了激烈的较量，斗争的核心在于中国究竟有几个“nation”。分裂主义分子力图在中华民族之外建构出其他的“民族（nation）”，并以此作为他们分裂中国的依据。从这个意义上，我们回过头来重新认识和评价70多年前的那场顾费“民族”之争就具有了特殊的意义。

一、“民族”、“民族国家”是资本主义时代的产物

欲对顾费二人“民族”之争的实质有清晰的认识，必须搞清楚“民族”一词的真实含义。古汉语里并无“民族”一词，现代汉语里的“民族”一词源自日文，而日文“民族”一词又源自英文“nation”，中国最早在现代意义上使用“民族”一词的是梁启超。〔2〕孙中山先生则直接将“nation”音译为“哪逊”：“英文中‘民族’的名词是哪逊［nation］，哪逊这一个字有两种解释：一是民族，一是国家。”有时，孙中山先生也将“nation”译为“国族”（国家民族的简称）。〔3〕

“nation”在英文里的涵义究竟为何呢？“nation”的词根源于拉丁语“natio”，意指“出生、出身”。美国学者里亚·格林菲尔德对“nation”在语义学上的演变情形进行了考证：在罗马时代，nation指的是一群从同一个地域来的外国人；在中

---

〔1〕笔者认为，国家民族主义与族群民族主义的区别在于，前者表现为国家建构民族，并通过强化民族认同巩固国家统一，后者表现为族群精英力图将族群建构为民族，为其建立新国家提供依据。

〔2〕据考证，1899年梁启超在《东籍月旦》文中第一次使用“民族”一词。1901年和1902年，梁启超又分别在《中国史叙论》和《论中国学术思想史变迁之大趋势》中使用“中国民族”和“中华民族”的概念。

〔3〕孙中山：《三民主义》，岳麓书社2000年版，第2页。

世纪的大学兴起以后，nation 的意义变成了一个意见的社群；之后，nation 的意义又和教会委员会的参与者有了联结关系，而有了精英分子的含义；在 16 世纪初期的英国，nation 的意义变为对具有主权之人民的指涉；一直到其他的国家和人民也用 nation 这个字来指涉他们自己以后，nation 的指涉对象转变为一群独特之人民的意思。[1]可见，尽管 nation 出现较早，但其现代含义的出现则是晚近的事情，其中第四阶段词义的变化至为关键。英国学者埃里克·霍布斯鲍姆曾指出，“不是民族创造了国家和民族主义，而是国家和民族主义创造了民族”。[2]换言之，民族是民族主义（nationalism）的产物，国家（state）创造了民族，民族是后于国家和民族主义而产生的。而在美国学者本尼迪克特·安德森那里，民族被进一步明确为人为建构出来的概念——“想象的共同体”。[3]当民族与国家相结合，便产生了民族国家（nation-state）这一新的国家形态。民族主义作为近几百年来人类历史上影响最大的社会思潮之一，诞生于资本主义兴起与勃发时代的西欧，并随着欧洲殖民者对外资本主义扩张的脚步传遍全球。它不仅推动了欧洲的反神权和反封建斗争，而且也为殖民地半殖民地人民的反殖反帝斗争提供了有力的思想武器，但是走向极端化的民族主义却为人类带来了深重的灾难。

首先，尽管人类历史上的人群以血缘、宗教、文化、经济等联系为纽带形成了众多的人类共同体（族群），但是它们与民族（nation）不是一回事。民族是资本主义时代的产物，并深深打上了西欧的烙印。民族从其本源来看，主要是个政治共同体的概念，后来在资产阶级革命中又被逐渐赋予了文化内涵。

在西欧封建王国与罗马天主教廷的斗争中，民族主义和主权观念是资产阶级思想家的伟大创造，世俗的民族主义被用以抗衡罗马教廷的宗教普世主义，而国家主权观念意在排斥和否定教皇的宗教神权。国家利用民族主义不仅创造了民族和民族国家，而且成功地将民族国家与主权国家相结合，使摆脱了教廷控制的拥有完全独

〔1〕［美］里亚·格林菲尔德：《民族主义：走向现代的五条道路》，王春华等译，上海三联书店 2010 年版，第 411 页。

〔2〕［英］埃里克·霍布斯鲍姆：《民族与民族主义》，李金梅译，上海人民出版社 2000 年版，第 10 页。

〔3〕参见［美］本尼迪克特·安德森：《想象的共同体：民族主义的起源与散布》，吴叡人译，上海人民出版社 2005 年版。

立主权的民族国家在17世纪上半叶的三十年战争之后逐渐成了国际舞台上的主要行为体。中世纪的罗马教廷权倾欧洲，各封建王国的君主也不得不向教皇表示臣服，其统治下的国民们尽管在政治上向君主效忠，但在宗教上则须向教皇输诚。罗马教廷在欧洲各国实行的经济政策和西欧各国的封建割据局面严重阻碍了资本主义的发展，此时的资产阶级由于力量弱小尚需要封建王权的庇护，因此他们与封建王权建立了政治联盟。封建君主们挑战教皇的权威必须获得国民们绝对的支持，资产阶级思想家们提出了民族主义的思想，将全体国民建构为统一的整体——民族，并使其成为国民的效忠对象。民族是国家的主人，其国民无论贵贱均是民族的平等一员（这对于中世纪那些出身低微的民众而言无疑提高了他们的身份），而君主则是民族的代言人，这便是早期的民族国家。

与此同时，资产阶级思想家们还创造了主权的概念，用以反对罗马教廷对封建王国内政、外交的干涉。民族国家拥有至高无上的主权，罗马教廷无权干涉各国内政、外交，西班牙、法国、英格兰是西欧最早的一批民族国家。在打败了罗马教廷以后，封建王权与资产阶级的政治联盟不仅很快走向了解体，而且双方陷入了敌对状态。资产阶级由于不满专制君主的横征暴敛，他们斗争的矛头转向了专制王权，为了动员国内广大民众积极参与到资产阶级民主革命中来，资产阶级启蒙思想家们提出了“主权在民”的思想，要求专制君主将国家主权交给人民。民族与人民开始成为同义词，人民由全体民族成员组成。在法国大革命中，法国资产阶级又对民族成员的资格做出了限定，能否讲法语成为是否拥有法兰西民族资格的重要前提条件，唯有本民族成员才享有公民身份和宪法赋予他们的基本人权。至此，民族不仅是一个政治法律共同体，而且是一个历史文化共同体。民族国家的国民普遍具有互为表里的双重身份——国家公民和民族成员身份，国家在政治上赋予国民公民资格和国籍，而在文化方面要求国民具备共同的心理素质。

其次，尽管民族不同于族群，但二者界限并非不可逾越。伴随着西欧民族国家的对外扩张，民族主义及其创造的民族、民族国家也随之扩散到西欧以外的其他地区。在东欧和亚非拉地区的反殖反帝斗争中，族群被民族主义者建构为“民族”，[1]然后

---

〔1〕 此时的“民族”并非严格意义上的民族，唯其建立了自己的国家，它才有资格成为真正的民族。

以民族为基础建立起民族国家，在这些地区民族反而先于国家产生。民族国家作为一种新的国家形态，在动员和凝聚国内民众方面有着诸多的优势，因而成为各国竞相效仿的对象，这也推动了民族国家模式在全世界的普及。

在东欧及亚非拉等地区反殖反帝的斗争中，一些地区由于历史上未曾建立过国家或其曾经的国家被殖民者摧毁，在他们争取独立与自由的过程中，也将建立民族国家作为他们的目标。尽管其建立民族国家的目标与西欧并无二致，但是路径却大相径庭。在这些地区，不是国家创造了民族而是相反，当地的社会精英分子为了证明其独立建国的合理性，往往在族群的基础上以民族主义为工具首先建构出一个“民族”，然后再推动建立自己的民族国家。譬如，在英国殖民下的印度，当地的印度教精英和穆斯林精英便是如此，先建构出印度民族和穆斯林民族，然后才有了后来的印巴分治和独立建国。世界历史上曾有过多种国家形态，譬如城邦国家、王朝国家、帝国等，民族国家则是近代资本主义时代的产物。帝国架构的一个基本特点是其中囊括不同的种族、文化、区域，而近代民族国家的兴起促就了帝国的崩溃瓦解。与庞大的帝国疆土相比，民族国家以族群、文化、宗教信仰单一或高度同质性为特点。民族是民族国家的主体，民族认同则是民族国家时代国家认同的重要载体，政治认同与文化认同则是其两大支柱。[1]民族国家的理想状态是“一个国家，一个民族”，并要求国家边界与民族分布边界重合，但这在现实生活中是很难实现的。民族人口是流动的并导致民族分布范围的不断变化，而国家边界则是基本固定的；许多民族是混居的，各民族之间难以划出清晰的边界，而国家边界则必须是明确无误的。因此，各民族都要建立自己的民族国家，带来的只能是冲突与战争。特别是在全球化时代人员跨国流动、移民日益频繁的情况下，多族群的民族国家[2]要想通过文化同化建立一种高度同质化的民族文化，并得到国民广泛的认同几乎是一项不可完成的任务，当今世界的绝大部分国家将维持一种“一个国家，一个民族，多个族群”的状态。

---

〔1〕 贺金瑞、燕继荣：《论从民族认同到国家认同》，《中央民族大学学报（哲学社会科学版）》2008年第3期。

〔2〕 常常看到“单一民族的民族国家”“多民族的民族国家”的说法，这就将两个“民族”有意或无意混为一谈，“单一民族”“多民族”里的“民族”实为“ethnic group”，“民族国家”里的“民族”则为“nation”。

二、此“民族”非彼“民族”

“民族”在现代汉语里是一个使用频度很高但含义十分模糊的词汇，其含义只能在具体语境中去辨别。正因如此，“民族”之争至今在中国学界仍未结束，现代汉语将“nation”和人类历史上那些依据血缘、宗教、文化、经济等为基础形成的人类共同体均称作“民族”。造成这种局面的原因在于“民族（nation）”一词在中国的指代对象经历了复杂的变迁过程，大致可分为如下几个阶段：

1. 将中华民族等同于汉族，并将其与满、蒙、藏、回等族群体均称为“民族”。在清末中国资产阶级反清革命斗争中，一些革命党人接受了民族主义思想，并将汉族、满族均视为民族，号召汉族团结起来进行民族革命以推翻满族人的清政府，建立汉族自己的民族国家，〔1〕这在兴中会的宗旨“驱除鞑虏，恢复中国，创立合众政府”和同盟会的革命纲领“驱除鞑虏，恢复中华，创立民国，平均地权”中有明确的体现。此外，诞生于这一时期的“中华民族”被视为汉族的别称。1905 年，梁启超明确撰文表示：“今之中华民族，即普遍俗称所谓汉族者。”〔2〕杨度、章太炎等人也将中华民族认定为汉族及其前身华夏族。

2. 中华民国建立以后，尽管中华民族和汉、满、蒙等族均称为“民族”，但是已不再是汉族的别称，而是全体中国人的代称。尽管许多人已经认识到中华民族与汉、满、蒙等“民族”并非一个层次的概念，但在汉语里找不到有别于“民族”的词汇用于称呼汉、满、蒙等族。20 世纪 40 年代，蒋介石曾试图用“宗族”指代国内的汉、满、蒙等族，后因受到多方质疑和反对而作罢。

3. 将中华民族视为“nation”，而将汉、满、蒙、藏、回等族视为“нация”，并认为“нация”不同于“nation”，但是又将“нация”也译为“民族”。〔3〕列宁在准备反对沙俄政府的民主革命时，使用“нация”一词指代俄国国内的乌克兰

〔1〕 章太炎在《中华民国解》中所描绘的中华民国，即由汉族构成的“中华民国”。

〔2〕 李喜所：《梁启超是提出“中华民族”称谓的第一人》，参见 http：//theory. people. com. cn/BIG5/49157/49163/4089792. html。

〔3〕 斯大林对“нация”的界定是：“民族是人们在历史上形成的一个有着共同语言、共同地域、共同经济生活以及表现于共同文化上的共同心理素质的稳定的共同体。”斯大林坚持 4 条同时并用，缺一不可。参见《斯大林选集》上，人民出版社 1979 年版，第 61 – 64 页。

人、白俄罗斯人、格鲁吉亚人等群体，并赋予他们脱离帝俄独立建国的权利。之后，俄国境内的“нация”纷纷独立建立了自己的主权共和国，后来这些国家又作为加盟共和国被整合进统一的国家——苏联。〔1〕基于苏联的“нация”概念，中华人民共和国成立以后，在中央政府领导下进行了大规模的“民族”识别工作，并且在法律上正式确立了我国“56个民族”的“民族”格局。

总的来看，参与“民族”之争的人大体可以分为知晓“民族（nation）”和不清楚“民族（nation）”确切含义的两类人。前一类人里又可以分为两种情况：清末革命派人士出于反满革命的需要，有意将汉族、满族均视为“民族（nation）”，且将中华民族视为汉族的同义词，志在建立汉族的民族国家——“中华民国”。另一种情况是中国的分裂主义分子故意混淆视听，坚持将“中华民族”视为汉族的别称，将中华民国视为汉族的国家，并将满、蒙、藏、回等族群体与汉族等量齐观地视为“民族（nation）”，意在为他们分裂国家的行径提供依据。后一类人大多并不清楚“民族（nation）”的确切含义及其在西欧产生的历史背景，出于民族自卑感和历史虚荣心而将汉、满、蒙、藏、回等族称为“民族”。这些人的说辞往往被分裂分子所歪曲利用。有鉴于上述情况，一些学者基于维护国家统一和领土完整的考虑，坚持中国只应有一个民族——中华民族（Chinese nation），汉、满、蒙、藏、回等族是中华民族的组成部分，且不宜也称为“民族”，因为一旦承认中国存在多个“民族”，势必将导致国家的四分五裂。

遗憾的是，尽管将汉、满、蒙、藏、回等称为“民族”的情况并不合适，但是汉语里又找不到其他更合适的称谓，旧的称谓只能将错就错地延续下来。俄文“нация”一词的出现似乎为打破僵局提供了一丝机会，因为一些人认为“нация”与“nation”并不是一回事，且苏联就用“нация”称呼其国内的俄罗斯人、乌克兰人、格鲁吉亚人等群体，但是“нация”也被译为“民族”引入中文，并用来称呼汉、满、蒙、藏、回等群体。这样，在汉语里还是无法将“中华民族”之“民族”与汉、满、蒙、藏、回等“民族”进行有效区分。近年来，有人建议，将

---

〔1〕苏联时期，并无全国范围内的统一的“nation”，国内的俄罗斯人、乌克兰人、格鲁吉亚人等仍被称为“нация”，并且他们都建立了属于自己的加盟共和国。

“nation”译为“国族”，用“民族”继续称呼汉、满、蒙、藏、回等群体，问题是在英文里又该寻找哪个词与“民族”相对应呢？nationality〔1〕与 ethnic group〔2〕是可列入选择的菜单，但还是有人认为这两个词不足以表达汉、满、蒙、藏、回等“民族”的涵义，无奈之下“Minzu”被创造了出来，但是在我们不掌握国际话语权的情况下，它在英语世界很难被认可使用。另有一部分学者主张“民族”专指中华民族，而将英文里的“ethnic group”译为“族群”指代中国的 56 个民族。至此，国内学术界目前大致形成了关于“民族”研究的两套话语体系。

	表述一	表述二
nationalism	民族主义	国族主义/国家主义
nation	民族	国族
nation-state	民族国家/国民国家	国族国家
ethnic group	族群	民族

三、反分裂背景下的“中华民族”认同

19 世纪末 20 世纪初，中国的边疆地区爆发了严重的治理危机。地理环境封闭、存在文化差异、中央权威衰落和外部势力介入是分裂主义产生的四个基本条件。〔3〕西藏、新疆、外蒙等边疆地区既是地理空间意义上的边疆，也是政治和文化意义上的边疆。从历史上看，中国边疆地区与内地在地理方面多有高山、大漠等阻隔，人员往来及经济文化交流存在诸多不便，导致边疆与内地在文化方面存在许多差异。另一方面，地理环境也限制了中央政府对边疆的治理和中央在边疆的权

〔1〕 用 nationality 来指代国内族群其实并不合适，从它的另外一个含义“国籍”来看，nationality 与 nation 的关系是整体与个体的关系。

〔2〕 “ethnic group”一词产生于 20 世纪 60 年代，并于 1980 年代被引入汉语。国家民委的英文名称现已改为 State Ethnic Affairs Commission（原为 State Nationalities Affairs Commission），但这个译名也是有问题的，因为其字面含义其实是“国家族群委员会”。

〔3〕 参见杨恕：《分裂主义产生的前提及动因分析》，《世界经济与政治》2011 年第 12 期。

威。晚清以来，伴随着中央政府权威的衰落和西方列强对中国边疆的渗透蚕食，最终催生了中国的分裂主义。

分裂主义产生于这一时期的边疆地区绝非偶然，它是我国国家认同[1]发生危机的必然结果。这一时期，伴随着清朝政府的覆灭和中华民国的建立，中国的国家形态经历了从帝国体制到民族国家的转换。传统的帝国体制下，中央政府重政治统治而轻文化建设，国家认同严重依赖政治认同，一旦政治认同发生危机边疆地区民众的国家认同将被严重动摇。清帝国灭亡后，维系清政府在边疆地区统治合法性的传统的政治认同（皇权效忠）陷入瓦解，而中华民国所确立的新的政治权威尚未被普遍接受，历史上形成的文化认同的基础又十分薄弱。[2]中华民国建立以后，在意识形态领域围绕着中华民族认同，民国政府与分裂分子分别以国家民族主义和族群民族主义为思想武器进行了激烈的较量。

梁启超作为“中华民族”这一概念的首倡者，对中华民族的认识经历了一个转变的过程。梁启超在初期使用“中华民族”一词时比较混乱，有时指汉族（“小中华民族思想”），有时又指中国的所有族群（“大中华民族思想”）。中华民国建立之后，“中华民族”才逐渐转变为指代中国境内的汉族、满族、蒙古族、回族、藏族等人群。1912 年的“外蒙独立”闹剧中，内蒙古爱国王公通电全国申明：“蒙古疆域，向与中国腹地，唇齿相依，数百年来，汉蒙久成一家”，“现在共和新立，五族一家……我蒙同系中华民族，自宜一体出力，维持民国”。[3]1918 年，孙中山表示：“我们要扩充起来，融化我们中国所有各族，成个中华民族。”希望能营造一个超越了汉族、满族、蒙古族、回族和藏族的民族意识，与中华民国国家的规

---

[1] 在中文中，1911 年梁启超在《中国的前途之希望与国民责任》曾使用“国家认同”一词，他在此时关注国家认同问题绝非偶然，应与当时中国国家认同危机息息相关。参见王卓君、何华玲：《全球化时代的国家认同：危机与重构》，《中国社会科学》，2013 年第 9 期。

[2] 十三世达赖曾明确表示，随着清朝的灭亡，他对清朝皇帝和中央政府的效忠也随之结束，不接受中华民国的法统。参见 P. C. Chakravarti, *India's China Policy*, Bloomington: Indiana University Press, 1962, pp. 1516.

[3] 《西盟会议始末记》，《民国经世文编》第 18 册，第 1516 页。转引自郑大华：《中国近代民族主义与中华民族自我意识的觉醒》，《民族研究》2013 年第 3 期。

模相一致的统一的中华民族。[1]抗日战争时期，为了实现全民总动员，蒋介石更明确主张中国只有一个民族——“中华民族”，而包括汉族在内的各个族同是属于“中华民族”的宗族。经过抗日战争，当时社会已广泛使用和认同中华民族这一整体性称谓。但是边疆地区一些分裂分子在族群民族主义的影响下，拒绝承认自己是中华民族的一分子，而坚持认为中华民族系汉族的别称，中华民国只是汉族人的民族国家，他们也具有民族地位，有权利独立建国。

“近代西方建立民族国家的方法是从国家到民族，即按照国家的规模形成民族；而近代中国建立民族国家的方法则是从民族到国家，即按照民族的规模形成国家。”[2]中国的近代国家建设从一开始就面临着边疆地区分裂主义的威胁，中华民族认同是中国民族国家建设的核心，也是应对分裂主义威胁的应有之义。从中华民国到中华人民共和国，围绕中华民族认同建设经历了曲折的历程，至今仍有一些问题未能得到解决：

第一，关于中华民族的法律地位、包含范围及其与国内各族群的关系问题。构建中华民族的民族国家是近代以来中国国家形态转型的重要目标，而中华民族认同是其中的关键。中华民族是我国的“nation”，尽管国歌中有“中华民族到了最危险的时候”的字句，但是在国家法律体系中并无它的正式法律地位。我国宪法虽然规定：“中华人民共和国是全国各族人民共同缔造的统一的多民族国家。”但全文中找不到“中华民族”的提法。关于中华民族的范围及其与国内各族群的关系问题，尽管我们认为“中国的56个民族构成了中华民族”，但是一些分裂分子故意将“中华民族”之“民族”与中国“56个民族”之“民族”均视为“nation”。笔者认为，中华民族首先是一个政治共同体，其成员身份在法律上主要体现在国籍方面，凡拥有中国国籍者均为中华民族的成员，已入外国国籍的华裔不在此列。鉴于上述情况，已经有学者建议尽快确立中华民族作为我国“国族（nation）”的法律地位，并明确中华民族的范围及其与56个族群的关系。此外，“中华民族”之“民族”与中国“56个民族”之“民族”二者明显不是一个层面的概念，应在称

[1] 王柯：《构筑“中华民族国家”——西方国民国家理论在近代中国的实践》，http：//www. aisixiang. com/data/568512. html。

[2] 王柯：《构筑“中华民族国家”——西方国民国家理论在近代中国的实践》。

谓上进行必要的区分为好。

第二，关于中华民族认同的文化基础问题以及中华文化与各族群文化的关系问题。中华文化是中华民族共同心理素质形成的文化基础，它应是中国各族群优秀文化的集大成者，是一种能够得到各族群认同的共有共享的先进文化。我国56个族群的地位是平等的，其各自的族群文化的地位也是平等的，处理好各族群文化的关系及共存相处问题是和谐族群关系的基础。世界上在处理多种文化关系方面主要有三种选择：文化同化（族群同化）已越来越多受到弱势族群的反对和抵制；文化多元主义导致不同文化之间的隔离与排斥；文化涵化（族群融合）则更易为弱势族群接受。在中华文化的建设过程中，尽管汉族是我国人口最多的族群，汉文化也处于主体文化地位，但是中华文化不等于汉文化，汉文化是中华文化的一部分。与此同时，也要反对不断强化各族群文化之间的差异，强化族群边界，割裂各族群文化与中华文化的有机联系，否定中华文化与中华民族的倾向。国家应该促进边疆少数族群地区与内地在人员、商贸、文化等方面的交流与合作，实现边疆少数族群地区与内地的经济一体化，并逐步促进少数族群积极参与到中华文化的建设中来，为此可以考虑将“国家民族事务委员会”改组为“中华民族事务委员会”，专门负责将56个族群整合为统一的中华民族。值得一提的是，费孝通先生晚年提出的“中华民族多元一体”理论旨在从理论上解释中华民族与中国各族群的关系，并将中华民族作为中国各族群融合的目标。中华民族文化认同的核心应该是中华文化的核心价值观，中共十八大提出了“富强、民主、文明、和谐、自由、平等、公正、法治、爱国、敬业、诚信、友善”的社会主义核心价值观，可作为未来中华文化建设的努力方向。

第三，关于中华民族的政治认同问题以及公民如何有序参与国家政治生活的问题。民族国家里国民在政治生活领域内以公民的个人身份参与其中，而在文化生活中则以族群的集体身份出现，而应避免族群以政治共同体的面目参与国家政治生活。当前我们的民族政策在法律上给予各族群一定的政治地位，并赋予其以集体的身份参与政治生活的权利。此外，现行民族政策不仅严格限制国民族群身份的自由转换，并且将族群身份作为国民参与利益分配的依据。国家针对少数族群群体实行了一系列的优惠政策，其结果是：一方面，在工具理性的驱动下，一些汉族群体以合法或不合法的方式将自己的族群身份变更为少数族群身份；另一方面，导致族群身份政治化，族群差异越来越大、族群边界越来越清晰，族群认同越来越强化，中华民族越来越虚化。“所有国家都应将战略重心放在加强国家认同教育上，而加强国家认同必须把公民意识的培养放在首位。”〔1〕基于上述情况，马戎教授提出了中国少数族群问题的“去政治化”建议〔2〕，尽管他的建议遭到了一些质疑和反对，但从反分裂的角度而言具有一定合理性。在政治权利方面，更应突出各族群成员一律平等，而非含糊地规定各族群一律平等。

总之，我国反分裂斗争必须强化国家认同，国家认同的核心是中华民族认同。未来中华民族政治认同的建设的关键在于，使公民（无论其族群身份是什么）而非族群成为国家政治生活的主体，公民权利一律平等；文化认同的重点在于，在坚持各族群文化平等的基础上，积极鼓励各族群参与到中华新文化的建设中来。

四、结论

“民族”之争不仅是身份之争，而且是地位与权利之争，争论的背后更事关中国的国家统一与领土完整。汉语“民族”一词的本源是“nation”，而“nation”是国家通过民族主义建构出来的人类共同体，是资本主义时代的产物，并非历史上那些基于血缘、宗教、语言等因素自然形成的人类共同体。“民族”不仅具有政治属性，而且具有文化内涵。顾费之争中，由于视角的差异，顾从“民族”的政治属性出发反对将中国的汉、满、蒙、藏、回等族群体称为“民族”，唯有中华民族才可以冠之“民族”的称谓，且汉、满、蒙、藏、回等族群体属于中华民族；而费则看重“民族”的文化属性，认为汉、满、蒙、藏、回等族群体应该称为“民族”，且“民族”一词引入中国之初的确被用于称呼汉、满、蒙、藏、回等族群体。应该说，顾费二人皆有一定的道理。但是如果从维护国家统一与领土完整的角

〔1〕 门洪华：《两个大局视角下中国国家认同的变迁（1982—2012）》，《中国社会科学》2013 年第 9 期。

〔2〕 参见马戎：《理解民族关系的新思路——少数族群问题的“去政治化”》，《北京大学学报（哲学社会科学版）》2004 年 11 期。

度出发，顾颉刚先生的考虑要更为深远，“民族（nation）”在民族主义的话语体系里被赋予了建立自己国家的权利，一旦汉、满、蒙、藏、回等族群体被赋予“民族”的地位，那意味着它们均可以建立自己的民族国家，中国将因此陷入分裂的境地。当时中国的分裂主义已经产生，外蒙、西藏、新疆的分裂分子正千方百计在建构自己的“民族（nation）”，以便为其分裂主张提供理论依据，这正是顾颉刚先生最为担忧的地方。

顾费二人的争论尽管已经过去70多年，但是“民族”之争至今仍未结束，“民族”一词在汉语里的含义依然模糊不清。尽管“中华民族”之“民族”与“56个民族”之“民族”不是一个层次的概念，但是依然在混用，这好比两个人共用一个名字。如何在汉语里对二者进行有效的区分，在学术界逐渐形成两套话语表达体系：“中国有一个国族，56个民族”和“中国有一个民族，56个族群”。经过一百多年的发展，“中华民族”系中国境内全体国民的观念已经得到越来越多中国人的认可。无论采用哪种表达方式，汉、满、蒙、藏、回等族群体不是西方的“nation”是大家基本的共识，唯有分裂分子才故意混淆视听，并极力排斥和否定中华民族是中国唯一“nation”的现状，希望在中国建构出多个“nation”。

中国的分裂主义产生于中国新旧国家形态转换之际，传统的国家认同崩塌而新的国家认同尚未确立之时。自1912年中华民国建立以来，中国人以民族国家作为自己国家转型的目标，并在国家认同建设方面进行了诸多的努力，其中最核心的是“中华民族认同”的构建。“中华民族认同”在当今中国依然是进行时而非完成时，在推动“中华民族认同”建设方面我们还有很长的路要走，未来应着力从文化整合与政治整合两个方面入手进一步夯实中华民族的文化基础和政治基础，这是反分裂斗争的治本之策。中华民族未来发展的最终状态将体现为，它不再是中国56个族群的简单组合，而是亿万中国人形成的命运共同体。

多民族国家的公民团结问题

——从顾颉刚与费孝通关于“中华民族是一个”的争论谈起

杨立峰*

[内容提要]

在当今世界，包括中国在内的许多多民族国家的公民团结或政治统一问题已经成为一个严重困扰理论家和政治家们的难题。对七十多年前顾颉刚与费孝通关于“中华民族是一个”的争论加以回顾，可以归纳出两种实现政治统一的路径建议：顾先生主张基于同一民族认同来维护团结统一，而费先生主张通过实现各民族政治平等来实现政治统一。当代西方学人大卫·米勒和威尔·金利卡分别对这两种路径有着更为理论化和系统化的论述，通过检视二者的理论，可以表明这两种路径各自的优势与不足。

[关键词]

多民族国家　公民团结　少数族群权利　民族性

* 杨立峰，西北政法大学政治与公共管理学院副教授，哲学博士。本文获西北政法大学“协商民主与陕西基层社会管理创新团队”支持，系西北政法大学科研项目“多元文化情境中的国家认同问题研究”（项目编号：09XJC016）的阶段性成果。

一、"中华民族是一个"的争论回顾

顾颉刚先生于1939年2月13日在《益世报》的副刊《边疆周刊》第9期上发表了《中华民族是一个》一文，认为民族指的是"营共同生活、有共同利害，具团结情绪的人们"。[1]据此，他提出并简要论证了"中华民族是一个"的观点，并认为国人把中国人划分为所谓"汉、满、蒙、回、藏"五大民族是"中国人自己作茧自缚"，只会让中国人内部徒生隔阂，为帝国主义列强分化、瓜分中国提供口实。因此，顾先生坚决主张抛弃"五大民族"说法，以中华民族的名义集合全中国人，团结起来抵抗帝国主义的侵略。费孝通先生从社会人类学的视角对顾先生的观点提出了质疑，认为顾先生混淆了国家与民族。费先生指出："在一个政府统治之下的一辈人民所形成的一个政治团体是State，通常译作国家。Nation常和State相对立，指语言、文化及体质（血统）上相同的一辈人民。Nation通常译作民族。"[2]依照这个民族定义，费先生认为中国国内不仅存在汉、满、蒙、回、藏等民族，还存在若干其他民族。因此，中国是一个多民族国家。

顾颉刚先生承认，中国人在文化、语言和体质上是有分别的，但这种分别并不构成民族差别。他之所以否认这一点，一是依据他对民族的定义，中国各地的人群，"历史上既有深切的关系，文化早已交流，血液早已混合，我们都是一家人"，因此可以说所有中国人几千年来已经融合成了具有共同利害和团结情绪的一个人群，即中华民族早已形成。二是因为民族一词有着强烈的政治内涵，即"民族自决"。当时时值日本帝国主义正在大举入侵中国，日本侵略者利用所谓民族自决，扶植傀儡建立伪满洲国，并觊觎推动蒙古独立。因此，把中国人内部在文化、语言和体质上的差别说成是民族差别，会被侵略者所利用，削弱中国人的团结情绪，最

[1] 在本文中，笔者既同意"中华民族"这种说法，也认同中国是一个"多民族国家"。当然，二者中的"民族"在内涵上有着重大差别。此外，本文未加区分地使用"公民团结"与"政治统一"，这并不是说笔者认为二者完全等同。在多民族国家的确存在无公民团结的政治统一，但这种统一无疑是无法长期维持的。

[2] 参见费孝通：《关于民族问题的讨论》，《益世报》1939年5月1日《边疆周刊》第19期。此文与顾颉刚的《中华民族是一个》一文都收集在《民族社会学研究通讯》第122期《民国民族史研究专辑之三：1939年"中华民族是一个"讨论专辑》中，在此对该刊编者和惠赠该辑于我的常安博士表示感谢。

终使中国分崩离析。总结来说，顾先生的“中华民族是一个”的论述，就是明确以中华民族为旗帜调动、激发所有中国人的团结情绪，反击帝国主义的入侵，维护中华大地的政治统一。进一步抽象来说，政治统一的基础在于由文化、语言、体质上的融合统一所带来的团结感。

费孝通先生则指出，“文化、语言、体质相同的人民不必是属于一个国家”，即同一民族并不必然导致同一国家，美国独立于英国自是实例。因此，“谋政治的统一者在文化、语言、体质求混一，即使不是不着要点，徒劳无功，也是有一些迂阔的嫌疑。”反过来说，承认国内存在多个民族，也并不必然导致国家分裂，他给出的例子是当时的苏联。接下来，费先生指出，“集合一辈人以组织成一个政治团体，若是里面有人得不到利益，他们就没有理由去拥护这个团体。若是一个国家内部有各种‘民族’单位，受不到平等的待遇，或甚至有一‘民族’以政治力量来剥削另一些‘民族’，则被剥削的民族自然要提出‘民族问题’而采取政治行动。”他进一步推论说，一个多民族国家之所以出现民族分裂，是由于“民族间在政治上的不平等”造成的。因此，“谋政治上的统一，不一定要消除‘各种各族’以及各经济集团间的界限，而是在消除因这些界限所引起的政治上的不平等。”就中国来说，“若是我们的国家真能做到‘五族共和’，组成国家的分子都能享受平等，大家都能因为有一个统一的政治团体得到切身的利益，这个国家一定会受到各分子的爱护。不但不易受任何空洞名词的分化，而且即使有国外强力的侵略，自然会一同起来抗战的。”总结来说，费先生的意思是，民族之间的政治平等自会造就民族团结，从而能够维护政治统一。

两位先生提出了不同的公民团结或政治统一的路径。一种是基于同一民族认同来维护团结统一，一种是通过实现各民族政治平等来实现政治统一。虽然今日中国已不再面临帝国主义入侵、四分五裂、国破家亡的危险，但“疆独”“藏独”势力一直蠢蠢欲动，所以对中国来说，“多民族国家的民族团结与政治统一”这一辩题仍旧具有重大理论与现实意义。就全世界来说，大多数国家都是多民族国家，而民族问题已经成为世界各地冲突与动乱的主要根源。再加上经济全球化的发展，移民规模越来越大，随之也产生了移民与原住民之间的融合问题。因此，多民族、多文化间的团结统一问题也为世界各国的理论者们所重点关注和研究。两位先生的观点在当代中国和世界都有所见略同者，且有的论者阐释的更为精致和理论化，下面笔者就自己视界所及从欧美学人中就这两种维护政治统一的路径各选一位代表者，对其理论进行介绍和分析，检视各自的优势和不足。

二、威尔·金里卡的少数族群权利理论

费孝通先生认为民族团结与政治统一源于各民族之间的政治平等。按照一般的看法，这种政治平等最终必然体现为政治权利上的平等。然而，环顾当代世界，大多数国家的宪法都已规定公民不分民族、种族享有平等的政治权利，而且在实践中，这些权利的行使也基本能够得到保障，但为何即使在像英国和加拿大这样法治水平相当高的发达国家也依然存在严重的民族问题呢？

一些理论家的解释是，公民的政治平等并不等于民族的政治平等。用历史的眼光来看，消除基于民族、种族、宗教等差异的歧视，给予公民平等的公民与政治权利，是人类社会的巨大进步。但在主张“文化多元主义”的理论家看来，这种“个人要在法律赋予的平等权利的保护下受到平等对待”的传统公民权理论是不够的，他们要求一种“更具容纳力的、能够承认（而不是侮辱）他们身份的公民资格观，而它又要能包容（而不是排斥）他们之间的差异性”。〔1〕

基于这种新观念，各种种族文化群体所提出的权利要求具有这样两个共性：1. 这些要求超越了我们所熟知的、公民个人所拥有的一系列共同的公民权利和政治权利；2. 这些要求指向同一个目标：要使种族文化群体的独特身份和需要得到承认和包容，即文化多元主义者主张的是有群体差别的公民权。具体来说，按照这种公民权理论，在多民族国家中，少数族群的公民与属于主导性、支配性民族的公民在所享有的具体公民与政治权利上应该有所差别，只有通过这些有群体差别的权利，不同民族之间的公民之间才能真正地实现平等，从而能够有效地解决民族问题。

加拿大政治理论家威尔·金里卡从自由主义政治哲学的高度对这种多元文化公

---

〔1〕［加］威尔·金里卡：《当代政治哲学》，刘莘译，上海三联书店2003年版，第586页。

民权观念进行了缜密论证，并具体推论出应该赋予少数民族哪些独特权利。[1]个人自由是自由主义的核心价值之一。自由民族主义者最主要的论证就是把个人认同以及个体自由与民族联系在一起，其中介就是民族文化。他们论证说，个体自由意味着过自己的生活，但要实现这一点人们需要存在一定范围的选项，而这些选项只能通过惯例、传统和习俗来提供。因此，参与一种民族文化不但不会限制个体选择，还会使得个体自由变得有意义。金里卡承认文化是选择的前提条件。但他还强调，文化归属应该被看作一种有助于有意义地实践个人自主的基本善。这种论证在个人自主以及个人自由与文化归属之间确立了一种内在的联系。他把自主理解为个体在各种良善生活观中进行发现、甄别和选择，以及依据其他的价值或理性原则修正这些选择的能力。自由主义者相信，一般而言，政府应该避免运用它的权力来干涉这种内在的个人自主能力。然而，对金里卡来说，自主概念是文化上有条件的，因为它预设个体选择并不是在真空中进行的，而是在一种具体的文化情景中得以形成和发展的。更为准确地说，他指出自主需要一种"社会性文化"，社会性文化意指"一种集中于特定领土区域的文化，以共同语言为中心，这种语言广泛地适用于社会公共领域和私人领域的各种制度机构。"[2]

按照金里卡观点，参与一种社会性文化是使得自主和选择自由成为可能所必需的。他的推理是：自由涉及的主要是在我们可获得的各种社会习俗之间做出选择；要想了解一种习俗的意义和一种既定行为过程的意义，需要理解我们所使用的语言和历史，它们使得选择框架所涵盖的各种活动或行为的寓意对我们有意义；因此，对一种社会性文化的参与提供了理解文化叙事的途径，而且这是对如何过我们的生活做出有意义选择的一个前提条件。因此，为了实践他们的自由，个体不仅需要获得关于各种备选项的信息，而其需要具备对这些信息进行评估的能力。一旦自由与文化之间的内在联系被建立起来，金里卡宣称文化归属就是罗尔斯的原初状态中的各方将不会放弃的一种首要善，无论他们选择的生活方式是什么，都是如此。原因就在于个人自主依赖于文化。我们的文化遗产提供了各种工具，借助这些工具我们

〔1〕关于对金里卡的理论较为详细的介绍，参见杨立峰：《从自由民族主义到自由文化主义——威尔·金里卡的少数族群权利理论》，《马克思主义与现实》2011年第4期。

〔2〕[加] 威尔·金里卡：《多元文化公民权》，杨立峰译，上海世纪出版集团2009年版，第12页。

才能知道可获得选项和生活计划都是什么，它们各自的意义和社会价值是什么。因为选项的范围是由我们的文化遗产所决定的，因此，拥有一种内涵丰富的文化结构对于了解可获得的选项和明智地评估它们的价值来说，就是非常重要的。从而，文化的价值并不在于其自身，而是由于只有通过成为一种社会性文化的成员，“人们才能获得一定范围的有意义的选项”。

在金里卡看来，民族文化是典型的社会性文化。他由此论证，一个民族或一个民族性共同体的成员身份是自主的必要基础，是一种基本的人类利益。据此，他主张应该赋予少数民族一些自治权和特殊代表权，这些权利要确保它们可以保持其独特的文化。从实际效果来看，这会在一定程度上满足少数民族的民族自决要求。但需要强调的是，在金里卡看来，这些特殊权利并不是为了安抚少数民族而给予它们的；相反，这是自由正义原则所要求的，是少数民族应得的权利。他所谓的少数民族是指这样一种群体：它们是地域上集中的，历史上有过自治经历，是后来被并入目前的国家之内的；它们在制度上是完整的，拥有一种共同语言和文化，而且一般而言是一个具有强烈的集体认同感的独特文化单位。像美国的印第安人、波多黎各人，加拿大的魁北克人，以及新西兰的毛利人等，都属于这个类型。对金里卡而言，一个少数民族从理论上讲与多数民族没有差别。二者都拥有社会性文化，都是地域上集中的，制度上或多或少完整的，而且都拥有一种强烈的民族身份感。因此，它们之间的关系类似于两个独立国家之间的关系，应该通过和平的协商来处理之间的问题。[1]鉴于民族文化对实现个人自主的关键作用，金里卡主张，民族少数群体应该拥有保持自身作为独特文化单位并实行自治的权利。此外，为了保证少数民族的利益和观点得到充分表达，保证它们的声音能够在政治过程中得到公正的倾听；此外，还应该赋予它们群体代表权。

金里卡的这些论述表明，他已经放弃了自由民族主义希望国家与民族重合的传统目标，而代之以把国家考虑为自治民族的联邦。在这种联邦中，边界的划定和权力分配都应按照能够使所有民族群体实现某种程度的自治的方式进行。金里卡把这个目标称作多民族联邦制，而且认为在许多西方国家正在朝着这样一种模式发展，

---

〔1〕［加］威尔·金里卡：《多元文化公民权》，第214页。

如西班牙、比利时和英国。[1]与这种联邦理想相对应的是美国和澳大利亚这样的联邦制国家实行的领土联邦制。他认为，在这些国家，对各邦领土的划分，完全没有考虑少数民族自治的要求。还有一种联邦制国家既有民族邦又有区域邦，如加拿大，魁北克邦就是民族邦，而其他的邦基本都是区域邦。金里卡认为传统的领土联邦制在包容少数民族方面的局限性越来越凸现出来。在他看来，未来的发展方向应该是多民族联邦制或者是民族邦与地域邦之间的"非均衡"联邦制。总结来说，金里卡论证逻辑是这样的：由于个人自主依赖于社会性文化，即依赖于民族文化，因此，为了使少数民族有能力保护自己的民族文化，就应该赋予它们以某些自治权和特殊代表权，与这些权利相对应，国家在结构形式上应该实行多民族联邦制或者"非均衡"联邦制。

金里卡的这些主张固然有其理论上的逻辑，但其现实关怀也是显而易见的：他寄希望于通过这样一种多民族联邦制的制度安排，安抚少数民族，从而使像其祖国加拿大这样的多民族国家能够维护政治统一。客观来说，这样一种多民族联邦制理想是大多数少数民族所首先追求的，它的实现在一定时期内是有助于国家政治统一的。然而，金利卡的希望很可能会落空，因为长期来看，这种多民族联邦制模式在实践中或许会强化民族分离主义倾向，弱化公民团结感。金里卡也注意到了这一点，"联邦制度越是成功地满足自治的要求，它也就越是承认和肯定了少数民族群体中的民族认同感，并加强了他们的政治信心"。因此，多民族联邦制"在包容自治方面的巨大成功也许仅仅是鼓励了少数民族的分离要求"。

虽然从法律上讲，在联邦体系中，中央政府拥有管理少数民族公民的权力，但少数民族通常认为，"多民族联邦制度类似于邦联"。"他们通常把自己看作独特的民族，先于现在从属的国家而存在。作为独立的民族，他们拥有天赋的自治权。"他们认为自己只是暂时把部分自治权移交给了这个更大的政体。这些民族通常认为自己在道义上有权收回这些权力，并且一旦感受到这一更大共同体的威胁，便有权退出这一联邦。他们把自己的政治共同体看作是原生的，而把更大的联邦的价值和权力看作是派生出来的。"联邦体系越是真正地多民族化——也就是说，它越是承

[1] [加] 威尔·金里卡：《少数的权利》，邓红风译，上海世纪出版集团2005年版，第254页。

认和肯定自治的要求——它也会加强少数民族的这种认识，即联邦体系事实上是一种邦联。”联邦制度还为少数民族提供了自治的经验，使他们对独立的信心增强，他们还有了得到承认的领土。[1]这些论述表明，多民族联邦制很可能产生促进分离意识的副作用。而联邦为了维持统一，会不得不接受少数民族越来越多的自治权要求和其他的附加条件，可以想象，这一取向的终点是什么，那就是在客观条件允许的情况下，少数民族实现完全的脱离，建立自己的民族国家。当然，在某些自由主义者看来，如果新建立的民族国家仍然是自由民主国家，可能也并不是什么坏事情。对于这种看法，笔者并不认同，限于本文的目的，就不在这里加以论述。但可以肯定的是，希望通过这种多民族联邦制为维护政治统一的目的，最终很可能是无法实现的。

三、大卫·米勒的共同民族性理论

顾颉刚先生认为在国难当头、抗战救国之际，只有在“我们是一个民族”的理念下，全中国人才能团结起来，齐心协力，战胜侵略者。抽象来说，顾先生主张的是共同民族认同是公民团结与政治统一的基础。英国政治理论家大卫·米勒在论述他的民族性理论时，提出了一种类似的观点：共同民族性有助于实现团结。

（一）米勒论民族性

那么，何谓民族性呢？米勒给出了“从内部理解民族性”的五个特征：

1. 民族是“由信念构成的”，并且“其成员视彼此为同胞，认为他们共享相关特征”时，民族就存在了。民族性是一种前反思地认为自己属于一个特定历史群体的感觉。[2]2. 民族性是“一个体现历史延续性的认同”，它连接着过去与未来，它的成员认同他们的祖先，把祖先的行为当作他们自己的，并感到负有一种继承祖先事业的义务。3. 民族是一个“积极的共同体。民族是一起做事、决策和达成目

---

〔1〕［加］威尔·金里卡：《少数的权利》，第113－115页。

〔2〕［英］大卫·米勒：《论民族性》，刘曙辉译，译林出版社2010年版，第22页。

标等的共同体”。一个民族的成员具有很强的集体行为感，并作为一个单一群体一起行动。4. 民族依附于一块具体的领土，这使得民族共同体必定是一个政治共同体。5. 米勒认为一个民族的成员共享“一系列特征”，一种“独特的、共同特征”，二者把他们联合在一起，并把他们与其他民族的成员区分开。他们也共享一种共同的文化，包括政治原则、社会规范和文化理想。

概括来说，从民族内部来理解的话，米勒的民族性很大程度上意味着民族认同，即民族成员对民族的认同和成员之间的相互认同。这种民族认同或民族性的基础又是什么呢？如果我们理解正确的话，这个基础主要应该是民族文化或者他所谓的“公共文化”：“对于民族性重要的是人们应该共享一种共同的公共文化。”

对米勒来说，一种民族文化具体包含什么内容呢？首先，对民族文化的共享并不以血统为基础，因为他认为这会导向种族主义。他强调共享一种共同的公共文化并不妨碍人们归属于不同的人种与种族群体。第二，成员们并不需要都是出生于本国，“如果移民会逐渐分享一个他们为之贡献自己独特成分的共同的民族认同，移民并不必然会造成问题”。第三，民族文化并不必然是“统一的和包罗万象的”。民族文化是一种公共文化，由“关于一群人如何一起生活的一系列理解”构成。一种民族文化不仅包括文化理想和宗教信念，也包括社会规范和政治原则。米勒认为这些内容是公共讨论的结果，其传播依赖于大众传媒。他还指出民族文化的范围“因具体情况而不同，但它会为民族内不同的私人文化留有空间”。最后，他指出，人们可能很难明确说出他们的民族特征，但是“与外来者相遇时，他们对差异在何处却有一种直觉理解”。[1]显然，基于这样一种民族文化所形成的民族一方面具有一定程度的同质性，另一方面也是包容和开放的。

（二）共同民族性促进公民团结的三种论证

米勒之所以捍卫民族性，是因为他相信民族性对于培育社会信任有着积极的作用。而社会信任又是克服集体行动问题，促进民主政治，以及支持福利国家的再分配政策所必需的。米勒认为，正是由于共享的民族文化、民族认同或民族性具有这

---

〔1〕［英］大卫·米勒：《论民族性》，第25－27页。

样的重要作用，因此公民团结就具有了坚实基础。

首先，民族认同有助于解决集体行动问题。米勒指出，许多国家行为需要公民的自愿合作，而要确保公民的自愿合作，“每个人必须对其他人会遵守规则这一点抱有信心，这包含着相互信任”。他论证说，“如果每一个组成群体都嫉妒地守护着自己的利益，坚称每一种分配都必须严格平等，那么这些实践就不能发展。这里同样需要的是相互信任”。因此，公民的自愿合作需要相互信任，而相互信任需要“共同体纽带”。共同体纽带是“彼此互不相识且不能直接监督彼此行为的个人之间信任的重要纽带”。〔1〕但并不是国家中的任何共同纽带都能够培育这种社会信任，只有共享的民族认同才具有这种能力。

其次，米勒认为民族认同还可以培育商议民主所需要的那种信任。自由主义把民族认同与民主制度联系在一起的观点由来已久。〔2〕为了实现良好地运转，民主制度需要公民之间要彼此相信对方会按照民主规范的要求行动：除非我知道获胜的一方和它的支持者们在下次选举失败时会交出权力，否则我为何接受本次选举的失败呢？他进一步指出，信任是这样一种东西，它能够使我“支持你的公正要求，我知道在将来某个时刻，你也会支持我的公正要求”。而且对信任的最佳理解就是把它看作一种社会联系，它“不仅要求群体内的团结，也要求群体间的团结，这反过来依赖于唯有民族性才能够提供的那种共同认同”。〔3〕商议民主理想要求公民们愿意为了寻找政治决策的共同基础而做出让步和妥协。他论证说，“在我们追求一种民主形式，其中所有公民在一定层面上都参与公共问题讨论的程度上，我们必须注意公民尊重彼此寻求共识基础的良好信仰的条件。在一个大的人类集合体中，只有一种共同的民族性能够提供使之成为可能的团结感。”〔4〕此外，由于民族国家可以提供一种共同语言，参与民主商议的人们能够相互理解，从而使得集体的政治商议成为可行。

米勒还指出，民族认同具有的第三种作用是可以促进公民们对各种福利国家政

---

〔1〕［英］大卫·米勒：《论民族性》，第91–93页。
〔2〕［英］约翰·斯图亚特·密尔：《代议制政府》，汪瑄译，商务印书馆1982年版，第222页。
〔3〕［英］大卫·米勒：《论民族性》，第142页。
〔4〕［英］大卫·米勒：《论民族性》，第98页。

策所表达的分配正义原则的支持。这种论证把民族性与自由主义的平等理想联系在一起。首先，因为同民族者共享一种公共文化和语言，他们能够比其他国家的公民更好地了解自己社会中较不利者的需要。把民族性与平等联系在一起的还有这样一种理念：社会和经济正义在实践中依赖于同胞情感，这种情感鼓励着个人、群体或阶级去帮助较不利者。此外，米勒认为，由于人们把民族同胞看作大家所共享的集体目标的构成部分，因此他们不会感到在自己的社会责任和个人利益之间存在很多冲突。米勒指出，像罗尔斯这样的捍卫再分配正义原则的政治哲学家，就含蓄地假设了这些团结纽带的存在。

客观来说，米勒的这三个论据虽然具有一定的说服力，但也不是牢不可破。有很多经验性事实与他的论证相悖，比如，有的单一民族国家在解决集体行动问题、民主运转和社会福利方面表现得要比某些多民族国家糟糕得多，这表明共同民族性并不是解决这些问题所必需的。在我们看来，米勒论题的一种较弱版本是更为合理的：信任更有可能存在于共享一种共同的民族认同的人们之中，而且这种信任促进了民主与福利制度的实现，从而也有助于进一步促进公民团结。

详细批判米勒这三个论据，并不是本文的旨趣所在。笔者想要考察的是另外一个问题。推断起来，如果米勒的民族性理论能够成立，那么，对一个试图维护并巩固政治统一的国家来说，应该做的似乎就是维持并强化这种民族认同。但是，国家有不同的类型，有的是单一民族国家，有的则是多民族国家。对于一个单一民族国家来说，这个推论应该没有多大问题。然而，对于一个在民族、种族和文化上呈现出多样性的国家来说，米勒的理论是否也意味着要塑造并强化一种共同的民族认同呢？这就是笔者下面要探讨的问题。

（三）对米勒进路的挑战：民族文化的族群中心性问题

首先，我们结合一些学者的论述，指出这样一个事实：任何民族及其文化都具有一个族群基础或“族群内核”，[1]也就是说，每一种民族文化都是以某个族群的文化为基础或内核发展、演化而来的。以美利坚民族或民族文化为例，它也不是在

〔1〕 Song, Sara. What Does It Mean To Be An American? *Daedalus*, 138: 2 (2009), pp. 31-41.

其内部各种族群体之间保持完全中立。如安东尼·史密斯所观察到的，“现代‘公民性’民族实际上并没有真正超越种族性或种族情感。这是一种西方的幻想，完全是海市蜃楼；更为细致的考察就可以揭示出公民性民族的族群内核。事实是，即使是在像美国、澳大利亚或阿根廷这样的移民社会中，都是由一种先驱性、占主导地位的文化为其发展为公民性民族提供了神话和语言。”〔1〕

与米勒一样，塞缪尔·亨廷顿把民族文化视为民族认同的一个关键要素，但他对民族文化的内容的说明要比米勒明确和直率。亨廷顿的《我们是谁?》这本著作的主要论题即，所谓的“盎格鲁—新教文化”就是美利坚民族认同的核心。面对美国国内各种“解构性”力量，亨廷顿呼吁所有种族的美国人努力去“复兴他们的核心文化”。他把文化定义为“人们的语言，宗教信仰，社会和政治价值观，是非观念和好坏观念，以及反映出这些主观因素的客观体制以及行为范式”。亨廷顿对美国民族文化的界定包含种族与宗教要素。他指出，美国文化的复兴意味着拥抱这样一种美国观，使美国成为“一个宗教信仰深刻的，以基督教为主的国家，引导若干个在人口上居于少数的宗教群体，恪守盎格鲁—新教价值观，说英语，保持欧洲文化传统，忠于‘美国信念’的原则”；这些原则包括“自由、平等、民主、个人主义、人权、法治和私有财产这样一些政治原则”。〔2〕这样看来，所谓的“盎格鲁—新教”文化就是一系列表达种族与宗教的信念和实践。

民族文化的族群中心性这一事实，会对米勒的共同民族性论题带来严重困扰吗? 当然，米勒作为一位敏锐的政治理论家也认识到这一事实，他承认民族认同始终包含一些族群成分，这些民族基本上都是由特定区域的优势群体发展而来，并带有那一群体的语言、宗教和文化认同等方面的特征。他也指出，民族认同中的这种族群成分往往是问题的根源。外在于族群内核的群体不可能被要求直接地接受这种民族认同，因为这会造成内在的紧张，也会将他们置于实际的不利地位。

历史地看，民族文化的传播往往是某个具体的族群对其他族群进行征服与统治的结果。正是通过暴力和压迫行为才锻造出了现代民族，并赋予民族文化以具体的

〔1〕 Smith, Anthony. *The Ethnic Origins of Nations*, Oxford: Blackwell, 1986, p. 216.
〔2〕 [美] 塞缪尔·亨廷顿:《我们是谁?》，程克雄译，新华出版2005年版，第27、18－19、41页。

内容。虽然在后来的自由化过程中，西方国家放弃了原来那种认为民族整合必定需要共同的宗教信仰的观点。作为一位民主自由社会中的政治理论家，米勒当然不会接受通过暴力和压迫来塑造共同的民族性。米勒在《论民族性》的结论中有这样一句话，“如果一个国家容纳一个基于这样那样的原因认为他们自己不是民族共同体完全的一部分，却又不想或不能现实地希望形成一个他们自己的民族国家的少数群体，那么民族认同必须以能够把他们包括进来的方式进行改变”。〔1〕这句话的内涵似乎是说，共享一种民族文化有如此之多的益处，因此对一个多民族国家来说，如果情况允许，国家就应该采取措施使全体公民接受和信奉同一种民族文化。问题是，由于民族认同总是具有一个族群内核，因此处于此族群内核之外的少数族群如何可能为了米勒举出的那些益处而信奉这种民族文化？

米勒的回答借助了民主的逻辑，强调民族文化的内容应该是集体商议和选择的结果。他以英国为例指出，虽然英国的穆斯林认同本身不是政治的，但是如果英国民族认同及其表达实践被穆斯林看作是歧视他们的盎格鲁—撒克逊式偏见，那么这种穆斯林认同就会成为政治的。但米勒指出，英国民族性并不必然包含盎格鲁—撒克逊式偏见，因为民族性的内容不同于种族性。民族性的内容应当通过深思熟虑的政治讨论的塑造而成，在此过程中，每一个群体都有权利和机会发出自己的声音。米勒暗示，评价民族认同的依据应是它所形成的过程。真实的认同应是这样形成的：“为了在共同认同上留下自己特殊形象的烙印，群体之间展开公开竞争，民族认同出现的过程包括共同体所有部分的输入，在这一范围内我们有理由认为出现的认同是真实的认同”。〔2〕无疑，且不论这种回答具体操作起来可能困难重重，对于米勒的理论还有一个更为严峻的问题：如果一个多民族国家中的某个或某些少数民族拒不接受主导性民族文化呢？米勒在《论民族性》一书的结尾还有一句话：“如果一个国家的现有边界容纳两个有着迥然不同的民族认同的共同体，那么在正常情况下有充分的理由允许这两个共同体在政治上分离。”〔3〕分离意味着这个国家的分裂。如果一种倡导并谋求公民团结的理论竟然会导向主张国家分裂的推论，那么这

〔1〕［英］大卫·米勒：《论民族性》，第191页。
〔2〕［英］大卫·米勒：《论民族性》，第41页。
〔3〕［英］大卫·米勒：《论民族性》，第191页。

种理论显然就是失败的。这样一种简单化的立场是对复杂问题的逃避。有没有更好的办法呢？既维护国家的政治统一，又能满足少数民族保持自己民族性的要求？答案似乎又指向了威尔·金里卡的观点。

四、结语

多民族国家的公民团结或政治统一既是一个理论问题也是一个实践问题。作为一个实践问题，政治家们几乎不会死板地遵循某种理论教导，他们往往灵活地采取多种手段，因势利导地解决问题。可以想象，政治家们既会采取金里卡的路径，赋予少数民族某些自治权，又会接受米勒的建议，采取措施促进民族文化的融合。而杰出的政治理论家们的贡献在于，他们从不同的原点出发，阐明了试图解决这一问题的各种建议的理论逻辑和相关后果。了解这些理论，无疑有助于政治家们提出更具远见的政策组合。

中华民族“多元一体”与“民族成分”的复合标识

林　超*

［内容提要］

对“多元一体”的中华民族的民族认同，在不同人群中，实际上存在着一种动态变化的差序格局。具体到身份符号的选择上，一些人可能倾向选择已经将自己低层次认同完整“囊缩”在内的高层次认同符号来完成自己复合型民族身份的综合表述。而另一些人则可能更偏向选择已经紧密“嵌入”到高层次认同中的低层次认同符号来实现自己多层次认同体系的精细表达。构建一个符合中国现实的实体化的不断向高层次发展的“中华民族”认同的方式和途径，需要一种既能与国族认同的差序格局完整对应，又能动态反映民族不断交往融合进程的，包含了“囊缩式”与“嵌入式”两种国族身份符号的标识分类体系。

［关键词］

中华民族　“囊缩式”认同　“嵌入式”认同　身份符号

多族群国家在实现政治转型的民主改革中始终存在着建构国族认同的重要任务。冷战结束后，苏联一分为十五、捷克斯洛伐克一分为二、南斯拉夫一分为五。

* 林超，山东大学儒学高等研究院中国历史研究所博士研究生。

这些前社会主义多民族国家在民主化变革中相继皆以民族为单元而解体的历史教训警示我们，在政治体制改革前，必须首先培育和建构出坚强有力的国族认同，以避免国家在深化民主的政治改革中因地方民族主义兴起而可能出现的分裂危险。在政治发展的相关文献中，多民族国家的政治发展“通常包括两个维度，其一是民主化，其二是国族整合（National Integration）或国族建构”。〔1〕由于民主竞选活动本身往往容易强化人们各自的族群意识。在整体国族认同比较薄弱的情况下，“如果实行民主，往往会激活多重民族、多重文化的认同，形成政治方面的不稳定”。〔2〕所以，稳健有序的民主政治通常被认为是依赖国族整合的。在对国家整体没有深刻认同的情况下，政治发展通常很难得到长远的推进。在多民族发展中国家的政治发展进程中，国族整合的重要性有时竟使得如下两个概念完全等同：政治发展也就是国族整合。因此，建构国族认同理应被提到政治发展的优先位置，并成为多民族发展中国家领导人推进改革的首要任务。〔3〕

在多族群国家内部，低层次族群认同既可以因国族认同的整合而巩固一个国家，也可以在民主政治动员中因认同分化而撕裂一个国家。近年来，在我国新疆、西藏发生的多起恐怖暴力事件，应当引起我们对国家民族关系领域发生的某些“静悄悄演变现象”的高度警觉和重视。有学者观察到，“为了削弱正在崛起的中国，国际反华势力正在积极打‘民族’牌，鼓动和支持中国个别少数民族中出现的分裂活动。西藏、新疆等地的民族分裂活动已在一定程度上国际化，威胁了社会稳定、民族团结和国家统一”。〔4〕应当看到，中华民族作为一个自在的民族实体是在几千年的历史过程中所形成的，但作为一个自觉的民族实体，则是近百年在共同抵抗西方列强的压力下出现的。〔5〕中华民族进入自觉状态的历史其实并不是十分漫长。所以，中华民族“这个实体的格局是包含着多元的统一体”，“在中华民族

〔1〕［美］阿伦·利普哈特：《多元社会中的民主——一项比较研究》，上海人民出版社2013年版，第14页。

〔2〕李强：《超越大众民主与权威主义——共和主义对中国政治转型的启迪》，http://www.aisixiang.com/data/3049.html。

〔3〕［美］阿伦·利普哈特：《多元社会中的民主——一项比较研究》，第14页。

〔4〕马戎：《强化中华民族的“民族意识”》，《人民论坛》2008年第14期。

〔5〕费孝通：《中华民族多元一体格局》，中央民族大学出版社1999年版，第3页。

的统一体之中存在着多层次的多元格局。各个层次的多元关系又存在着分分合合的动态和分而未裂、融而未合的多种情状”。[1]在相当程度上，中华民族的多元一体，“即凝成国族的过程大部分还没有实现，民族一体远未完成建构，民族和国家一体还停留在国家政权层面，这是一种低水平的整合”。[2]因此，找到构建一个符合中国现实的实体化的不断向高层次发展的“中华民族”共同体认同的方式和途径，应是政治改革前进行国家政治整合的重要任务。[3]

一

1949年中华人民共和国成立后，政府为落实促进民族平等的各项政策，从20世纪50年代起，开展了民族识别工作。先后共识别出了56个“民族”。给绝大多数中国公民划定了民族成分，并在户籍管理和身份登记上严格规定每个公民必须填报自己的民族成分，不得随意更改。

在当时的历史背景下，民族识别工作的理论依据，很大程度上是受了前苏联民族理论和民族政策的影响，特别是斯大林关于民族四个特征的著名论断。但由于我国自古以来长期就是一个统一的多族群国家，各族成员千百年来居住在同一块中华大地上，相互迁徙、交错杂居，在经济、文化等方面相互影响、彼此交融的现象非常普遍。既有一个族群成员多处分布，又有多个族群成员杂居一处。既有多个族群共用同一种语言的情况（如回、汉、满等族通用汉语文），也存在多个族群或某一族群部分成员共同信仰同一种宗教的情况（如藏、满、蒙、汉等族多数或部分成员共同信仰佛教）。并且绝大多数族群成员在人种体质外貌上也比较相似，不同族群成员交错混居和通婚交融的现象更是非常普遍。对这种长期历史中自然融合形成的，在经济、文化、社会、甚至基因遗传上，你中有我、我中有你的实际情况，如

[1] 费孝通：《中华民族多元一体格局》，第36页。
[2] 侯万峰：《多元一体与多民族国家政治整合》，《广西民族研究》2007年第4期。
[3] 闵文义：《关于族别的质疑：对民族身份与公民认同的一项初步思考》，《青海民族研究》2012年第4期。

果完全按斯大林的四个特征严格识别，很可能一个“民族”也识别不出来，[1]而只能识别出一个整体的中华民族。因此，民族识别工作自然要根据国情和我国族群的具体情况，采用具体问题具体分析的方法，加以变通调整。在努力识别出多个“民族”的工作中，更加注重寻找并强调族群原生特质之间的微小差异，而比较缺少对族群普遍共性的注意。

民族识别为落实民族优惠政策划定了不同的族属身份，差别化的民族优惠政策又赋予不同少数族属身份价值含量不等的优惠福利。两者互为支持，鼓励了落后地区少数族群群众不是诉诸自己具体的欠发达程度要求政府提供援助，而是通过诉诸自己族属身份，利用特殊的民族照顾政策来改善自己的发展水平。长此以往，不论当初被划进哪个“民族”类别，原生的族群身份观念有多么微弱，人们相互间的“民族”身份边界意识都会在民族识别和差别化族群优惠政策的调控下越来越强。这种将族群身份固定下来，区别对待的做法，虽然能在短期内取得快速提高落后地区部分少数族群成员发展水平，减少族群社会分层的正面效果。但从长期看，则存在一些不利于族群相互认同，发展统一国族认同的负面影响。

通常，伴随着市场经济和工业化，国家内部各地区人员、信息、商品越来越广泛深入地在全国范围内自由流动，族群成员之间的沟通、互动更加密集频繁，相互间的文化隔膜和心理差异会变得越来越小。彼此的了解、合作和社会联系会变得越来越复杂密切。从社会现代化发展的总体趋势来看，族群之间交往交融的现象只会日趋加强而不是进一步分化，族群成员之间的界限只会趋于“模糊化”而不是“清晰化”。[2]王希恩指出：“民族与其特征的正常演化逻辑是：民族越发展，社会化程度越高，人员、文化扩展的范围愈大，它的原生性特征散失得越快、越多，而不是相反。……如果说上世纪50年代我们还可以从各民族传统中发现和辨别各自不同特征的话，现在则更多地失去了这种可能。因为，原本就模糊的能够为我们提供辨别依据的特征少之又少了。”[3]在某种程度上，可以说，当初根据本来就有些模糊不清的原生特征做出的56个“民族”的族属划分，以及与之配套的差别化

---

〔1〕 王希恩：《中国民族识别的依据》，《民族研究》2010年第5期。

〔2〕 马戎：《民族社会学——社会学的族群关系研究》，北京大学出版社2004年版，第518页。

〔3〕 王希恩：《中国民族识别的依据》，《民族研究》2010年第5期。

族群政策，在改革开放后，族群原生特质在市场经济现代化大潮中逐渐融合、淡化的时代背景下，已经日益取代原生特质，成为催生并强化族群成员各自民族意识最为有力的制度性资源。

马戎指出，我国“政府制定的各种与民族相关的制度安排与优惠政策使每个人具有的‘民族身份’在日常生活中含有显著的实际利益，由于‘民族身份’与每个人的学习机会、就业机会、升迁机会、资源分配、享受福利机会等直接联系在一起，结果在客观上使人们更关注‘民族成分’，并在认同意识中把‘中华民族’这个概念虚化和架空。这些制度与政策安排必然使保持了几千年统一历史的中华民族凝聚力逐步淡化”。[1]同时，由于我国相当多数，尤其是落后地区的民众很少有机会走出国门，在国际事务中直接体会到“中国公民”的现实意义，国内日常生活中，我们几十年来又一直在政府文件、官方宣传、学校教材、报刊媒体上宣讲马列主义民族理论，介绍斯大林的“民族”定义和列宁的“论民族自决权”。并把西方现代政治观念的“民族”意识介绍给各“民族”的知识分子与民众。这就使包括汉族在内的国民把对“民族”的认识定位于56个民族，而不是包含所有中国人的“中华民族”。[2]以至于在日常生活中，往往一提到“民族”，很多人头脑中首先浮现的概念印象只是低层次的56个“民族”，而不是中华民族。

二

一般而言，有关群体认同的理论分为两大阵营——分别强调群体认同的基础是人与人之间的相互依赖；或者强调身份认同的基础是人与人之间共同身份的相似性。社会心理学家们大都认为，人际吸引或许在分析小群体现象时比较适当，但是当面对大批观众、集群、族群、国家、或任何大型群体时，人际吸引的解释

---

〔1〕 马戎：《21世纪的中国是否存在国家分裂的危险（上）》，《领导者》2011年总第38期。

〔2〕 马戎：《当前中国民族问题的症结与出路》，http：//www. 21ccom. net/articles/zgyj/ggzhc/article_20100120681. html。

显然是不充分的。[1]"因为在这类情况下，所有成员间都进行人际互动显然是不可能的。"[2]安德森指出："事实上，所有比成员之间有着面对面接触的原始村落更大（或许连这种村落也包括在内）的一切共同体都是想象的。区别不同的共同体的基础，并非他们的虚假/真实性，而是他们被想象的方式。"[3]

有关社会认同过程的研究显示，社会归类有时会导致心理群体的形成。[4]社会心理学关于社会归类和"最简群体"范式的研究发现，不论特定个体之间是否存在相互吸引还是相互依赖，而只要把共同的群体成员身份符号加于人们身上就足以在他们之间产生吸引。[5]就民族认同而言，人们往往能够借助社会群体归类，想象出"我族"和"他族"的不同群体来。因此，当微小的原生特质（如服饰花纹、饮食习惯、节庆风俗或宗教信仰等）被政府当作界分民族的依据时，伴随族群身份的制度性强化，一个新的民族很可能就真的形成了。霍布斯鲍姆观察到，当波斯尼亚的政府把宗教团体当成是一个特殊民族对待时，波斯尼亚的伊斯兰教徒，最终也会发展出自己的民族性。[6]而当中国元朝的统治者不把中原地区曾经彼此冲突的契丹人（辽）、汉人（宋）、女真（金）刻意区别对待为不同的族类时，经过一段时间的自然融合，他们也就融合为一个民族了。

从历史上看，其实任何族群的边界始终都是变动不居的。"民族并不是长期稳定的人们共同体，而是在历史过程中经常有变动的民族实体。"[7]人们的族属"身份不是永恒的固定的，而是在历史发展的动态中建构起来的，并随着历史的不断发展而产生新的建构"。[8]在中华这块古老的大地上，曾经生活过大大小小数百个不

---

〔1〕［澳］约翰·特纳：《自我归类论》，杨宜音等译，中国人民大学出版社2011年版，第104页。

〔2〕［澳］迈克尔·A·豪格、［英］多米尼克·阿布拉姆斯：《社会认同过程》，高明华译，中国人民大学出版社2011年版，第127页。

〔3〕［美］本尼迪克特·安德森：《想象的共同体——民族主义的起源与散布》，吴叡人译，上海人民出版社2011年版，第6页。

〔4〕［澳］约翰·特纳：《自我归类论》，第30页。

〔5〕［奥］约翰·特纳：《自我归类论》，第30页。

〔6〕［英］埃里克·霍布斯鲍姆：《民族与民族主义》，李金梅译，上海人民出版社2006年版，第67页。

〔7〕费孝通：《中华民族多元一体格局》，第35页。

〔8〕闵文义：《关于族别的质疑：对民族身份与公民认同的一项初步思考》，《青海民族研究》2012年第4期。

同的族群，“除了月氏、乌孙、匈奴、突厥等民族的大部或部分迁居他国外，绝大多数的民族都长期在中华大地上居住，他们之间的交流和融合是经常的”。〔1〕既有一个民族分散融入到其他多个民族当中，也有多个民族全部或部分成员聚合为一个新的民族。民族的聚散分合与融合新生，一直都是民族历史不断发展变迁的常态。费孝通指出，“我们不要把民族看死了，在中国这样长的历史里，民族变化多端，你变成我，我变成了你，我中有你，你中有我”。〔2〕曾经在中国历史上出现过的靺鞨、契丹、鲜卑、乌桓、吐谷浑、氐、沙陀、党项、巴人、百濮等许多族群，虽然无法与现在56个“民族”的族群分类一一对应，但他们大都互相融合在了现在中华民族的56个族群之中。不但分布广泛的回族、满族、汉族是历史上多族融合而成的“民族”，维吾尔、哈萨克、柯尔克孜、撒拉、乌兹别克、塔塔尔、裕固等族，在历史上也经历了多次大迁徙，不断涵化吸收了多种来源民族成分与文化因素，其形成均经过由多元族群融合成同一个族群的过程。〔3〕“从生物基础，或所谓‘血统’上讲，可以说中华民族这个一体中经常在发生混合、交杂的作用，没有哪一个民族在血统上可以说是‘纯种’。”〔4〕

中国历史上民族相互融合现象之所以如此普遍，一个比较重要的因素就是多数王朝没有在户籍管理上严格标出每个居民的族群身份，并把族属身份清晰化、固定化、制度化。马戎指出，中国历史上的大多数朝代在对待周边族群的制度与制定政策的传统中，有一个比较鲜明的特点，就是不划“界”。即使各群体有特定的族称、有大致的聚居地域，但各族个体成员身份的“族属”仍是相对模糊的。也正因为这种个人身份的模糊性，从而使跨越本族传统聚居地的人口迁移和族际通婚更易经常发生，而在各族交叉混合居住地区则尤为普遍。〔5〕试想，如果秦始皇在统一六国之后，给七国居民都严格划定好低层次的“多元”族属身份（如相对于“高层次”华夏族而言的“赵族”“韩族”“楚族”等）。历代中央王朝在编户齐民

---

〔1〕 费孝通：《中华民族多元一体格局》，第21页。

〔2〕 费孝通：《中华民族多元一体格局》，第134页。

〔3〕 费孝通：《中华民族多元一体格局》，第121页。

〔4〕 费孝通：《中华民族多元一体格局》，第23页。

〔5〕 马戎：《现代中国民族关系的类型划分》，《社会》2008年第1期。

己定义为、也同时被他人定义为族群，那么他们是否继续维持其族群习惯也就无关紧要了”。[1]艾夫瑞特·休斯和海伦·休斯敏锐地观察到，“一个群体之所以成为一个族群，并不是由于它可以被测量的或被观察到的区别于其他族群的差异程度，相反，这是因为在群体内和群体外的人都认为它是一个族群”。[2]因此，当一个传统多部族国家进入现代“民族国家”的转型期后，这个国家中原有部族是在中央政府和主流群体的引导下分别成为新生多族群民族国家的一个族群(an ethnic group)，还是在内外因素引导下自认为是一个独立“民族”，并在条件适宜时争取建立独立“民族国家”，则是由这个国家进行“民族建构”的实际进程所决定的。[3]在我国新疆、西藏等地发生多起带有“民族”背景的集体暴力事件后，一些反思中国现行民族理论、政策的专家、学者面对民族关系出现的局部恶化现象，对比苏联、南斯拉夫等前社会主义国家的历史经验教训，相继提出了族群问题“去政治化”、“第二代民族政策”等观点，一些学者和官员更是明确提出了删去居民身份证件上“民族成分”一栏的建议，引发了人们广泛关注和解读。[4]

在族群身份意识被识别政策持续强化了数十年后的今天，取消“民族成分”一栏的做法，对于一些“低层次”族群身份认同情感比较深厚的群众来说，很可能会引起他们对丧失“低层次”族群身份标识的质疑和不满。利普哈特指出，“虽然全国性忠诚替代区块忠诚，看起来是对多元社会的问题合乎逻辑的解决方法，但试图这样做却是异常危险的……不仅很难成功（特别是在短期之内）；而且，完全可能适得其反，不是带来全国的整合，而是刺激区块内的凝聚力以及区块间的暴力”。[5]在持续了几十年的民族识别已成既定事实的情况下，最可行的政策改革，应该兼顾传统政策框架下已经形成的多方利益格局以及人们的心理习惯。

---

〔1〕［美］马丁·麦格：《族群社会学》，祖力亚提·司马义译，华夏出版社2007年版，第10－11页。

〔2〕［美］马丁·麦格：《族群社会学》，第10页。

〔3〕马戎：《21世纪的中国是否存在国家分裂的危险（上）》，《领导者》2011年总第38期。

〔4〕见马戎：《理解民族关系的新思路——少数族群问题的“去政治化”》，《北京大学学报》2004年第6期；胡鞍钢、胡联合：《第二代民族政策：促进民族交融一体和繁荣一体》，《新疆师范大学学报》2011年第5期；潘志平：《突破民族问题高度政治化的困局——从读B.A.季什科夫的〈民族政治学论集〉谈起》，《西北民族研究》2010年第1期；朱维群：《对当前民族领域问题的几点思考》，《学习时报》2012年2月13日。

〔5〕［美］阿伦·利普哈特：《多元社会中的民主——一项比较研究》，第17页。

四

有学者分析指出，在中国历史上“中原皇朝直接统属的行政疆域在不同朝代有很大变化，由于各种历史原因，不同族群对‘中华民族’民族主义的认同程度可能存在差异……那些在近代反抗外来帝国主义、殖民主义侵略斗争（如抗日战争）中与中华民族其他群体密切合作的族群，它们对‘中华民族’民族主义的认同度就会高一些，其他一些与中原汉族地区文化（语言、宗教）差距较大，交流与融合程度较低，在近代反抗外来侵略的斗争中与中原地区合作较少的族群，对‘中华民族’民族主义的认同程度可能会低一些”。[1]因此，我们必须看到，目前对“多元一体”的中华民族的民族认同在不同人群中，实际上存在着一种“差序格局”。一部分群众对包含“多元”族群的“一体”认同更强烈一点。一部分群众对涵括在“一体”之内的“多元”族群感情更直接一些。虽然在这种格局中，高层次的认同与低层次认同并不一定相互取代或排斥，不同层次的认同可以并存不悖。[2]但人们对“中华民族”不同认同形式的选择偏好显然并非全都一样。

由于“人们头脑中的群体认同体系，是一个多模式、多层级、动态变化的系统”。[3]在创建中华民族的整体民族认同时，我们有必要区分出“囊缩式民族认同”和“嵌入式民族认同”两种不同的国族认同形式。一方面，有关社会认同心理的研究发现，“与分子内的原子不同的是，处于群体之内的人是可以在心理上把整体包含在他们自身之内的，也就是说，他们可以在认知上想象出群体，而且按照那种认知表征来行动”。[4]而另一方面，安东尼·史密斯则观察到，“人类能携带在不同层次运作的‘兄弟情谊和团结’的神话，同时从属于并且效忠于一系列范围比较广泛的群体：从家庭和部落，到族群和民族，并且甚至可能还可以到大洲的文化群体”。[5]因此，可能存在一些人更倾向选择已经将自己低层次认同完整“囊

---

〔1〕 马戎：《创建中华民族的共同文化，应对21世纪中国面临的严峻挑战》。

〔2〕 费孝通：《中华民族多元一体格局》，第13页。

〔3〕 马戎：《创建中华民族的共同文化，应对21世纪中国面临的严峻挑战》。

〔4〕 ［奥］约翰·特纳：《自我归类论》，第101－102页。

〔5〕 ［英］安东尼·史密斯：《民族主义——理论、意识形态、历史》，上海人民出版社2011年版，第144页。

缩”在内的高层次认同符号来完成自己复合型民族身份的综合表述。而另一些人则可能更偏向选择已经紧密“嵌入”到高层次认同中的低层次认同符号来实现自己多层次认同体系的精细表达。

有学者指出，中华民族“不是中国各民族相加之和的称谓，而是一个复合民族的称谓，它是指中国版图这个共同区域里生息的各个民族的语言、经济、文化的相互渗透、交融中形成的一个具有共同心理素质的复合民族”。[1]构成复合型民族的“56个民族各有自己的民族认同，它们组合成的中华民族又有共同的民族认同，只不过层次有所不同”。[2]相应的，中华民族的民族认同体系，也并非只是各个低层次“民族”认同单元在“平面”上简单相加的多元“民族”认同的“集合”。在中华民族多元一体的认同体系当中，高层次的“一体”认同，与低层次的“多元”认同，并非两根永不相交的平行线简单横亘在人们心里。而是高层次认同始终“囊缩”了低层次认同，同时低层次认同又永远嵌入在高层次认同中，两者彼此互构、密切交织而成的一种复合型民族认同体系。在每个个体心中，究竟是囊缩式国族认同形式表现得更强一些，还是嵌入式国族认同形式表现得更多一点，都随着个体所处历史环境、时代背景和自身生活经历的不断发展变迁而始终处于一种动态平衡的不断变化当中。

由于“囊缩式”与“嵌入式”两种认同形式的偏好在所有人心里都多多少少地混合存在着（就好比世界上不存在绝对外向或内向性格的人，只不过“内向”和“外向”两种性格特质在不同人身上保持的比例不同罢了）。我们不能把有囊缩式认同或嵌入式认同偏好的人看成是截然不同的两种人。由于群体归属感经常通过集体认同的特殊符号的产生而表达出来，同时也由它所伴随。[3]现行“民族成分”一栏中只有56个低层次族属标识的符号分类，只满足了部分具有嵌入式国族认同偏好人群的需求。因此，国家有必要同时增加一个“中华民族”的认同符号，来满足部分具有囊缩式国族认同偏好的公民，在自己“民族成分”一栏中标识出

---

〔1〕 许力心、冉景福：《论中华民族研究——兼论中华民族的复合》，《天府新论》1998年第6期。

〔2〕 金炳镐、裴圣愚、肖锐：《中华民族：“民族复合体”还是“民族实体”？——中国民族理论前沿研究系列论文之一》，《黑龙江民族丛刊》2012年第1期。

〔3〕 [奥] 约翰·特纳：《自我归类论》，第24页。

“中华民族”的强烈愿望。只要政府不给填报“中华民族”的人群任何特殊族群优惠照顾，并保持现有少数族群优惠政策不变。那些没有任何功利动机，也不妨碍别人选择何种族属标识的群众，完全有满足自己囊缩式民族认同形式偏好，在自己“民族成分”一栏中填写“中华民族”标识的权利。既然我国现行法律都能允许本国公民改换国籍，那么，那些仍在自己祖国，仍然效忠中华民族的中国公民，他们自愿选择填报囊缩式国族认同标识的权利，就更应受到本国法律和相关政策的充分尊重和保障。同时，国家应当对落后地区，发展相对滞后的所有公民实施统一无差别的政策照顾。这样既能起到减少社会分层的效果，也能帮助居住在欠发达地区，具有囊缩式国族认同形式偏好的部分少数族群人口在实现填报“中华民族”标识的心愿后，继续享受不低于原先民族优惠政策的政策照顾。

民族并非天生一成不变的社会实体。特伦斯·兰杰提醒我们应“将族性构想为动态的和包容的”。[1]政府的识别体系不应限制人们仅有“嵌入式”国族认同符号一种选择，而应更为灵活地赋予人们一种较为自由地选择不同国族认同标识的权利。既然中华民族是一个多元一体的复合民族，在人们多层次的民族认同体系中，存在着一种囊缩式与嵌入式两种认同形式偏好相互渗透、辩证统一的复合型民族认同的心理结构。那么就应该有一种包含了囊缩式与嵌入式两种国族身份符号的复合型标识分类体系，与中华民族民族认同的差序格局完整对应。

五

列宁曾言，“社会主义的目的不只是要消灭人类分为许多小国家的现象和各民族间的任何隔离状态，不只是要使各民族接近，而且要使各民族融为一体”。[2]然而，曾在前苏联生活多年的印度学者巴赫拉注意到，“苏联解体的原因之一恰恰就在于苏联并没有真正发展出一个涵盖全国的‘苏维埃民族主义’即国家层面的民

---

〔1〕 特伦斯·兰杰：《族性的特性：来自非洲的教训》，［英］爱德华·莫迪默、罗伯特·法恩：《人民·民族·国家——族性与民族主义的含义》，刘泓、黄海慧译，中央民族大学出版社2009年版，第47页。

〔2〕《列宁论民族问题》，民族出版社1987年版，第503页。

族主义，而且政府‘识别’出来的各‘民族’一直在致力于发展各自‘微观层面的民族主义’和各自的‘民族’认同，这必然引发各‘民族’寻求建立各自独立的‘民族国家’的潜在愿望”。〔1〕从国际地缘政治斗争的历史和现实来看，在我国经济总量已跃居世界第二，中国崛起进程进入到政治改革与社会转型的关键时刻，“那些把中国当作潜在敌手或竞争对手的国家或政治势力，一定会千方百计地利用中国国内的‘民族关系’大做文章，打‘藏独’牌、‘疆独’牌、‘台独’牌来牵制中国在新世纪的崛起”。〔2〕因此，国家在努力推进民主建设的同时，应当高度重视促进族群平等和国家认同的问题。在支持民族地区经济社会加快发展实现各族群众共同富裕的同时，应当注意到要使我们的制度设计更有利于增强对中华民族的心理认同，提高中华民族的凝聚力。〔3〕当然，我们也必须注意到，国际上一些多民族国家为实现国家整合，不顾个体认同情感，急于推行“国家民族主义”的做法，往往适得其反，激起了严重的相互猜疑和族群对立。由于认同是公民个体“情感意志”领域的私事。在公共领域，我们只需更加灵活地调整好认同符号的分类体系，增大一点群众自由选择的空间。尊重并确认每个公民自由自愿的个性化身份符号选择。国族认同的自然整合就会在中华民族每个成员自己的身份符号选择中，动态地、历史地建构起来。只要我们顺应民族自然交往融合的客观历史发展趋势，一切顺其自然即可。

〔1〕 马戎：《创建中华民族的共同文化，应对21世纪中国面临的严峻挑战》。

〔2〕 马戎：《当前中国民族问题的症结与出路》，http：//www.21ccom.net/articles/zgyj/ggzhc/article_20100120681.html。

〔3〕 朱维群：《对当前民族领域问题的几点思考》，《学习时报》2012年2月13日。

民族认同、宪法爱国主义与美国例外论

王　恒*

[内容提要]

宪法是美国身份认同的核心，通常被称为宪法爱国主义。但美国的宪法根源于犹太—基督教的选民—约法传统，是清教圣约神学和社会契约论的融合，美国例外论的实质就在于此。因此，与民族主义国家的民族认同不一样，美国的身份认同是一种以宪法为基础的选民民族认同。由于对世俗化和政教分离等问题的误解，选民民族的身份认同问题长期成为民族主义理论中被忽视的盲点，本文试图通过对美国宪法与身份认同关系的分析，澄清这些误解和盲点，从而更清楚地认识美国民族认同和宪法爱国主义的真实面孔。

[关键词]

宪法爱国主义　圣约神学　选民民族　民族认同　美国例外论

一、我们是谁？

1993年，塞缪尔·亨廷顿在美国《外交》杂志发表了一篇题为《文明的冲

* 王恒，西南政法大学行政法学院副教授，法学博士。

突?》的雄文，对东欧剧变、苏联解体后弥漫的乐观主义情绪提出了警告，这种情绪在弗兰西斯·福山的《历史的终结及最后的人》中得到了最直接和透彻的表达，认为自由资本主义已经在冷战中大获全胜，将成为全球的普世价值和实践模式。三年后，亨廷顿将这篇文章扩展成了《文明的冲突与世界秩序的重建》一书，对后冷战时代以及即将到来的21世纪的世界秩序的走向和特征进行了深入的分析。21世纪的第二个年头发生的"9·11"事件，似乎验证了亨廷顿的观察和预言能力，冷战中被意识形态问题所压制或忽视的宗教问题，在20世纪末和21世纪初出现了前所未有的复苏迹象。事实上，几个世纪之前，自由资本主义正是从宗教改革引发的宗教战争中破茧而出。但是，在18世纪的启蒙观念和19世纪的进步观念的巨大影响之下，世俗社会的概念获得了广泛的认同和接受，即便像卡尔·施米特和卡尔·洛维特这样强调中世纪基督教对现代西方社会影响的学者，也接受了世俗化的概念，将其视为现代性的本质。除了政教问题之外，世俗社会的另外一副面孔就是民族主权国家取代了古代和中世纪占据主导地位的城邦和帝国，成为现代社会的主要政治组织形式和国际法主体，从而产生了民族认同问题，民族认同和文明认同的区分亦由此成为前现代社会和现代社会的重要标志。最关键的是，以英国为代表的西欧国家在率先进入现代社会后也迫使其他国家和文明接受了现代性的挑战，引发了身份认同的危机、焦虑和斗争。

冷战的结束意味着一个全新的历史阶段的来临。亨廷顿意识到："美国面临着一个更为直接和危险的挑战。在历史上，美国的民族认同在文化上是由西方文明的遗产所界定的，在政治上则是由美国信条的原则所界定的，即绝大多数美国人都赞同的自由、民主、个人主义、法律面前人人平等、宪政和私有财产权。20世纪末，美国认同的这两个组成部分受到了为数不多但极有影响的知识分子和国际法专家集中而持久的攻击。他们以多元文化主义的名义攻击美国对西方文明的认同，否认存在着一个共同的美国文化，提倡种族的、民族的和亚民族的文化认同和分类。"〔1〕对于多元文化主义带来的潜在危险，亨廷顿像先知一般提出了警告："摈弃美国信

〔1〕［美］塞缪尔·亨廷顿：《文明的冲突与世界秩序的重建》，周琪等译，新华出版社2002年版，第352页。

条和西方文明，就意味着我们所认识的美利坚合众国的终结。实际上这也意味着西方文明的终结。”〔1〕事实上，亨廷顿担忧的这种后果，正好就是地理大发现和宗教改革之前欧洲在世界上的位置和处境，因此，捍卫美国和西方文明，实质上就是捍卫近五百年来西方文明全球扩张取得的成果，这是一条不归之路，没有妥协的余地，看不清这一点无异于自杀。

在《文明的冲突与世界秩序的重建》中，亨廷顿把西方文明作为一个整体与非西方文明进行比较研究，没有太多考虑西方文明内部的差异性以及由此而来的那些曾让托克维尔和施米特等欧洲思想家纠缠的相关问题。十年之后，亨廷顿出版了《我们是谁？——美国国家特性面临的挑战》一书，更直接和系统地探讨了美国的民族认同和国家身份问题，指出了美国所要捍卫的西方文明的关键部分：盎格鲁—新教文化。亨廷顿认为：“美国这一社会的历史不是始于1775年、1776年或1787年，而是始于1607年、1620年和1630年的头几批定居者群体。正是在这中间的一个半世纪当中建立了盎格鲁—美利坚新教的社会和文化，而18世纪70年代和80年代发生的事态则是根植于这样的一个社会和文化，是这一社会和文化的产物。”〔2〕在这本书中，亨廷顿不仅批判了已经日渐成为自由主义主流的多元文化主义，更是挑战了作为自由主义核心前提的政教分离问题。亨廷顿首先认为，政治意识形态没法成为国家稳固的根基，因此，那种所谓的“宪法爱国主义”要么是虚幻的，要么必须根植于一个更为坚实的基础。“美国信念”如果不是根植于盎格鲁—新教文化，就会成为无根之木，无源之水。由此，亨廷顿得出了一般的自由主义者不愿承认和接受的结论：“有些人说，宪法和第一修正案中都没有宗教的语言，这证明美国基本上是一个世俗国家。没有比这更不符合事实的了。制定美国宪法的先辈们禁止设立国教，是为了限制政府的权力，保护和加强宗教。‘政教分离’是宗教和社会的特性所决定的。正如威廉·麦克洛克林所说，‘政教分离’的目的不是确立摆脱宗教的自由，而是为宗教确立自由。”〔3〕亨廷顿同意罗伯特·贝拉的观

---

〔1〕［美］塞缪尔·亨廷顿：《文明的冲突与世界秩序的重建》，第354页。

〔2〕［美］塞缪尔·亨廷顿：《我们是谁？——美国国家特性面临的挑战》，程克雄译，新华出版社2005年版，第36页。

〔3〕［美］塞缪尔·亨廷顿：《我们是谁？——美国国家特性面临的挑战》，第72页。

点，即公民宗教让美国人得以将世俗政治和宗教社会结合在一起并相得益彰，但亨廷顿更直率地指出了公民宗教的实质："美国的公民宗教是无教派的、全国性的宗教，在它的明确形式上并不公开表现为基督教。然而它在源泉、内容、见解和声调上，却完全是基督教的。美国货币上说的美国人信仰的'上帝'不言而喻是指基督教的上帝。但是，在公民宗教的言论和仪式上，有一个名字是不会出现的，那就是'耶稣基督'。'美国信念'是不提上帝的新教，美国公民宗教则是不提基督的基督教。"〔1〕

亨廷顿的书引发了巨大的争议，亨廷顿也被视为美国保守主义的重要代言人。但这样的标签隐含着极大的误解，保守主义在不同的语境下呈现出不同的面孔，这取决于意图保守的东西的实质究竟如何。在非自由主义的国家和社会，保守主义通常是自由主义的反对者或对立面，但在美国这一阿伦特所谓的"以自由立国"的国度，保守主义的目标当然也是自由。他们和主流的自由主义的区别，毋宁说主流的自由主义是已经获胜的自由社会的产物，接受了世俗化这一现代性预设，而保守主义更清楚地知道自由社会从非自由社会中破茧而出所需要的那些原初条件，这些原初条件更准确地界定了自由社会的本质和目标。此外，他们还认为，对这些原初条件的认识，有助于自由社会在危机时刻找到必要的捍卫自由的手段和方式，尤其重要的是，在面对其他非自由主义国家和社会时能清楚和准确地把握自己的本质和目标。实际上，反之亦然，对于非自由主义国家而言，亨廷顿这样的保守主义式的自由主义者比主张文化多元主义的自由主义者更有助于认清西方自由主义的真实面目，从而找到更恰当的应对挑战的手段。在自由主义被世俗化和政教分离等问题弄得面目模糊之后，亨廷顿的书提醒我们自由主义的普世性诉求背后的宗教和文化预设究竟是什么，从而也有助于我们理解美国所谓宪法爱国主义的身份认同背后所隐藏的选民民族的神学政治问题。

二、宪法爱国主义与民族认同

在亨廷顿发表《文明的冲突?》的前一年，罗尔斯出版了《政治自由主义》一

〔1〕［美］塞缪尔·亨廷顿：《我们是谁？——美国国家特性面临的挑战》，第90－91页。

书，对20年前出版的《正义论》做了重大的修正。前书试图将近代的契约论提升到一个更抽象的水平，为自由主义奠定一个更坚实的基础，新著则试图将伦理学和政治学分离开来，把二者分别奠立在不同的基本原则之上。从《正义论》到《政治自由主义》的转变显示了文化多元主义的影响力日趋增大，以及罗尔斯对这一潮流的妥协。在政治这一层面，罗尔斯主张基于宪法的一种理性共识，但在社会和文化领域，罗尔斯则承认了文化多元主义的主导性地位。

尽管承认自己与罗尔斯的争论属于家族内部之争，但哈贝马斯试图赋予宪法更重要的文化价值意义，以应对多元文化主义的压力和挑战。哈贝马斯试图建构一种更彻底的宪法爱国主义，其关键是严格区分民族认同和公民认同。哈贝马斯看到，民族主义与共和主义和自由主义之间存在着一种紧张关系，这种紧张关系源于民族主义的特殊性和自由主义的普世性诉求之间的张力，他甚至把民族主义的这种诉求视为世俗化国家保存的非世俗化超验力量的残余。因此，民族国家具有雅努斯式的双重面孔：“由公民组成的民族是民族国家民主合法化的源泉，而由民众组成的天生的民族则致力于促使社会一体化。公民靠自身的力量建立自由而平等的政治共同体；而天生同源同宗的人们则置身于由共同的语言和历史而模铸的共同体中。”〔1〕他进而认为，以公民认同为基础的“宪法爱国主义”可以取代原始的民族主义，关键只是在于如何找到一些前提条件，让自由主义的政治文化能够获得足够可靠的依据，用以保障公民认同不被民族认同所取代或凌驾。〔2〕他的解决方案是一种以交往行动理论为基础的“程序主义”，这种民主程序可以在一个多元社会中创造出一种共同的公民意识，造就一个不同于历史命运共同体的法律共同体。在后冷战时代，哈贝马斯的“宪法爱国主义”在欧洲产生了巨大的影响，甚至被认为应当成为酝酿中的欧盟宪法的指导思想，其核心在于解构和终结近四百年来推动欧洲历史发展的民族主义的神话。

自由主义与民族主义之间的复杂纠缠不是一件新鲜事物。霍布斯鲍姆指出：“我们会发现在19世纪自由主义的论述中，有关民族主义的探讨，简直含混得教人

〔1〕［德］尤尔根·哈贝马斯：《包容他者》，曹卫东译，上海人民出版社2002年，第135页。
〔2〕［德］尤尔根·哈贝马斯：《包容他者》，第138页。

吃惊。这不是因为他们考虑不周，而是因为他们不觉得民族问题值得这样大费周章，答案已经明摆在那里。因此，民族主义的讨论始终只在自由主义阵营中居于边缘地位。”〔1〕尽管霍布斯鲍姆和哈贝马斯立场不同，但却得出了类似的结论：“我想强调的毋宁是，虽然民族主义耀眼如昔，但它在历史上的重要性已逐渐西斜。……未来的历史将主要是超民族和下民族的舞台，而且不管下民族穿的是不是迷你型民族主义的戏服，旧式民族国家都不是它想扮演的角色。在未来的历史中，我们将看到民族国家和族群语言团体，如何在新兴的超民族主义重建全球的过程中，被淘汰或整合到跨国的世界体系中。”〔2〕霍布斯鲍姆甚至认为，晚近数十年勃兴的民族和民族主义研究是密纳瓦的猫头鹰即将起飞的吉兆。

与之相反，作为犹太人的以赛亚·伯林却深知民族身份认同的重要性，试图建立一种能够与民族主义兼容的自由主义理论。在《狄斯累利、马克思及对认同的追求》一文中，伯林就认为民族问题和宗教问题是马克思思想中的两大盲点。对于民族主义的来源和性质，伯林深刻地洞察到民族主义是一种受到伤害后的情绪的表达：“工业进步所需要并产生的集中化和官僚制的‘理性化’，破坏了人们过去笃信的传统等级制和社会生活秩序，这使大量的人失去了社会和情感上的安全感，导致了异化、精神失落和不断加剧的失范等显著现象，因此需要用巧妙的社会政策创造出心理上的等价物，以代替作为旧秩序基础的、已经消失的文化、政治和宗教价值。社会主义者相信，阶级的团结、被剥削者四海一家的感情，以及将会从革命中诞生的一个正义与理性社会的前景，会提供这种不可或缺的社会黏合剂；在一定程度上也确实如此。此外，一些穷人、无家可归者和被剥削者移居到了新大陆，不过对大多数人来说，填补这一空白的不是行业协会，不是政党，也不是索雷尔打算提供的革命神话，而是旧的传统纽带、语言、土地、真实的或想象的历史记忆，以及各种制度或领袖，它们的作用是使人们自视为一个共同体的观念得到落实——这些符号或代言人的力量，已经证明远比社会主义者或开明的自由派所愿意相信的更强大。这种民族乃最高权威的观念，有时被笼罩在一种神秘的或救世的狂热之中，

---

〔1〕［英］埃里克·霍布斯鲍姆：《民族与民族主义》，李金梅译，上海世纪出版集团2006年版，第22页。

〔2〕［英］埃里克·霍布斯鲍姆：《民族与民族主义》，第183页。

取代了教会、国王、法治或其他终极价值的来源，从而缓解了群体意识受到伤害所引起的痛苦，不论它是由谁造成的——入侵之敌或本地资本家，帝国主义剥削者或者矫揉造作、冷酷无情的官僚组织。”[1]

与伯林的看法相类似，本尼迪克特·安德森也认为马克思主义和自由主义的理论在解释民族主义问题时都显得苍白无力，因此，需要一种全新的研究，以便对民族主义的起源和发展做出更好的解释。安德森把民族主义视为一个想象的共同体，是18世纪末由于几股历史力量的交汇而被创造出来的。与伯林不同的是，安德森认为18世纪末和19世纪初美洲的民族解放运动，而非19世纪欧洲的民族主义运动，才是最早的民族主义。对于造就了民族主义的几股历史力量，安德森认为，宗教共同体的衰落和王朝体制的瓦解是民族主义产生的最重要历史背景。在此背景之下，资本主义的扩张加速了民族主义的发展，亚洲和非洲的民族主义，很大程度上根源于对欧洲工业资本主义全球扩张的反应。

与霍布斯鲍姆、安德森和伯林等人把民族主义的诞生划定在18世纪末不同，格林菲尔德把民族主义产生的时间提前到了16世纪的宗教改革，认为宗教改革催生了最早的一种民族认同，英格兰是第一个民族国家，这种民族认同与18世纪末，尤其是19世纪欧洲以及20世纪亚洲和非洲产生的民族主义本质上完全不同。格林菲尔德由此区分了两种不同的民族主义，即原初的民族主义和特殊主义的民族主义。“原初的现代民族观念出现于16世纪的英格兰，英格兰是世界上第一个民族……在那里发展出的个体主义的公民民族主义被其在美洲的殖民地所继承，并在后来成为美国的特征。特殊主义的民族主义直到18世纪才出现，它反映了‘民族’作为被颂扬成主权的持有者、集体效忠的主要对象和政治团结基础的‘人民’的含义与‘精英’的含义脱钩，而与某些居民的地缘政治和/或族裔特征融合在一起。上述情形产生于欧洲大陆，并从这里传播到世界各地。”[2]对于原初的民族主义，格林菲尔德尤其强调了民族与民主的内在关系：“民主是与意识到民族性同时诞生的。二者与生俱来就有着联系，不考虑这层关联，我们对它们当中的任何一个

---

[1] [英] 伯林：《反潮流：观念史论文集》，冯克利译，译林出版社2002年版，第418－419页。

[2] [美] 里亚·格林菲尔德：《民族主义：走向现代的五条道路》，王春华等译，上海三联书店2010年版，导言第14－15页。

都无法充分理解。民族主义曾是民主现身于世上的形式，民主之于民族观念，就像蝶蛹包藏于茧中。最初，民族主义作为民主体制而发展；凡是在这种初始发展的条件持续不变的地方，二者就能保持一致。但当民族主义在不同的条件下传播时，民族观念就从强调主权的特性转为强调人民的独特性，民族主义与民主原则之间那原先的一致性就不复存在。需要强调的是，这其中蕴含的意味之一，便是民主不能输入。”〔1〕

格林菲尔德的著作提醒了我们民族主义和民族认同问题的复杂性，语言的含混和历史时空的错位尤其加剧了问题的复杂性。在原初的民族主义中，宗教对民族认同的形成具有重要的作用，在特殊主义的民族主义中，民族则成了宗教的替代品。与此相关的另外一个重要问题是民族主义与民族主权国家的关系，民族主义的兴起改变了对民族主权国家的理解。在民族主义兴起之前，国家的建构先于民族的建构，在民族主义国家中，则是民族的建构先于国家的建构。事实上，在近代早期的国家形成过程中，宗教改革以及由此而来的宗教认同对国家建构具有本质性的作用，最明显的就是英格兰。在英格兰的民族认同形成过程中，新教起到了关键性的作用，英格兰被视为上帝新的选民民族，福克斯的《殉道书》是这种意识的最强有力的表达。〔2〕但是，在清教运动失败之后，英国逐渐淡化了这种新教的选民民族意识，转而强调中世纪形成的历史共同体对民族认同的重要性，相反，移居到北美新大陆的英裔美国人则延续并发扬了这种选民民族意识，以此作为身份认同的基础，美国宪法即为这种选民民族意识和身份认同的结晶。

三、选民民族与世俗国家

1620年，对英国宗教状况深感绝望的一些清教徒，开始了自己的“出埃及记”，这一新的出埃及故事在1776年达到了巅峰，宣告了一个新的选民民族的诞生。

---

〔1〕［美］里亚·格林菲尔德：《民族主义：走向现代的五条道路》，导言，第9–10页。
〔2〕对此的详尽研究参看 William Haller, *Foxe's Book of Martyrs and the Elect Nation*, London, 1963。

著名历史学家布尔斯廷曾认为马萨诸塞湾殖民地第一任总督约翰·温斯洛普在“阿贝拉号”上作的“山巅之城”布道定下了美国历史的基调，后者在这份布道中告诫前往美洲的清教徒：“上帝与我们之间的事业就屹立于此。为了这项工作，我们和他订立了契约。我们已领受了一项使命，耶和华准允我们起草自己的条款。我们已宣布要从事这些行动，要达到这样和那样的一些目的，我们于此恳求他的垂青与祝福。”〔1〕“山巅之城”布道是新英格兰清教“圣约神学”的杰出表达。与上帝订约来形成一个政治共同体和选民民族起源于《出埃及记》，但“巴比伦之囚”之后以色列人长期丧失了政治自主性，导致对圣约的理解逐渐强调宗教的而非政治的方面，只有在弥赛亚王国中，上帝的选民才重新成为一个政治共同体，以色列的12个部落得以重建，在上帝的荫护下统治世界。基督教继承并改造了这一圣约传统，以新约取代了旧约，耶稣尽管宣称自己是基督（即弥赛亚），但又认为“我的国不在这世上”，只有在耶稣的第二次复活和末世审判中，才建立起一个新的上帝国“新天新地”。在宗教改革时期，加尔文复兴了圣约神学的传统，约法成为教会组织的核心。随后，苏格兰长老派和英国独立派清教徒尤其发扬了圣约神学，在新英格兰的清教徒手中，圣约神学达到了顶峰。他们不仅用圣约来组建教会共同体，而且按圣约的模式建构政治共同体，1620年的“五月花号公约”和1639年的《康涅狄克基本法》即为其中的典范。托克维尔就告诉我们：“不要认为清教徒的虔诚仅仅是说在嘴上，也不要以为他们不谙世事的道理。正如我在上面说过的，清教的教义既是宗教学说，又是政治理论。”〔2〕

在17世纪英国内战前夕前往美洲的清教徒播下了选民民族意识的种子，查理二世复辟和光荣革命之后，英国的清教运动逐渐平息下来，而新英格兰则延续了这一选民意识和使命感，并发展出了新的表达形式，17世纪后半叶盛行于新英格兰的“耶利米哀歌”可谓美洲清教的先知书，科顿·马瑟创作于1693年至1697年间，于1702年出版的《基督在北美的辉煌》（或者称为《新英格兰教会史》），则是殖民地初期新英格兰清教精神的集大成，堪称美国版的福克斯的《殉道书》。伯

---

〔1〕［美］约翰·温斯洛普：《山巅之城》，蔡乐钊译，林国基主编：《约法传统与美国建国》，上海人民出版社2013年版，第167－168页。

〔2〕［法］托克维尔：《论美国的民主》，董果良译，商务印书馆2004年版，第38－39页。

克维奇对殖民地时期的清教精神及其对美国文化的意义进行了总结，指出："清教徒们传给美国文化的正是这种更大的美利坚幻想。这是他们的遗产：它的一个神圣一世俗符号体系（新以色列，美利坚的耶路撒冷）是为执意进步的一个民族设计的；它的一套焦虑仪式既能鼓励又能控制自由事业的能量；它关于使命的修辞含义如此广泛，适于美国的应用如此明确，以致能够促进从清教徒到扬基佬的过渡，以及从使命到明确的目的和梦想的过渡。"〔1〕

尽管18世纪的美洲也受到了欧洲启蒙运动精神的影响和感染，但选民民族意识并没有中断，只是改变了一些表达形式。18世纪30年代爱德华兹所推动的"宗教大觉醒"运动和独立战争时期的一系列论战，选民民族的身份意识和使命感都清晰可见。潘恩的《常识》和舍伍德的选举日布道《教堂飞入旷野之中》尽管表达形式不同，但都强调了美国作为新的以色列的选民身份，并对美国独立战争产生了巨大的影响。在《独立宣言》上签字的牧师领袖提摩西·德怀特创作的美国革命的史诗，标题即为《迦南的征服》。此后美国国玺的设计等事情上，这种选民意识也同样一览无遗。最后，值得提及的还有一类极为独特的文献，即美国总统的就职演说。从乔治·华盛顿开始，几乎每个总统的就职演说都会直接和间接地确认美国的选民民族身份和使命感。〔2〕选民民族意识体现了美国民族认同的独特性，不仅让我们思考民族主义的另一幅面孔，即格林菲尔德所谓的原初的民族主义，也让我们再次思考作为自由主义核心问题的政教问题。美国的政教分离问题常常让人感到困惑难解。通常认为，政教分离问题源于近代的神学—政治问题。罗马帝国衰落之后，尽管"上帝的归上帝，恺撒的归恺撒"成为了中世纪的原则，但基督教会不仅获得了精神性的权力，也获得了政治性的力量，虽然这种力量在不同时期有所不同。宗教改革之后，这一神学—政治问题获得了新的形式和内容，并在17世纪的一系列危机中达到了高潮。在英国内战和王位空缺时期，"独立派"提出了政教分离原则，霍布斯和哈林顿等作家也强烈地批判了教权主义，为政教分离原则进行

---

〔1〕［美］萨克凡·伯克维奇：《惯于赞同——美国象征建构的转化》，钱满素等译，上海译文出版社2006年版，第33－34页。

〔2〕详情参看李剑鸣编：《美利坚合众国总统就职演说全集》，陈亚丽等译，天津人民出版社1997年版。

理论辩护。查理二世复辟之后，尽管英国又回到了国教传统，但霍布斯和哈林顿的反教权主义则被斯宾诺莎和洛克等思想家所继承，在美洲大陆产生了重要的影响，与殖民地时期美国的宗教实践一起，使美国成为第一个承认政教分离的国家，宪法第一修正案即这一发展的顶点。

美国不仅是第一个政教分离的国家，而且是第一个施行成文宪法国家。在政教分离与成文宪法之间，似乎存在着一种隐秘的关系。尽管宪法这个词早已存在，而且一些作家还把美国成文宪法的传统追溯到中世纪的英国大宪章，但宪法，尤其是成文宪法却在美国获得了独特的含义，这种独特含义，就源于与政教分离问题的复杂关系。伊拉扎等学者把美国宪法追溯到犹太约法传统，把美国宪法视为“圣约神学”（covenant theology）的世俗版本。另一方面，许多学者则认为美国宪法源于“社会契约论”，尤其是洛克的契约论。但“社会契约论”与“圣约神学”之间存在着很复杂的关系，而且也远非人们通常所认为那样，“社会契约论”和“圣约神学”分别体现了世俗和宗教维度。实际上，“社会契约论”不是“圣约神学”的世俗化版本，而是“圣约神学”的一种独特发展或独特形式，尤其在霍布斯和洛克那里。“圣约神学”和“社会契约论”的重要区别在于教权主义和反教权主义，在于“圣徒的统治”和“人民的统治”，在于对“上帝国”的不同理解，而不在于“上帝的统治”和“没有上帝的统治”的区别。世俗化的问题是基督教产生之后才出现的现象，因为基督教与其他古代宗教不同，建立在精神与世俗二元对立的基础之上，信仰和教义而非仪式是基督教的核心。

近代以降，人们通常从两个角度去理解世俗化，第一种把世俗化理解为政教分离，即政治从教会中获得了解放。第二种则把世俗化理解为无神论，即政治从宗教中获得了解放。启蒙运动之后，尤其是费尔巴哈和马克思的宗教批判之后，第二种理解逐渐占了上风，以至于使得对第一种含义的理解也成了问题。只有在第一种理解的基础上，我们才能真正澄清“圣约神学”和“社会契约论”的本质及其相互关系。在美国，“圣约神学”和“社会契约论”的传统被完美地综合在成文宪法中，使成文宪法成了“神学—政治问题”的一种解决之道，在坚持政教分离的基础上建立了另一种“上帝国”。既非教会，也非政府，而是一纸宪法成了最高权威。因此，与哈贝马斯等人理解的世俗化的宪法爱国主义不同，美国宪法建立了一种全新的“上帝国”，是清教徒选民意识的另外一种表达形式，托克维尔认为清教徒既是一种宗教学说，也是一种政治理论，说的就是这个问题。

成文宪法之所以能够成为政教分离这一神学—政治问题的解决方式，乃是因为成文宪法自身也蕴含着深刻而独特的神学—政治问题，笔者曾在《罗马与耶路撒冷：美国宪法的神学—政治问题》一文中对此问题做过详细的分析。〔1〕尽管成文宪法，乃至宪法这一观念在随后的历史中发生了变形，甚至脱离了共和的语境，产生了君主立宪制这样的事物，也逐渐淡忘了政教分离的神学—政治背景，成了一种纯粹世俗化的制度设计。但我们只有重新回到成文宪法与共和国的原初联系，尤其是成文宪法和共和国诞生时面临的神学—政治问题，才能理解成文宪法的真正含义，以及美国共和主义的独特品质，这种品质使得美国的共和主义与古希腊罗马及文艺复兴时期意大利城市的共和主义区分了开来。

四、一个危险的国家？

罗伯特·卡根告诉我们，尽管美国人常常沉浸在华盛顿告别演说和门罗主义所主张的孤立主义的自我想象中，“然而，17 世纪、18 世纪和 19 世纪的人们却并不是这样来看美国人的。在北美大陆、在西半球、在欧洲，那里的民族和国家，出于各种各样的原因将美国人视为危险的。首要的原因，是他们的侵略性和看来似乎对领土和支配性影响力不知餍足的欲望……但是，侵略性的领土扩张主义并非造成年轻的美利坚合众国在他人的眼中显得危险的唯一特质。美国革命性的意识形态及其附带的似乎要吞噬掉其所触及的一切文化的自由主义和商业社会所构成的危险，如果不是甚至比前者更令人担忧，那也是与之旗鼓相当的。”〔2〕但是，与随后不久发生的法国大革命相比，美国革命的创造性和危险性常常被低估。低估的最根本原因或许在于，与法国大革命的动荡和暴烈相比，美国革命显得温和和保守许多。因此，人们总是喜欢强调美国革命和法国大革命的差异性。

〔1〕 参看林国基主编：《约法传统与美国建国》，第 1－69 页。
〔2〕 ［美］罗伯特·卡根：《危险的国家》，袁胜育等译，社会科学文献出版社 2011 年版，第 2 页。

然而，美国革命之所以显得温和而法国大革命显得暴烈，原因不在于美国没有社会革命，而是如耶利内克所观察到的那样："美国各州已经将其权利法案发展为有序共同体，在那里从没有任何人抱怨说这些提案导致国家分裂。因此，法国在《人权宣言》之后出现的种种无序状态，不可能只是由其条文表述单独造成的。毋宁说它们表明，过于草率地采用外国制度可能存在多么大的危险！也就是说，1776年的美国人在其存在已久的基础上进行添砖加瓦。而另一方面，法国人毁掉了其国家结构的所有根基。这在一种情况下是统一过程中的一个因素，在另一种情况下却成为进一步分裂的原因之一。"〔1〕耶利内克还深刻地认识到，美国各州的这些权利法案根源于清教运动。追随托克维尔，耶利内克也认为新英格兰的清教不仅是一种教会理论，也是一种政治理论。事实上，法国大革命几乎可以理解为流产了的法国宗教改革的迟来的报复，只不过经过了18世纪启蒙运动精神的洗礼后，革命的神学政治被淡忘了。尽管也受到18世纪启蒙运动的熏染，但美国革命延续了此前清教革命的精神底色。对此，伯克维奇道出了实情："革命意味着救赎计划的展开。它要求在一致中求得进步，从一代人到另一代人的合法接续。美国清教父辈们所开拓的基业，他们的儿孙一定要接着完成——这是契约和惯例所规定的。独立战争标志着美国准备已久的走向民族性的神谕之路。"〔2〕

只有了解到美国宪法与清教革命的这一深层联系，才能理解美国宪法爱国主义所隐藏的实质主义诉求，以及这一诉求与文化多元主义的张力。在自由主义的背后隐藏着一副绝对主义的面孔，自由主义民主绝不仅仅是一种程序性和形式性的多数决定。由于对此没有充分的理解，魏玛共和国付出了惨重的代价，被纳粹以"合法"的方式所颠覆；林肯则清醒地认识到这一问题并做出了不同的选择，从而拯救了年轻的合众国。自19世纪中叶以来，中国也被迫卷入到由西方开启的现代性冒险历程中来，这一历程到现在也没有终结。在这个过程中，民族主义成为救亡图存、克服焦虑和建构认同的良药。列文森认为："近代中国思想史的大部分时期，是一个使'天下'成为'国家'的过程……当文化至上论绝望地退出历史舞台的

---

〔1〕［德］格奥尔格·耶利内克：《人权与公民权利宣言——现代宪政史上的一大贡献》，钟云龙译，中国政法大学出版社2012年版，第34页。

〔2〕［美］萨克凡·伯克维奇：《惯于赞同——美国象征建构的转化》，第36页。

时候，民族主义就占据了中国人的心灵。”[1]但是，作为一个格林菲尔德所谓的特殊主义的民族国家，仍然必须面对由英美这样原初的民族国家开创和主导的世界秩序。因此，透彻地理解原初的民族国家的本质和目标仍是一件极为重要乃至生死攸关的任务，因为一旦无可逆转地卷入到世界体系和世界历史之中，对主导国家或霸权国家的理解就与自我认同和建构不可分离地纠缠在了一起。从某种意义上说，未来的世界和平与战争取决于这种相互的理解和认同是否能够步调一致，任何的误解很可能都是灾难性的。

---

〔1〕［美］约瑟夫·列文森：《儒教中国及其现代命运》，郑大华等译，广西师范大学出版社2009年版，第84－85页。

苏格兰“民族”建构与1707年议会联合

戴鹏飞*

［内容提要］

2014年苏格兰举行独立公投，其远因就是1707年英格兰与苏格兰的议会联合。这次议会联合对于18--19世纪英国国家形态的形成具有重要的意义。通过分析1603年英格兰与苏格兰王室联合之前苏格兰民族认同的形成过程，及其同1707年议会联合的关系，可以认为，1603年之前英格兰与苏格兰之间的关系上有四个阶段即王国的雏形时期、封建化时期、独立战争时期以及新教改革时期对苏格兰“民族”性格的形成有重要的影响。而对于1707年的议会联合而言，“光荣革命”在两国的相继发生以及随后议会主权原则的确立对于英格兰与苏格兰议会联合的成功是重要的前提条件。20世纪以来，随着不列颠帝国的逐渐解体，苏格兰民族主义逐渐兴起，以至于当下谋求脱离英国独立。

［关键词］

民族认同　议会主权　议会联合　民族主义　苏格兰

---

* 戴鹏飞，西南政法大学行政法学院讲师，法学博士。

一、苏格兰民族认同的形成

当浪漫的民族主义在19世纪欧洲大陆如火如荼地发展时，苏格兰民族似乎已经消融进不列颠浩大的帝国事业之中。如果说彼时苏格兰人放弃了自己的过去，那么，当帝国事业走向衰微，甚至连曾经凝聚着这个帝国的“辉格派”政治史撰也遭受到了怀疑，关于民族历史的叙事便又重新悄然崛起。在1603年王室联合之前，苏格兰历史有四个重要的阶段，塑造着苏格兰独特的民族性格。

苏格兰最早的居民是皮克特人。他们是原先占据爱尔兰的凯尔特人一支，后来跨海而来到苏格兰，成为斯科特人（Scots）。[1]罗马人的征服与统治使不列颠岛处于罗马文明的一部分，但罗马的统治主要地及于不列颠东南部地区，北部地区并未真正地处在罗马的统治之下。罗马人将不列颠北部的居民不加区别地称作“喀勒多尼亚”。这些不羁的喀勒多尼亚人不停地侵袭罗马不列颠。罗马帝国衰落后，爱尔兰的凯尔特人以及不列颠北部皮克特人、斯科特人侵入了不列颠南部。不列颠人无力抵御蛮族的侵扰，他们召请日耳曼的撒克逊人对付蛮族。9世纪初，北方维京人侵入奥克尼和设得兰，并在北部高地定居。因此，在整个中世纪，苏格兰高地与低地地区的区别实际上是斯堪的纳维亚人与盖尔人之间的区别。[2]盎格鲁—撒克逊人以及维京丹麦人的入侵导致的直接后果是皮克特人与斯科特人的联合，这为“苏格兰王国”的形成提供了契机。公元844年，达尔里亚达的斯科特人的国王肯尼斯·麦克阿尔平继承了皮克特王国的王位，因此，斯科特王国（Scot-land）的名字就成了整个国家的名字。[3]

11世纪诺曼的威廉将欧洲大陆的封建制度引进了英格兰。英格兰的封建化具有与众不同的特点，它在权力分封的同时具有集权的特点，封建化的同时能够确保

---

〔1〕 可参阅［爱］艾德蒙·柯蒂斯：《爱尔兰史》，江苏师范学院翻译组译，江苏人民出版社1974年版；［美］克里斯托弗·斯奈德：《不列颠人：传说和历史》，范勇鹏译，北京大学出版社2009年版。

〔2〕 Robert. Rait, *The Making of the Nations*: *Scotland*, pp. 7–11.

〔3〕 有关历史叙述参阅 Robert. Rait, *The Making of the Nations*: *Scotland* 以及 William Ferguson, *Scotland's Relations* 的相关论述。参阅 William Ferguson, *Scotland's Relations*, p. 10。

了较为稳固的王权。[1]诺曼征服后，英格兰撒克逊世系的继承人埃德加和他的两个妹妹逃往苏格兰国王马尔科姆·康默尔处寻求避难。康默尔娶了埃德加的妹妹玛格丽特为妻。玛格丽特王后改革了苏格兰的宫廷，并引入罗马教会的体制改革古老的凯尔特基督教（Culdees）。苏格兰的盎格鲁化在大卫一世时期取得更大的进展。大卫一世推崇罗马教会体制，努力扩展主教制度，摧毁了原始的凯尔特基督教体制。更重要的是，大卫一世效仿英格兰诺曼君主将土地封授给追随自己的主要贵族，以此在苏格兰建立起封建体系。同时，大卫一世也对苏格兰宫廷进行改造，引进了英格兰诺曼君主所采用的枢密院，以及强化了同样从英格兰引进的官僚制度，使各个重要官职成为世袭官职。他的改革在苏格兰确立了以盎格鲁—诺曼贵族与骑士为主体的统治秩序。自大卫一世起，苏格兰系统的封建化持续了两百多年。

苏格兰封建化的过程在很大程度上是盎格鲁化的过程，甚至许多苏格兰本土贵族在这一过程中也不得不采取诺曼贵族的生活与行为方式。但是，苏格兰封建化也是极其不充分的。这首先体现在苏格兰的王权始终是十分衰落的，带有更多部落首领的特色；其次即便到相当晚近，苏格兰的体制仍然具有许多部落的特征。苏格兰的封建化远不如英格兰的成功，这点也使得苏格兰从封建王国向主权国家的过渡变得异常艰难。爱德华一世极力以封建宗主权的名义征服苏格兰，而贵族林立的苏格兰根本无力抵抗。经过独立战争之后，苏格兰民族情感都围绕着对爱德华一世以及英格兰的仇视为核心逐渐产生。[2]苏格兰王权承担了保卫苏格兰民族独立这一重任，王权的力量同苏格兰的民族独立相互联合。

更重要的是，爱德华一世的政策间接地催生了一部反映苏格兰“民族”独特性的“历史”。在爱德华一世向苏格兰主张封建宗主权的过程中，蒙茅斯的杰弗里的《不列颠诸王史》起到了重要的作用。杰弗里写道，不列颠岛的第一位国王布鲁图斯将不列颠岛分给了他的三个儿子，长子继承了罗格里亚，次子得到威尔士，幼子分得苏格兰。因此，在爱德华一世看来，作为长子的后嗣，英格兰有权对苏格兰行使封建宗主权。为了对抗爱德华一世不断高举的“帝国”旗帜，苏格兰人相

---

〔1〕［英］梅特兰：《英格兰宪政史》，第142页；［比］范·卡内冈：《英国普通法的诞生》，第9页。
〔2〕 William Ferguson, *Scotland's Relations*, p. 26.

应地也“发明”了他们自己的“古典历史”。在14世纪七八十年代，苏格兰人富顿的约翰创作了一部苏格兰人的史诗《苏格兰民族纪事》。富顿的约翰把苏格兰人的历史追溯到一个叫盖瑟罗斯（Gathelos）的古希腊王子。他和埃及法老女儿斯珂塔（Scota）私奔，穿过地中海，来到了西班牙。他们的后代又通过爱尔兰最终来到了苏格兰，并于公元前330年创立了苏格兰王国。苏格兰人为自己创造的这段民族历史，无疑和杰弗里一样无稽。然而，正是这份臆造的“历史”长久以来为“想象的共同体”提供了智识源头。

到中世纪晚期，英格兰与苏格兰政制上的最重要差别在于苏格兰的王权弱小。各个大贵族都是各自领地内的诸侯，他们和各自的附庸控制着地方政府。苏格兰的政治动荡也主要在于王权软弱不堪，这种缺陷在国王年幼无法亲政时尤其突出，例如詹姆斯五世与玛丽女王年幼时苏格兰贵族施行的各种内外勾结的阴谋。英格兰由于诺曼征服和亨利二世时期的改革而一劳永逸地解决了的巩固王权的问题，苏格兰直到詹姆斯六世（即英格兰的詹姆斯一世）时才有机会试图解决。苏格兰的新教亦是在这种大背景之下发芽生根，因此它比英格兰王室领导下的宗教改革表现出更加极端的特点。苏格兰王室必须依赖法国的支持以对抗英格兰国王，而法国是一个天主教国家，这就导致苏格兰国王不可能具有彻底改革教会的动力，教会改革的重任也落入了苏格兰贵族的手中，并脱离了王室掌控。而支持宗教革新的是苏格兰的贵族，他们与其说是对新宗教的纯洁性感兴趣，不如说是觊觎教会地产，这导致王室政府与底层社会的分离。王室政府试图发展某种类似于法国的绝对君主制，而底层社会则被长老会所控制。

16世纪中后期，英格兰与苏格兰都已经致力于宗教改革，在英格兰，宗教改革开始得比苏格兰早，并且整个进程始终由王室主导和掌控。詹姆斯六世试图模仿英格兰王室主导宗教改革的做法。然而，詹姆斯的努力来得太迟，在苏格兰，长老会已经茁壮成长，它所要求的已经不仅仅是宗教改革，而是政治革命。斯图亚特王朝入主英格兰后，宗教上的斗争引发的政治革命开始在整个不列颠岛蔓延。詹姆斯的努力开启了不列颠“17世纪的危机”，并带来了政治上一系列的混乱。斯图亚特王朝政治上的失误尤其是查理一世在主教问题上的错误，使得并没有多少亲缘性的英格兰新教与苏格兰长老会拥有了联手的可能性。这些导致了王室的失败，无论是丢了性命的查理一世还是被废黜的詹姆斯二世。

如果说《苏格兰民族纪事》是塑造了苏格兰民族意识的“古典历史”，那么乔治·布坎南的历史著作在新教的语境下，则将苏格兰民族认同提升到“天启”的高度。从此，苏格兰人不再和埃及有什么关系，相反，他们成了上帝的选民。这样，苏格兰人的民族认同就从“古典历史”转向了“天意历史”。正是乔治·布坎南的作品从根本上塑造了苏格兰长老会的精神气质。

二、1707年议会联合

与苏格兰民族认同的形成不同，英格兰民族性或者说民族认同的形成主要体现在它对自身政治形态的认同，即英格兰人对辉格—哥特传统的认同。这种认同在不同时期被赋予了不同的政治理论修辞，例如福蒂斯丘的“王室且政治”的英国例外论，以及爱德华·柯克对于无法追忆其源头的英格兰普通法和宪政体制崇拜。甚至到19世纪80年代，戴雪依然试图用“议会主权”来呼唤起英国人立基于自由的爱国精神。这些都成为英格兰民族认同最重要的体现，并且深深地化入了英格兰日常生活与寻常政治之中，成为英语民族固有的、高贵的生活方式。

17世纪的不列颠始于英格兰与苏格兰的王室联合。1604年，詹姆斯一世在其继承英格兰王位之初就提出英格兰与苏格兰议会联合的建议，但遭到了英格兰议会的抵制。而在“清教革命”期间，苏格兰长老会试图向英格兰输出革命，将长老会的宗教、政治体制强加给英格兰，用“庄严联盟与约法”的形式统一不列颠岛，但未能成功。最后是1707年的议会联合。这三次联合代表了看待不列颠国家形式的三种不同视角：首先是王室主导下的不列颠帝国的视角；其次是苏格兰长老会的视角；最后是议会所代表的哥特视角。在苏格兰人看来，1707年英格兰与苏格兰的议会联合也正是英格兰议会所代表的辉格—哥特传统战胜了神圣王权，更战胜了长老会帝国主义的必然结果。

对于1707年议会联合的成功而言，1689年发生的“光荣革命”异常重要。1688年6月30日，七位英格兰贵族签署了邀请威廉入主英格兰的邀请信。1689年1月28日，议会下院做出决议：“国王詹姆斯二世在耶稣会士和邪恶之人的引诱下，一直以来都试图通过破坏国王与人民之间的原初契约，推翻王国的宪制，违背根本性的法律。因此他已经弃位，并且王位因而空缺。”[1]下院这份重要决议的措施引起了上院中托利党人的争论与质疑。质疑主要集中在三点：原初契约、弃位和王位空缺。托利党人认为历史上从未存在过所谓原初契约，原初契约只是辉格党人的修辞与想象。托利党人认为，“弃位”一词含有剥夺王位的含义，应当改换成“抛弃”。最后，根据托利党人王位继承权不可侵犯的原则，王位并未出现空缺，王位仍然应当属于詹姆斯二世所有。[2]在辉格党人在两院中占优势的情况下，下院提交的这份决议最终获得了两院的通过。

同这次讨论密切关联的是议会之后关于王位安排的讨论。按照辉格党人的观念，辉格党可以不顾王位继承权的要求，将王位直接交由威廉。[3]下院这样做导致的后果就是直接否认了严格意义上的王位继承权，开了由议会拥立国王的先河。这无疑是对议会中托利党人原则的挑战。按照托利党人的原则，王位继承权是神圣的，因此，王位并没有空缺，对于王位安排，他们提出了由威廉摄政的要求。[4]在这种僵局下，最后由丹比伯爵提出将威廉和玛丽共同宣布为国王和女王，由他们联合执政。议会关于詹姆斯出逃后政治体制的决议以及关于王位安排的争论都说明，这次革命不可能是辉格党一方大获全胜的成果，而只能是辉格党与托利党相互妥协的结果。威廉登陆英格兰使英格兰避免了再次走向内战的深渊，因而保卫了英格兰的王权，使其免遭已经空前发展的革命气氛可能最终导致的革命的伤害。在1688年革命的气氛已经相当浓烈，全国官员以及军中人士都有许多不满与焦躁不安，全国也爆发了许多次的反天主教暴乱以及抗议。英格兰已经处在革命的边缘。尽管辉格党人与托利党人对于革命都有不同理解，不过“他们都一致认为，议会

---

〔1〕 Tim Harris, *Revolution*, p. 324; George Moore, *The History of the British Revolution of* 1688 – 89, London: Longman Press, p. 245.

〔2〕 George Moore , *The History of the British Revolution*, pp. 245 – 253; Maurice Ashley, *The Glorious Revolution*, pp. 182 – 183.

〔3〕 Lois G. Schwoerer, "Locke, Lockean Ideas, and the Glorious Revolution", *Journal of the History of Ideas*, Vol. 51, No. 4, pp. 531 – 548.

〔4〕 George Moore, *The History of the British Revolution of* 1688 – 89, pp. 257 – 260; Maurice Ashley, *The Glorious Revolution*, p. 183.

应当成为统治阶层意见得以最佳表达的舞台。”[1]

1688年，威廉的登陆又确实带来了英格兰政制上的一次革新，这就是议会主权的最终实现。英格兰议会以回归“古老宪制”的名义抛弃了绝对王权，确立了传统的“王在议会”的议会主权体制，建立了君主立宪体制。光荣革命在宪制上的成果集中体现在《权利宣言》和《权利法案》之中。后者将前者中的大部分条文变成了法律，它限制了许多重要的王室特权，奠定了议会主权的基础。[2]在议会与国王为主权而展开的长达一个世纪的斗争中，议会最终取得了决定性的胜利。“议会拥立了一位国王，确定了其权限，并为其最高权威设定了范围。议会赢得了为主权而进行的斗争。但是，在议会取得这辉煌胜利的时刻，它的胜利果实却被包裹在历史悠久的古老宪制的语言之下，仿佛它确实理当如此似的。”[3]

如果说在英格兰光荣革命是一场通过辉格党和托利党的妥协而完成的保守革命，那么它在苏格兰导致的后果就要更加激进得多。[4]苏格兰只存在激进的领导革命的辉格党与长老会，以及站在革命对立面的詹姆斯党人，而缺乏一股基础广泛的中间力量——这个力量在英格兰体现为宗教上坚持国教、政治上坚持“古老宪制”的团体。苏格兰本身既缺乏议会的传统，主教制又处于边缘地位。因此，在面对詹姆斯出逃这样的事件时，苏格兰所能做的只有从英格兰输入革命。[5]在苏格兰，辉格党几乎成了革命唯一的领导者，詹姆斯被认为由于推行专断与独裁政府而被剥夺了王位，而不是弃位。苏格兰的革命成果体现在1689年苏格兰召开的“无君议会”通过的《权利声明》与《冤情陈述》。这两份宪法性文件奠定了苏格兰革命的宪制基础。《权利声明》规定了一系列重要的宪政原则，包括罗马天主教徒不得继承王位、不得担任公职；议会应当经常性召开并享有言论与论辩自由；人

---

[1] Maurice Ashley, *The Glorious Revolution*, p. 176.

[2] Jeffrey Goldsworthy, *The Sovereignty of Parliament: History and Theory*, London: Clarendon Press, 2001, p. 159.

[3] Joyce Malcolm, ed., *The Struggle for Sovereignty: Seventeenth—century English Political Tracts*, vol. II, Indianapolis: Liberty Fund, 1999, p. 31.

[4] 关于光荣革命在苏格兰展开的情况可参阅 Robert Barnes, “Scotland and the Glorious Revolution of 1688”, *Albion: A Quarterly Journal Concerned with British Studies*, Vol. 3, No. 3, pp. 116－127。

[5] Rait, *The Making of the Nations: Scotland*, p. 276.

民有权向国王与议会请愿。王室特权不能逾越法律，并且主教制是“对苏格兰民族最严重的伤害，有悖于自宗教改革以来苏格兰人民形成的善良情感，因此应当被废除”。〔1〕《权利声明》还确立了苏格兰王权的契约性质，它认为詹姆斯七世没有遵守法律所要求的誓言，侵犯了苏格兰王国的根本宪制，并且将王权从受法律限制的有限君主变成了专制独裁的王权，因此詹姆斯七世便被剥夺了王权。〔2〕《冤情陈述》要求废除王室借以控制议会的立法委员会，并在1690年被废除。根据《权利声明》和《冤情陈述》，苏格兰将王位联合授予威廉和玛丽。

革命限制了王权，确立了议会的主权地位，这样才使议会联合的建议不会遭受到来自议会的反对，议会不必像1604年反对詹姆斯一世时那样，他们不再担心国王借议会联合加强自身的权力，危害英国的宪政体制。然而，议会主权的确立只是议会联合成功的前提条件之一。对英格兰与苏格兰最终不得不走向议会联合起到催化作用的是光荣革命后英格兰与苏格兰两国关系间爆发的危机。苏格兰人过于轻易地承认了英格兰人发动的废黜詹姆斯二世的“光荣革命”，并追随“光荣革命”的脚步，承认英格兰人邀请而来的威廉国王也是苏格兰的国王。这些为革命后苏格兰王国在同英格兰王国斗争的失败埋下了伏笔。1695年，依照苏格兰议会的法案，苏格兰人成立了“苏格兰非洲与印度公司”。这家公司的第一项计划就是试图在中美洲的达里安地区建立一个苏格兰人的殖民地，并利用其优越的地理位置垄断美洲与欧洲的贸易。英格兰东印度公司强烈地反对苏格兰人的达里安计划，公司的下院议员向威廉国王强烈抗议苏格兰议会的做法。威廉离不开议会的支持，因此不能违背英格兰议会的意愿。英格兰议会中代表东印度公司利益的议员迫使英格兰以及大陆投资者收回投入到苏格兰非洲公司中的资本。〔3〕同时，当西班牙军队进攻苏格兰人的达里安殖民地时，威廉也没有派出军队支持苏格兰人，并禁止英格兰人的殖民地对苏格兰人伸出援手。威廉这样做是出于外交政策上的考虑。由于西班牙王位继承问题在即，威廉需要西班牙人在他同法国的斗争中支持自己，他只能抛弃了苏

〔1〕 Rait, *The Making of the Nations*: *Scotland*, p. 277.

〔2〕 关于《权利声明》对苏格兰宪制的改变可参阅 William Ferguson, *Scotland's Relations*, p. 172。

〔3〕 资本募集以及具体的殖民过程，参见［英］戴雪：《思索英格兰与苏格兰的联合》，戴鹏飞译，未刊打印稿，第42-43页；James Mackinnon, *The Union of England and Scotland*, pp. 30-43.

格兰人的计划。因此，苏格兰的殖民事业就由于英格兰的商业利益以及威廉自身的外交政策而被牺牲掉了。

在苏格兰人看来，威廉与英格兰要为苏格兰人的失败负责。达里安计划的失败证明威廉为了英格兰人的利益而牺牲苏格兰人的利益。达里安事件对两国之间的关系造成了不可愈合的裂痕。苏格兰议会以及民意将怒火发泄到威廉国王身上。威廉国王几乎就像詹姆斯二世一样不受人欢迎，苏格兰人甚至威胁不再拥戴威廉为国王，并终止王室的联合。更加严重的是，法国国王路易十四时刻都在关注着苏格兰人对威廉的不满，并试图加以利用，扶持詹姆斯复辟。[1]这意味着，正在与法国进行交战的英格兰如果不适当地解决"苏格兰问题"，那么苏格兰很有可能将倒向法国，成为绝对主义政权侵害英格兰自由政体的跳板。

面对这种危机，处于统治末年的威廉向议会提出了两国议会联合的建议。然而，未及国王的建议得到适当的讨论与实施，威廉就驾崩了。安妮继位后，更大的危机将考验英格兰与苏格兰两国的关系。1700 年安妮最后一个孩子夭折之后，英格兰议会已经通过 1701 年的《王位继承法》将英格兰王位的继承权授予了汉诺威的索菲亚公主或者她亲生的信奉新教的子嗣。但是，英格兰议会在确立王位继承权时并未获得苏格兰议会的同意，这部法律对苏格兰王位的继承没做任何规定。而在王室联合下，任何单方面对王位继承权的确定都有可能导致王室联合的终止。在 1701 年苏格兰人吸取了教训，再没有让决定王位继承的权利轻易地从自己手中溜走。苏格兰议会通过《王国安全法案》以及《战争与和平法》逼迫英格兰人向他们让步。《王国安全法案》的目的就是要迫使政府要么将两国关系调整到令苏格兰人满意的程度，要么在安妮女王驾崩之后，王室联合解体，苏格兰成为独立自主的国家。以辉格党"革命原则"为理论基础的"革命政权"在实际上丝毫不具有辉格特征，苏格兰议会被"革命政权"控制了长达 14 年之久，革命原则也沦为宫廷党人统治的借口。1703 年，苏格兰经历了"二次革命"，新一届的议会通过的这两部法案自光荣革命以来又一次地革了宫廷党人的命。在某种程度上，《王国安全法》可以说是苏格兰的"独立宣言"。

---

〔1〕 William Ferguson, *Scotland's Relations*, p. 179.

针对苏格兰议会的两部法案，英格兰议会做出了全面的反击。英格兰议会很快通过了一部所谓“外国人法案”，并在1705年3月14日获得王室批准。这部法案的全称是《为有效地保证英格兰王国免遭苏格兰议会最近所通过的若干法案所带来的明显危险而制定的法案》[1]这是一部极其明智的法案。因为它一方面制定了反制苏格兰议会立法的措施，另一方面，它又为更加彻底地解决苏格兰问题提供了可选择的道路。首先，这部法案规定，自1705年12月25日起，所有苏格兰人除了少数人之外，都应当被视为并非生而效忠于英格兰女王的外国人，直到苏格兰议会通过法案确定安妮女王无嗣而终后，继承苏格兰王位的人有权按照1701年的《王位继承法》（即汉诺威的女选举人索菲亚，或者她亲生的新教子嗣）继承英格兰王位为止。并且，外国人法案进一步规定，自1705年12月25日起，苏格兰与英格兰的贸易在许多最重要的事项上都将受到法律处罚的限制，直到苏格兰议会通过了上述关于苏格兰王位继承的法案。

其次，这部法案为苏格兰议会同英格兰议会的联合谈判提供了机会。法案授权女王任命就两国联合进行谈判的委员。女王行使这项权力的条件是，苏格兰王国通过法案正式任命了苏格兰委员。[2]苏格兰的《战争与和平法》以及《安全法案》表明，在英苏关系的冲突中苏格兰更倾向于重建独立的苏格兰国家。并且，只要苏格兰王位继承问题没有确定，他们就拥有打破王室联合、建立独立国家的合法手段。然而，在当时的国际环境下，苏格兰独立便意味着不列颠北部与南部之间内战的爆发，而苏格兰又能够得到法国的支持，并能够通过同英格兰的詹姆斯党人结盟而获得支持。这些对1689年的革命成果与新教安全都将是最致命的威胁。英格兰议会的《外国人法案》意在从经济与贸易上迫使苏格兰人屈服，并提供了一条和解的道路。这是英苏关系史上最严重的危机，而1707年两国议会的联合也从这一危机中孕育而生。

面对这些危机，英格兰议会唯一能做的就是调整两国关系，而彻底的办法就是用英格兰议会吸收苏格兰议会。因为，苏格兰议会是苏格兰对英格兰表达不满的主

---

〔1〕［英］戴雪：《思索英格兰与苏格兰的联合》，第48页。
〔2〕［英］戴雪：《思索英格兰与苏格兰的联合》，第48-49页。

要源头。同时，英格兰必须付出最重大的代价就是殖民地贸易必须同苏格兰人分享。从此，《航海条例》不再针对苏格兰商人。经过双方艰难的谈判，1707年《联合法案》终于在两国议会获得通过。双方谈判的主要议题集中在在新的议会中苏格兰议席分配，以及苏格兰将享受到的贸易权力方面。《联合条约》的内容也反应出了谈判的内容，它大致由三个部分组成：关于宪政制度的安排、关于经贸税收方面的规定以及关于保留苏格兰法律制度的条文。条约第1—3条以及第22—23条对联合之后的宪政制度做了安排。第1条规定两国联合成统一的大不列颠联合王国；第2条对安妮女王殁后联合王国的王位继承权做出规定；第3条规定联合王国由同一个议会即大不列颠议会代表。第22—23条规定对苏格兰的议员名额以及上院中的苏格兰议员的权利做了规定。戴雪认为，通过议会的联合，苏格兰的立法权力以及最终的执行权由苏格兰议会转交给大不列颠议会；苏格兰议会长久以来无论在理论上还是事实上都从未成为至高无上的主权机关；而大不列颠议会继承了议会最高主权的传统以及议会主权的立法实践。[1]因此，事实上通过议会的联合，英格兰最终将苏格兰纳入了议会主权的传统之内。

通过1707年的联合，詹姆斯一世曾经梦想但从未实现的大不列颠统一的国家形态在法律上得以实现。虽然苏格兰议会从未像哥特传统下的英格兰议会一样拥有长久的独立地位，是人民自由的象征，但自从苏格兰追随英格兰光荣革命的脚步，尤其是18世纪初以来，苏格兰议会已经变得越来越独立自主。对于英格兰而言，通过1707年的议会联合，它事实上消灭了苏格兰议会，成功地解决了边疆地区对英格兰宪政体制带来的压力。因此，不列颠岛就能采取统一的经济、外交政策，避免英苏两国内部的摩擦，也避免了苏格兰在经济与政治上成为荷兰、法国等国家侵入英格兰的后门。对于苏格兰而言，联合不可避免将切断同法国、荷兰的密切联系，但同时为苏格兰商人打开了英格兰及其殖民地这一巨大的市场。可以说，议会联合以及自由贸易的实现是18世纪苏格兰繁荣的主要前提，也是亚当·斯密倡导的自由贸易最有利例证。英格兰与苏格兰的联合为18世纪不列颠帝国的扩张与成长奠定了基础。对此历史学家评价道：“其他的帝国无不从血腥的战场和无度的暴

---

〔1〕［英］戴雪：《思索英格兰与苏格兰的联合》，第68页。

力中诞生。而联合王国却完全可以自夸有着更加高贵的起源，它是和平谈判精神的胜利——这种精神战胜了自私的政策和空洞的爱国主义。”〔1〕宪法学家戴雪则认为1707年的联合堪比美利坚合众国的联邦立宪。〔2〕议会联合成功之后，苏格兰人精神被从长老会狂热的宗教激情中解放出来，投身到贸易与工业化的大潮之中。可以说，近现代所有苏格兰人值得全世界尊重的贡献都是在联合之后的岁月中创造出来的，并且，苏格兰本身也在这段历程中逐步摆脱了贫穷与落后的面貌，格拉斯哥、爱丁堡等城市从破旧的小镇一举而发展成著名的大城市，成为不列颠国家中的工商业重镇。

三、“分裂之家之危机”

在不列颠帝国事业蒸蒸日上之时，议会联合是一项双赢的事业；在其衰落之后，民族主义运动开始正式兴起。20世纪20年代，苏格兰民族主义运动开始兴起与发展，对当代英国政治产生了重要影响。其发展历程可分为四个阶段。〔3〕

第一阶段，即20世纪20—50年代，是苏格兰民族主义运动的兴起时期。1928年苏格兰民族主义者成立了苏格兰民族党，1934年该党和苏格兰党合并组建了新的苏格兰民族党。〔4〕但民族党的直接政治目标并非苏格兰独立，而是要求建立苏格兰地方议会。第二阶段，即20世纪60—70年代，苏格兰民族主义运动进一步发展。从20世纪50年代末开始，民族主义者在选举中不断取得进展。在1962年6月的西洛锡安补选中，民族党获得了总数23%的选票，表明民族主义者已经成长为一支重要的政治力量。第三阶段，即20世纪80—90年代中期，苏格兰民族主义运动受到一定的挫折。撒切尔执政的保守党政府始终反对向苏格兰放权，而在野党则一直支持民族主义运动，为苏格兰独立议会的重开创造了条件。20世纪80年代对苏格兰民族主义者来说是黑暗的时期，苏格兰民族主义一度受到打压。撒切尔政

〔1〕 William Ferguson, *Scotland's Relations*, p. 238.

〔2〕 ［英］戴雪：《思索英格兰与苏格兰的联合》，第59页。

〔3〕 参见王磊：《当代苏格兰民族主义运动探析》，《世界民族》2011年第5期。

〔4〕 参见许二斌：《苏格兰独立问题的由来》，《世界民族》2014年第4期。

府明确反对立法放权，强调在现行的联合王国框架下关注苏格兰的利益，而不考虑民族主义者的放权要求。第四阶段，即1997年工党执政以来至今，是所谓权力下放时期。所谓权力下放，即将一部分原属于联合王国议会与政府的权力下放给独立的苏格兰议会。布莱尔当选工党领袖后，兑现了工党的放权承诺。1997年大选，工党赢得了议会的绝对多数，而且在各地区都拥有多数席位。从苏格兰民族主义运动发展的角度看，1997年大选具有划时代的意义，放权成了可以实现的目标。2014年，在苏格兰独立战争胜利700周年的日子，在民族党党首萨尔蒙德的倡议下，苏格兰举行了独立公投，但投票结果，苏格兰人选择继续留在联合王国之内。

从苏格兰民族主义运动的发展阶段来看，其发展的原因主要有三点：

最重要的原因是经济上的。正如苏格兰人当初同意1707年议会联合的根本目的是为了分享英格兰人开创的殖民地利益一样，民族主义的发展也有其深刻的经济根源。在苏格兰民族主义运动中，20世纪70年代北海油田的发现给了民族主义者极大的经济独立的信心。随着北海地区石油的发现，苏格兰民族党又打出了苏格兰的石油的竞选口号，号称北海石油能使苏格兰摆脱经济上的困境。如果苏格兰独享巨额的石油收入，苏格兰的社会福利、工业和文化生活的复兴都能依靠石油而实现。可见，石油经济在一定程度上推动了苏格兰民族主义运动的发展。

其次，苏格兰民族主义运动在党派利益的驱动下发展。[1]在英国议会中，政党往往为了获得选民的支持，废弃政党原先的政策，转而支持民族主义政策。政党支持民族主义运动、支持放权更多的是出于选举的需要，基于策略的考虑，而不是出自既定的政治原则，没有哪种民族主义原则是他们必须永恒遵守的信条。

第三，欧洲一体化进程降低了苏格兰独立的门槛，减少了独立可能带来的冲击。欧洲一体化的发展使不列颠联合王国对于苏格兰的吸引力在不断下降。而英格兰主导下的欧洲政策仍然坚持其一贯的孤立主义立场，这点引起苏格兰的不满。无论在政治、法律、文化传统上，还是出于利益考虑，苏格兰都更愿意同欧洲大陆保持更加密切的接触。

然而，民族主义运动所诉诸的各种“民族神话”并未开创出足以抗衡“辉

---

〔1〕 参见许二斌：《苏格兰独立问题的由来》，《世界民族》2014年第4期。

格—哥特”传统的生活方式。和1707年议会联合是通过议会选票而不是通过战争实现的那样，当分离的动议被提出时，它也并未以任何理由诉诸战争，这点亦是议会联合所具有的优点。并且，我们也应当看到，“议会主权”所代表的生活方式在美洲、在更大的领土范围内得到了承继与发展。而在欧洲，也已经并不存在对自由、民主政治生活构成威胁的绝对主义政权。诚如伯尔曼所言，民族主义只在19世纪才获得其生命力，因为民族主义同个人主义、理性主义构成了民主的三位一体之神——解放之神。[1]

---

[1] [美] 哈罗德·伯尔曼：《法律与革命》，中国大百科全书出版社1993年版，第37页。

思想与学术

共同体的法理重构

——论公元4—6世纪中国的“大分裂”

徐　辰*

[内容提要]

自东汉末年开始，中国陷入了长达三百余年的“大分裂”。西晋王朝表面的统一只是其中一个短暂的插曲，它的崩溃却标志着“大分裂”进入了一个全新的阶段。公元4—6世纪的分裂既是汉末分裂状态的延续，又增添了新的复杂因素，使得分裂状态维系得特别长久。“大分裂”的根源何在，重建于其上的隋唐帝国，其政治共同体的法理基础又何在？这都是非常重要的议题，而在这些议题背后，更深层的，则是有关政治共同体重构的普遍性问题。

[关键词]

政治共同体　分离主义　民族主义　共同体的精神基础

公元311年，匈奴人攻破洛阳，西晋这个曾经结束汉末以来分裂状态的大一统王朝宣告崩溃。这个短暂王朝最后的执政者，也就是“八王之乱”的胜出者东海

* 徐辰，中国政法大学法学院博士研究生。

王司马越，在洛阳陷入重围前病逝，其部众在扶柩东归的途中为羯人追及，十余万人俱被残杀。司马越身前最为器重的臣僚王衍亦被羯人俘虏并杀害。但是，司马越与王衍这一对“王与马”的组合，在南方早已有了新的对应物（司马睿与王导），〔1〕后者幸运地避过了这场被后世称作“永嘉之乱”的浩劫，他们小心翼翼地保存着江左这一片晋室的乐土。在孤城长安亦陷重围后，司马睿与王导佯作姿态表示要北上勤王，事实上却未发一兵，等到长安陷落的消息传来，他们立即宣告自己是晋室的继承者，是为东晋。司马睿登极时并没有独享龙床，他慷慨地邀请王导同坐御位。时谚有云：“王与马，共天下。”这并非民间的夸张铺陈，而是有关江左政治的贴切描述，田余庆先生称之为“门阀政治”。门阀政治是汉末以来士族分离主义的极端化，皇权政治遭遇了彻底解构的命运。〔2〕

就在江左特殊型态的新政权形成时，匈奴、羯、氐、羌、鲜卑等胡族部落在西晋王朝中原故地上先后建立了诸多胡族政权，并引起了一系列的战端，史称“五胡乱华”。所谓“五胡乱华”，其实是西晋边疆问题中心化的结果，它为汉末以来的分裂状态增添了新的不确定性因素（民族问题），使得统一的问题变得更为复杂起来。此后南、北政权的主要困扰分别在于分离主义与民族冲突，在它们彻底解决各自问题之前分裂局面都难以结束，即使偶然出现统一，该局面也注定难以持久。因为分离主义与民族冲突限制了南北双方的政治动员能力，双方都无法发起富有成效的北伐或南征，即使出现偶然性的成功，南北战争的成果也会因为政治整合能力的缺失而付诸东流。其结果最终不过是将本来随着汉族流亡政权南移的分离主义带回北方，或是将北方胡族政权内迁后的民族冲突蔓延至南方而已。真正意义上的统一其实是南、北双方的一种时间上的竞争，何者率先解决自己的问题，就将在对抗中取得优势。公元4—6世纪的分裂与统一是本文的中心议题，而在这个议题背后，更深层的，则是有关政治共同体重构的普遍性问题。

〔1〕关于司马越与王衍、司马睿与王导这两对“王与马”组合的问题，田余庆先生在《释“王与马共天下”》中有着极为细致的论述，参见田余庆：《东晋门阀政治》，北京大学出版社2012年版，第1－36页。

〔2〕钱穆先生则将魏晋南北朝的门阀称作“变相的封建势力”。见钱穆：《国史大纲》上册，商务印书馆2010年版，第296页。

一、分离主义的极端化：门阀政治

皇权在中国古代政治体系中处于核心地位，然而重建于江左的晋室政权却是皇权政治的独特型态，或者说是一个例外状态。东晋的皇权依赖于门阀间接地维系着国家的统治，门阀（而非皇权）才是东晋的政治核心。东晋政治的稳定与否，取决于门阀之间的平衡与否，平衡则稳定，失衡则动荡，皇权只是门阀名义上的共主罢了，由于门阀之间的相互制衡，司马氏的皇权才得以在夹缝之中苟延了一百余年，因此如前所述，史学家将这种政治形态称为“门阀政治”。当然，“门阀政治”并非一个贸然出现的状态，它其实是西汉中叶以来士族崛起现象的一种极端性呈现方式。自汉武帝崇儒后，“士大夫”逐渐取代“游士”成为主要的辅政者，两者的不同在于，“士大夫”背后有地方宗族的势力作为凭借，而非仅仅依靠自己的知识获用于朝廷。[1]而以东汉的“党锢之祸”为标志，皇权政治完全腐化，作为皇权衍生者的外戚与宦官主宰了政权，排抑了士族的政治参与，破坏了东汉既有的政治格局，因此士族的国家意识转而趋淡，分离主义意识增强，渐渐地演变成了一股股独立的地方势力，并因此成为政治共同体的离心力。

正是因为这些分散的分离主义势力的存在，东汉末年以来的分裂状态特别难以结束。而盛行于此时期的无君论则在观念上否定了皇权政治的正当性。但相较于消极的无君论，积极的虚君论显然更具现实意义，以王弼、何晏为代表的“贵无”论，为皇权政治的转型提供了重要的思想支持；以向秀、郭象为代表的“崇有”论，则是皇权与士族的冲突最终得到调和的标志。无论是“贵无”还是“崇有”，其实都是要求皇权“无为”，它们是相同主张在不同时期的体现。[2]太康元年的平吴之役后，终于统一天下的西晋王朝，亦不得不屈从于此种既存的分离主义状态，故仅以“孝”（而非“忠”）相标榜，以为安邦之计，分离主义正式合法化。“求忠臣必于孝子之门”乃古之美训，然而西晋时期，“忠”与“孝”成了竞争关系，最终“忠”为“孝”所完全吸收，“忠”的范围缩小到门阀之内，共同体则徘徊在

〔1〕 余英时：《士与中国文化》，上海人民出版社2003年版，第195页。

〔2〕 参见唐长孺：《魏晋南北朝史论丛》，北京三联书店1955年版，第311－350页；汤用彤：《魏晋玄学论稿》，北京三联书店2009年版，第241－242页。

解体的边缘。此后皇权则无为于上，士族之间则通过“婚”“宦”的方式相结于下，政治共同体呈现出一种松散的形态。晋武帝死后，皇室内部为了争夺皇权而导致的“八王之乱”，进一步消耗了皇权的正当性与实际控制力。而在接踵而来的“永嘉之乱”中，随着东海王司马越（皇室最后的威权主义者）的病逝及其部众的覆没，皇权彻底衰落。衣冠南渡后，势单力薄的司马睿，只能借由门阀的扶翼才得以赓续晋室的皇统，并无振兴皇权的资本，其本身也只是门阀用以缘饰政权的傀儡而已，一个以门阀为中心的虚君时代正式来临。

东晋政权是一种“悬浮型政权”，[1]它只是一个由地方离心主义势力组成的松散联盟。门阀冲击了政治共同体，朝廷无法在超越门阀的更大范围中构建权威，所以它并不能直接地统治国家，只能依赖门阀来保障政权的存续，以及为江左提供一种最低限度的政治秩序。而作为工具理性体系的军队则处在门阀的控制之下，军队一方面是其对抗中原胡族政权的依靠，另一方面也是其对内争夺政治控制权的工具。但等到京口的流民军形成后，门阀与军队的关系开始了微妙的变化。流民军是以北方的流民充作兵源，以久历疆场且与流民兵卒原本就有统属关系的流民帅领辖，它是一股新势力。这一势力在挫败了盘踞荆州的门阀王敦的叛乱后，获得了重要的影响力，并很快酝酿成了著名的“苏峻之乱”。这场动乱虽然最终被东晋政权平息下来，但它预示了流民军将不断地扩大其独立性，尤其是北府军创建后，流民军获得了稳定的建制并趋于集团化。而在北府军的创建者谢玄（谢安之侄）隐退后，北府军更是逐渐摆脱了门阀的控制，它作为一种独立的力量摇摆于各个门阀之间（继士族谢玄、王恭之后而接掌北府军者，是寒门将领刘牢之，他是这种摇摆状态的代表人物，其反复于各股政治势力之间，显示了他拙劣的政治技巧，也反映了流民军对成为一支独立力量的不知所措[2]）。另一方面，士族南渡后，因应江左的地理、风情，多采取庄园型态的组织，而放弃了以往的坞壁型态，其部曲多转为佃客，大大地降低了士族与平民之间的人身依附关系，从而弱化了其宗乡武装，故逐渐丧失了武力上的自主性。[3]流民军的独立，以及宗乡武装的弱化，最终导

[1] 章永乐：《从借壳上市到破壳而出：袁世凯1914年宪制改革刍议》（未刊稿）。
[2] 田余庆：《东晋门阀政治》，第273页，第283页。
[3] 具圣姬：《两汉魏晋南北朝的坞壁》，民族出版社2004年版，第86页。

致了江左政权型态的转变，南朝刘宋的建立则是其标志。

但南朝刘宋的建立并不意味着皇权政治的完全恢复，门阀政治并未随着东晋政权的结束而终止，因为皇权并没有取得对门阀的绝对支配，相反，门阀虽然不能再像东晋时期那样左右皇权，但是它仍然制约着皇权，此为门阀政治的余波，也可以称之为门阀政治的第二期。虽然在此期门阀政治中，门阀的影响力弱化了许多，但它们仍然控制着庞大资源（土地与人口），导致皇权的活动空间非常有限。皇权仍然须倚重门阀，而且由于门阀在政治与文化上的优越地位，朝廷仍然得依靠他们来治理国家，所以庙堂之上依旧充斥着士族。而且，士庶之别仍然非常严格，即使是深获君主重用的文官或武将，也不因其权位而得以提升其社会地位。《世说新语》记载：世祖曰："士大夫故非天子所命。"《南史·侯景传》亦云："（侯景）请娶于王谢，帝曰：'王谢门高非偶，可于朱张以下访之。'"可见，君主对于门阀的问题亦毫无置喙的余地。同时，南朝在建立后，它仿效西晋时期的做法派遣皇室子弟赴各地担任刺史、郡守，可是这些皇室官僚们不仅没有借此有效地控制地方，反而被地方士族所左右，形成"封建的地方分权"，这意味着以官僚组织为主导的帝国体制并未恢复。〔1〕皇权政治是一个"君主一官僚"的理性体系，仅有威权主义的君主，却没有官僚组织的辅助，这种皇权政治的集权程度是极为有限的，或者说是一种蹩脚的皇权政治。虽然军队重新收归皇权，但官僚制度却从未恢复健全状态，这使得南朝的皇权政治颇不上轨道，且更类似于陈志让教授描述的"军绅政权"，而非一个常态的政治体制。另外，在门阀政治的格局下，由于作为政治主体的门阀是多元的，政治处于高度不稳定的状态。门阀之间的平衡是很难维系的，门阀之间总是在寻求平衡点，因而总是处在结盟与对抗之中，其中消极的例子是王敦和桓温，〔2〕他们先后成为门阀政治的代表人，却想独掌政治，甚至萌生取司马氏政权而代之的野心，他们在其他门阀的联合对抗下先后失败，但桓温的势力败而未亡，其余波在其世子桓玄的引导下，最后还是颠覆了司马皇朝，建立了一个极其短暂的桓楚政权。虽然桓玄最后事败身死，但他成了刘裕篡晋的开路者，后者在讨伐

〔1〕 黄仁宇：《中国大历史》，北京三联书店2007年版，第96－97页。

〔2〕 积极的例子则是王导、谢安，他们成了门阀政治的人格典范，二者皆秉持镇之以静的政策，注意门阀之间的平衡，因此在各自的执政期间保持了东晋政治的稳定。

桓玄的战役中获得了政治军事的控制权，其威望与实力在是役中达到其人生中的一个高峰（刘氏的另外几个高峰分别是追随刘牢之挫败孙恩的天师道作乱，平息天师道在卢循、徐道覆指挥下卷土重来的反叛以及北伐中原收复旧都），这为他以后创建刘宋政权积累了重要的资源。

出身寒微的刘裕毫无疑问地具有高超的政治手腕与军事天赋，在门阀环视的政治局势下，他这个曾经的“田舍翁”竟能超然于当时的政治生态，以微贱的出身凌驾于所有门阀之上，确实令人叹服，但其所开创的刘宋政权并没有完全改变门阀政治的状态。而且，虽然政治主体趋于单一化（多元的门阀→单一的皇权），但南朝刘宋的政治也并不稳定，正是围绕着皇权，刘宋政权内部展开了持续不断的相互残杀，尤其以明帝刘彧为代表，这位早年也曾饱受迫害的君主，为了剪除来自皇室内部的威胁，将拥有兵权或声望的兄弟一一残杀。[1]而且，刘宋政权那些起自寒门的最高统治者，缺乏特定的文化熏陶与政治训练。虽然创业之主刘裕很注重自己文化修养的提高，常与名士谈玄（当然这也是他仍然不得不向门阀妥协的一个证据），而且他也在长期的政治军事斗争中得到了极为残酷的训练，但他的后嗣则养尊处优，且没有门阀式的祖训宗规，肆意放纵，导致了刘宋政治品质的低劣。最终，刘宋政权被另一个军人领袖萧道成取代，当然萧齐政权，同更晚的梁、陈政权一样，都只是此种劣质皇权政治型态的延续而已。其中尤以陈朝最为不堪，因为在梁末的侯景之乱中，衣冠世族被戕害殆尽，且国家已陷入四分五裂的混乱，陈霸先虽然以建康为中心创建了陈朝，但丧乱之余的陈朝并没有能力讨平各地的军事分离势力，只能曲以优容，以求各自相安无事而已。

二、分离主义中的皇权：东晋、南朝失落的皇权政治

但皇权也并不是一直无所作为，相反，它一直在寻求伸张。晋元帝司马睿自登基始，就不满于“王与马，共天下”的格局。他重用刁协、刘隗、戴渊等寒士，

---

[1] 即使贤明如宋文帝刘义隆，也有皇室残杀的举措，他为了剪除来自皇室内部的威胁，杀死其弟刘义康。而且，宋文帝本身后来亦为其子刘劭所弑。

想用他们逐步消除门阀的政治影响，恢复皇权政治，结果遭到江左门阀的一致反对。在王导的默许下，镇守荆州的王敦（王导堂兄）举兵反叛，获得门阀支持，领军攻入建康，杀刁协等人，失意的晋元帝则郁郁而终，皇权对门阀政治的第一次反动宣告失败。当然，后来王敦想结束司马政权，自己取而代之，就得不到门阀的支持了，谁也不希望某个门阀独大，尤其不能容忍它试图转化为皇权，握有重兵的王氏取代司马氏，将会缔造一个强势的皇权，其他门阀必然会抵制这种情况的出现。所以王敦的第二次举兵在其他门阀的联合对抗下失败，王敦则病逝于军中，这也可以说是门阀对皇权的一种变相压制，将一个可能的新皇权扼杀在未萌状态。王敦之乱平息后，庾氏代替王氏成为门阀代表，晋明帝又想恢复皇权政治，他重用司马宗与虞胤对抗门阀，结果被庾氏挫败，这是皇权对门阀政治的第二次反动，亦告失败。庾氏势力大增又破坏了门阀的平衡状态，于是王导与郗鉴合作制约之，恢复了门阀之间的相对平衡。庾氏家族势力消退后，桓温成了新的门阀代表。桓温极具野心，为扩大声望与势力以最终迈向皇权，最好的方式是发动对外战争，一方面可以借由克复中原的赫赫功勋帝位自为；另一方面，战争的筹划与进行涉及整个政治共同体的资源分配，故可借机扩张势力。桓温的西征与前两次北伐获得了巨大胜利，但第三次北伐中的枋头之败结束了他的北伐事业。桓温南归后为篡晋积极准备，但其他门阀百般抵制，后桓温病故，其事作罢。从前高枕东山的谢安出任东晋丞相，替代桓氏成为门阀代表，而桓氏家族（以桓温之弟桓冲为代表）在荆州一带的势力仍然存在，依旧威胁着东晋朝廷。但此时已经统一黄河流域的前秦帝国大举南犯，谢氏主持的东晋朝廷与桓氏乃相互合作，抵抗入侵势力，此时司马皇室也乘机再次活动，为恢复皇权政治努力，孝武帝及其弟会稽王司马道子也通过战事方面的调度而分享到了相当的政治权力。

淝水战后，谢氏因立下了不世功勋，达到了其声望的顶点，然物极必反，谢氏也因此成为其他门阀的嫉妒对象以及皇室的打击对象，故而战后两年内朝廷竟没有就此役论功授勋，谢氏且被逐步排挤出朝廷中枢，但谢氏秉持一贯的谦退，谢安、谢玄先后主动去位。[1]孝武帝兄弟掌握了政权，貌似开启了皇权政治恢复的前奏。

〔1〕 参见田余庆：《东晋门阀政治》，第278页。

谢氏引退后，获得最高统治权的孝武帝与其弟司马道子开始争权，等孝武帝暴毙后，司马道子总揽朝政，皇室的权威颇有复兴的迹象。但司马道子能调用的资源其实非常有限，门阀根本不在其控制范围内，而荆州的桓氏更是心腹之患，尤其是在桓玄吞并制约他的殷仲堪与杨佺期两股势力后，这种威胁更显急迫。为了防范桓玄，司马道子（后期主要是其子司马元显在主持朝政）加大对三吴地区的租税与兵役，引起了普遍的不满，结果天师道反倒借此酝酿了一场声势浩大的起义，席卷江左。但其为乌合之众，缺乏有效的组织，在北府军的讨伐下，其乱平息。桓玄则趁乱攻入建康（北府军主帅刘牢之为桓玄所收买，故未回师救援建康），颠覆了司马政权，桓玄处死了司马元显，流放了司马道子（后亦杀之），司马皇室的第三次，也是最后一次振兴活动，宣告失败。

而北府军主帅刘牢之因为举措的反复不定，失去了对北府军的控制。在刘牢之死后，刘裕、刘毅成了新的北府军领袖。刘裕以讨逆为号召，自为盟主，组织联军击败了桓玄。后刘裕又平息了卢循、徐道覆之乱，并剪除了刘毅的势力，然后消灭了在桓玄之乱中独立的谯纵，再次平定蜀地，其威权日盛。刘裕在篡位前，仿桓温故事，两次北伐，先后消灭了南燕、后秦，一度光复洛阳、长安。后因为江左政局的变化，南归篡晋，称帝于建康，但如前所述刘裕远没有达到恢复皇权政治的状态，他只是把南方带入到了门阀政治的第二期，这个政权并没有改变其“悬浮型政权”的特征，仍旧缺乏大规模政治动员的能力。而北伐途中的刘裕之所以急于南归，是因为他安排留守建康主持大局的亲信刘穆之去世，江左门阀立即蠢蠢欲动（从此事亦可发现其“悬浮型政权”的不稳固性）。刘裕南归后，其滞留北方的大军，并没有能力固守中原，并滋生内乱，在撤退时，为匈奴人所全歼，这导致江左的军事实力遭受了重大的打击，而刘裕北伐所取得的战果，在其身前身后也逐步丧失殆尽。在北方皇权政治所建立的“嵌入型政权”的步步紧逼下，南方政权的空间不断被压缩，最终被并入北方政权的版图。

总之，无论是作为第一期门阀政治的东晋，还是第二期的南朝，它们同样都只是“悬浮型政权”。门阀在这前后两个时期虽然有强弱之分，但都制约着皇权，一个具有高度政治动员能力的政治共同体在江左始终没有建立起来。江左虽然能在东晋时期的淝水之战中击败前秦，以及在南朝刘宋时期的瓜步之战中击退北魏，但这些胜利都不具有全局性意义，它们只是推迟了北方对南方的吞并（但前者仍然一直在蚕食后者）。南方在获得防御战的胜利后，根本没有趁机北上扩大战果的能力，而待到北方完成了“嵌入型政权”的建构后再度南征时，积弱已久的南方政权的防御体系瞬间便土崩瓦解，公元589年隋军的渡江灭陈之战，非常轻松地结束了长达三百余年的分裂局势（除开西晋时代的短暂统一）。

三、民族主义：从汉统走向汉化

皇权与士族冲突的问题，其实是汉末分裂以来的“老问题”，只不过在南方以一种比较极端的方式（门阀政治）呈现出来。该问题在北方亦有它的存在方式，比如士族在地方建立的各式各样的坞堡集团，它们同样是一种皇权之外的分离主义势力，不过，尚未强大到足以左右皇权。而北方的“新问题”在于，随着“五胡乱华”的展开，北方陷入了激烈的民族冲突之中，如何完成民族的融合，打造一个获得广泛认同的政治共同体。在统一的政治共同体形成以前，北方的政治军事状态其实是碎片化的，其混乱状态与南方相较，有过之而无不及。

在东晋建立初期，北方陷入胡族互相攻伐的混乱之中。但所谓“五胡”并不是以各自统一的状态出现于中原，它们内部也是极端分裂的，比如鲜卑族即分为秃发鲜卑、乞伏鲜卑、慕容鲜卑、拓跋鲜卑等部落。而滞留北方的汉族，以各地的门阀为中心，形成了一股股不可忽视的地方政治势力，它们也是北方完成统一的障碍。在“衣冠南渡”中，很多真正根深叶茂的世家大族并不愿意轻易地放弃故地举族南迁（尤其是在错失了南渡的最佳时期后）。[1]这些“根深叶茂”的门阀以及饱经苦难的汉族平民都期待重建于江左的晋室驱逐胡族收复故地，恢复西晋的大一统局面。北方这种虚弱的分裂状态，以及中原汉族的归心晋室，对于东晋政权的北伐非常有利，这也是东晋在北伐初期屡屡获得战果的原因。而汉族的这种民族主义情绪也确实成了东晋政权的旗帜，它以正统的名义自居，贬斥北方的胡族政权，

〔1〕江左门阀地位是以“婚”“宦”两端来决定的，故而渡江早晚具有决定性意义，《晋书·杨佺期传》记载：“时人以其晚过江，婚宦失类，每排抑之。”

否定它们的正当性，故不与之互通使节。但东晋政权内部存在着严重的政治危机，它虽然不像北方那样直接处于分裂的战争状态，但其政治势力也处于四分五裂之中，而北伐所能带来的声望与实力，则是强权者所觊觎，而又为其他人所忌惮的。这种错综的情况，让东晋的北伐不再是一个单纯的军事行动，而成了一个具有复杂因素的政治行动。在错综复杂的政治操纵以及北方胡族政权的反攻下，祖逖、殷浩、桓温以及刘裕的北伐均告失败，导致江左的民族主义旗帜最终褪去了它的光芒。因为汉族的民族主义："汉统"，会随着北方民族融合的深化，尤其是胡汉血统的融合，而逐渐降低它的重要性。而北方政权的民族主义意识也很强烈，例如攻陷洛阳的匈奴族首领刘渊便自称是汉朝皇室的余裔，其政权即号曰"汉"。所以，民族主义的旗帜逐步由南方转移到北方的手中，当然这将是一个缓慢的从"汉统"走向"汉化"的过程。

在混乱的中原，政治秩序是最重要的诉求。氐族在苻坚这位雄才伟略的政治家的指挥下，征服了黄河流域的其他民族，建立了一个幅员辽阔的前秦帝国，并希望以"汉化"为方式在北方重构一个稳固的政治共同体。但前秦帝国具有一个致命的缺陷，它是由一个弱小民族建立起来的庞大帝国，氐族在帝国的总人口中所占比例非常小，苻坚为了控制地方，又不得不将氐族军队派往各地要津驻防，导致了氐族力量的进一步分散。敏锐的王猛没有被帝国庞大的表象所迷惑，他一再向苻坚指出帝国的死穴所在，并在临死前告诫苻坚不要南征。但以"汉化"为精神理念的前秦帝国，不可能长久地容忍另一个汉文化中心的存在，建康对前秦帝国的正当性构成了极为强烈的威胁，它的存在就是对前秦帝国的讽刺，在南征成功前，前秦即使不被视为蛮夷，也只能是次一级的汉文化中心。于是苻坚萌生了南征的强烈愿望，他对于建康文化中心存在的耿耿于怀，事实上只有当他将"王化"推广到了偏处东南的建康，前秦帝国才能真正地成为汉文化的唯一中心，而中原的汉族遗民们才没有了其他的寄托。而此时以慕容垂、姚苌为代表的异族首领们纷纷支持，因为南征将会带来两种可能：成功或失败，前者意味着可以立功获赏，后者意味着前秦帝国崩溃，各部族恰恰可以借机恢复独立。

正是在这种复杂的心态下，公元383年，前秦大军陆续南下，与谢玄指挥的北府军对峙于淝水，结果前秦失利，苻坚本人亦为流箭所伤，拖延观望且未受重创的异族军队纷纷散走。等到苻坚逃返中原后，发现帝国已然崩溃，曾经归附的部族各自据地反叛，北方再次陷入了狼烟遍地的混乱之中。在苦苦支撑两年后，帝都长安为慕容鲜卑的一支（慕容冲）攻破，苻坚出奔五将山，又为羌族所围，叛将姚苌在索要传国玉玺不得且苻坚严词拒绝禅位的情况下，将其缢死。再经过数年的挣扎，前秦帝国的残部在各部族政权的不断攻击下转战各地，公元394年，前秦最后一位君主苻崇为乞伏鲜卑人所杀，前秦正式灭亡。苻坚的失败是由于他在远未完成一个成熟政治共同体的建构前，就早早地发起南征所致，结果导致前秦这个松散的政治共同体迅速分崩离析。[1]此时的东晋虽然由于内部复杂政治因素的掣肘不能发起有效的北伐，但在前秦南征的压力下，它的民族主义精神仍然足以将其共同体内的所有力量（主要是长江下游谢玄的北府军与上游桓冲的荆州军）结合起来形成强大的反击能力。甚至在这个共同体以外的汉人也仍然会受到民族主义的感召，如前秦将军朱序仍旧归心于东晋，他在淝水之战中提供了重要的情报，使得北府军取得洛涧奔袭的成功，并在关键时刻涣散了前秦军心，立下赫赫奇功。这说明苻坚以“汉化”为中心的新民族主义，只具备初步的雏形，尚未能真正实现北方的民族融合，在与南方“汉统”竞争时也不具备优势。

前秦帝国崩溃后，北方政治秩序进入了新一轮的动态组合期。在纷扰的战争中，拓跋鲜卑族脱颖而出，从道武帝拓跋珪到太武帝拓跋焘，北魏逐步统一了黄河流域，在前秦帝国的废墟上重建了大一统的政治共同体。此时，南朝刘宋的第三位君主宋文帝，颇有继承乃父（宋武帝刘裕）恢复中原抱负的雄心，先后发起了三次北伐，史称“元嘉北伐”，结果均为北魏所重挫，在宋军第三次北伐失利后，魏主拓跋焘且趁势转而发起南征，但亦止于瓜步，未能获得更大的战果。著名词人辛弃疾在《永遇乐·京口北固亭怀古》中所写的“元嘉草草，封狼居胥，赢得仓皇北顾”，就是对南朝刘宋“元嘉北伐”失败后宋文帝仓皇南归情形的描述。“元嘉北伐”固然以南朝的失败结束，而且这也成了南北交兵的转折点，此后南朝陷入了全面的消极防御战，再没有发起大规模的北伐。但辛弃疾所没有提及的是，太武帝拓跋焘的反击也只是止于瓜步，他并没有能顺势完成南北的统一，南北双方只是

---

〔1〕 参见田余庆：《东晋门阀政治》，第230页。

陷入了持久的攻守战而已。这背后的原因则是北方民族融合尚未完成，失去了这个重要的政治前提，“嵌入型政权”的建立仍然有待时日。

在逐步统一北方并与南方交兵的过程中，北魏秉持了前秦的汉化政策并取得了一定的成效，在自幼便受冯太后（汉人）影响的孝文帝拓跋宏亲政后，北魏的汉化开始急剧地深化。孝文帝颁布了一系列重要的措施，其中最为关键的是：1. 禁胡服与胡语；2. 改胡姓为汉姓（皇族拓跋氏亦改姓元）；3. 鼓励胡汉通婚；4. 迁都于洛阳。与苻坚一样，作为汉化政权的统治者，孝文帝不能容忍另一个汉文化中心的存在，因而数次亲征南朝萧齐，取得了一定的成果，但并不能消灭南朝，南北双方的战争始终处在瓜步之战以来的胶着状态里，没有任何决定性的胜利。当然，北魏不会遭遇苻坚的那种悲惨结局，其在黄河流域维持统一局面已久，也不会因为一次对外战争而导致政权的全盘崩溃。作为一个政治共同体，北魏比前秦要稳固得多，它的衰亡不是由于外在的战事，而是缘起于孝文帝迅猛且激烈的民族政策。孝文帝时期以汉化为中心的民族政策虽然比苻坚时期更为成功，但也没有真正完成北方的民族融合，而只是通过服饰、语言、姓氏等表象将民族冲突的问题掩埋了起来。公元523年，六镇爆发大规模叛乱，北魏政权的北疆遍地烽烟，各种势力割据地方，严重威胁了北魏的统治。诚如陈寅恪指出的那样，北魏晚期的“六镇之乱”，乃塞上鲜卑族对于以孝文帝为代表的拓跋氏历代汉化政策的反动，“中央政权所在之洛阳其汉化愈深，则边塞六镇胡化民族对于汉化之反动愈甚，卒酿成六镇之叛乱”。[1]后来的西魏政权有鉴于前秦、北魏以汉化为中心的民族政策的弊端，而且其统治者宇文氏就是在追随尔朱荣反对汉化的叛乱中崛起的。它采取的是一种复合型民族政策，一方面要与“汉统”的南朝争取民族主义的正当性，以获得在人数上居于绝对优势的汉族的支持；另一方面又必须向西北地区胡化的现实妥协，以打造一个强有力的政治军事核心。宇文氏的民族政策获得了巨大的成功，它的继承者隋王朝在公元589年的南征中，打破了南北对峙的僵局，消灭了自“永嘉之乱”后南迁江左已历270余年的“汉统”政权，实现了前秦与北魏在淝水与瓜步之战中所没有完成的历史使命。

---

〔1〕 陈寅恪：《隋唐制度渊源略论稿·唐代政治史述论稿》，商务印书馆2011年版，第197页。

四、遗留问题：共同体的精神基础

黑格尔认为，国家是特定精神的现实呈现。这个论断引起了颇多争论，但在以下范围内，则大概能为一般观念所认可：国家必须具有某种精神，它是国家的坚实基础。在秦汉大一统王朝的建构中，秦始皇与汉武帝对于这种精神上的统一做出了巨大的努力。作为帝国的初创者，秦始皇的方法非常粗暴，他试图借由焚书的方式禁绝学术思想在民间的流传，再以法家的手段建立一个极端理性化的“君主一官僚”的皇权政治体系。作为一个具有冷酷理性的威权主义者，秦始皇获得了短暂的成功，但他的帝国在其身后迅速分崩离析，其以国家主义为中心的意识形态亦告失败。作为帝国遗产的继承者，汉朝在统治初期转而采取道家虚静无为的政治哲学，但这种消极的意识形态也许并不能长久地符合一个大一统王朝的追求，继始皇帝以后的另一位雄才伟略的君主汉武帝打破了这种沉寂。汉武帝选择了儒学作为帝国的精神基础，虽然汉武帝与秦始皇一样，怀有恢复王官学传统的抱负，但他采取了更为明智的方式：表彰古代经籍，创建太学，为“五经博士”置“弟子员”以受经术，并命地方郡国岁举孝廉各一人。这些都为儒学的兴盛提供了重要的条件，于是儒学在百家之学中脱颖而出，儒学所保存的三代以来的礼乐精神也为民众所普遍接受，从而实现了大传统与小传统之间的对接，诚如余英时在《汉代循吏与文化传播》一文中指出的那样，以儒学而入仕的循吏在实现这种对接上起到了非常重要的作用。但儒学在经过两汉经学的漫长诠释后，越来越繁复，这种过分支离且不言“性与天道”的学术，[1]并不能成为人们精神的栖所。而且，经学作为一门高度复杂的学问，被经学世家所垄断，他们并借此获得了入仕的特权，最终形成了地方士族，在党锢之祸后，这些拥有庞大势力的儒学士族反而成了分离主义的根源。随着帝国的彻底崩溃，儒学作为一种提倡大一统理论的学术，更是失去了它的寄所，复兴的道学（玄学）逐渐取代儒学在士族之中流传，而儒学（尤其是三礼之学）则仅仅作为齐家之术在门阀之中得以保存，此种现象被史学家称作“玄礼

---

〔1〕 参见汤用彤：《魏晋玄学论稿》，第92页，第47页。

双修”。〔1〕“玄礼双修”是儒学与道学冲突得以调和的结果，后来佛学亦在魏晋南北朝时期兴盛起来，综论佛、道、儒成了此时期学术的一种特征。此种学术体系，只求各种思想的消极调和，以各自的相安无事为追求，并不能为政治共同体的重构提供支持。所谓“玄礼双修”，主要是就东晋与南朝的情况而言，至于北方则因为西晋末年的亡国之痛，北人对任诞之风痛恨不已，加之在前秦时期苻坚曾大力倡导儒家经学，且明禁老庄图谶之学，因此北方学术思想比较质朴和保守。但北方的学术也只是因仍汉代旧有的经学传统而已，并不能开创一个思想的新局面。在此种情况下，虽然北方汉化政权有意提倡儒学，但它也只能与佛、道之学保持着某种平衡，三者之间且互有激荡，反不及南方的调和状态。〔2〕

重建于“大分裂”之后的隋唐帝国虽然有大儒文中子王通闻名于世，还有孔颖达奉诏编撰《五经正义》的儒学盛事，皇室亦曾下诏“兴化崇儒”，但儒学并未恢复其中心地位。隋代以及唐初的儒学只是支离烦琐的章句之学的延续，并不足以重构动荡之后的心灵秩序，故文中子之后亦不复有鸿儒传名后世，《五经正义》之后也不再有如斯盛举。而且在隋唐的科举制度中，文学的地位远重于经学，文选学已经接替了两汉的六艺学，士大夫无人不能吟诗，但少有通晓经学者，帝国之中充斥的是浪漫的艺术气息而非儒家学术。〔3〕而隋唐帝国因为立基于西北胡风盛行之地（隋唐皇室皆有胡族血统），对胡族文化颇为欣赏，而且帝国以其海纳百川的文化气度，对各种异域文化充满好奇心，它们最终纷纷涌往长安，帝国盛世之下掩藏的其实是彻底的文化危机。失去了精神基础的共同体并不具有真正的社会聚合性，在中国历史上儒学始终是大一统的意识形态保障，有了它即使羸弱如两宋，亦能维系三百余年的内部安康，没有它即使强势如隋唐也终将崩溃。隋唐帝国的政治核心是西魏、北周以来立基于均田制与府兵制之上的关陇集团，在这个政治军事集团没落后，隋唐也就越过了盛运的顶峰而趋于衰落。这是公元4—6世纪分裂状态所遗

---

〔1〕 唐长孺：《魏晋南北朝史论丛》，第338页。

〔2〕 在某种意义上，如何重组中国自己的思想资源，吸纳并安顿外来因素，是中国思想史的永恒主题。而儒学则始终是其中的核心，它提供一个最基本的心灵秩序。

〔3〕 钱穆：《朱子学提纲》，北京三联书店2005年版，第7页；葛兆光：《中国思想史》第2卷，复旦大学出版社2013年版，第9页。

留的问题，隋唐帝国亦没有将之真正解决，所以它在带来一段绚丽的繁华后，再次跌入历史的谷底。唐代中叶的韩愈、李翱则复启了这种政治与心灵双重秩序艰难的重建过程，他们接续了玄学所未能完成（但已开始）的使命，下启儒学的新形态：宋明理学。可以说，宋明理学其实是玄学的继续（或曰玄学是经学与理学之间的过渡形态），理学是玄学的成熟形态，它完成了玄学所未能完成的佛、道、儒三家学术思想的融合汇通。此后，理学成为了共同体的精神基础，保障了稳定的政治秩序与心灵秩序，即使在非汉族统治下的蒙元与满清王朝，理学仍然相承不息，为共同体提供了政治与心灵的双重秩序保障。〔1〕

五、结语

自东汉末年开始，皇权政治彻底崩溃，中国的分离主义状态长久地维持下去，其中虽然有曹魏政权（孙吴与蜀汉政权亦同）以刑名法术的方法恢复皇权的努力，但并未获得长久的成功。随着士族对曹魏政权的同化性影响，尤其是在王弼、何晏的政治哲学引导下，曹魏政权最终被“和平演变”为士族政权，从而告别了名法之治。至于后来司马氏取代曹氏，则只是政权的易姓而已，并不涉及政权性质的改变。而且，这种皇统的嬗变进一步削弱了皇权政治的正当性。最终，在楼船破吴后，西晋获得了一种表面统一。皇权与士族之间处于一种相安无事的平衡状态，这其实只是汉末分离主义状态以一种合法化的方式延续而已。在皇室内部的“八王之乱”中，司马氏诸侯王俱引胡族以为外援，边疆胡族纷纷介入晋室的争端，并在晋室力量内耗结束后彻底失控。胡族不断地侵扰帝国内地，数次冲击帝都洛阳，并最终吞噬了皇室权威的最后凭借：东海王司马越的势力。“八王之乱”升级为“五胡乱华”，这是西晋边疆问题中心化的结果。而虚弱的皇权在江左重建后，迎来的是分离主义的极端化，即门阀政治。江左的这种“悬浮式”政治形态，在刘宋政权建立后也没有能够完全改变。而北方的力量则处在持续的动态组合之中，潜在的社会力量如何能够通过组织的方式动员起来，是政治共同体生命力的关键所

〔1〕 参见李泽厚：《中国古代思想史论》，第277－278页。

在，通过均田制、府兵制，以及民族政策的反复调整，北方最终完成了“嵌入式”政治形态的构建，获得了强大的政治动员能力。因而，南北之间的对峙，以其疆界的不断南移为结果，最终整个南方被并入北方政权的版图。

然而，重建的政治共同体缺乏一个坚实的精神基础，虽然它以兼容并蓄的气度，缔造了一个空前繁荣的帝国，但诚如亨廷顿所指出的那样，缺乏一个文化核心的国家，不可能作为一个具有内聚力的社会而长期存在，亨氏甚至感叹：“一个多文明的美国将不再是美利坚合众国，而是联合国。”[1]隋唐帝国的情势亦是如此，它内部文明的多元化程度已经远远地超过了其容纳能力，一个缺乏精神基础的共同体只能依靠它的繁荣保持聚合性，一旦作为它政治核心的关陇集团衰落，帝国必将解钮，“天可汗”的荣耀只能湮没在渔阳鼙鼓动的喧嚣之中。建立一个具有强大政治动员能力的“嵌入型政权”，以及寻求一个坚实的精神基础，是政治共同体重构的法理基础。公元4—6世纪纷纭的历史表象下，是这两个主题的各自展开，前者在共同体的重构之初具有决定性的意义，但共同体的持久与否，则有赖于后者。或许可以说，后者与前者分别是政治共同体的“灵”与“肉”，合而为一，才是一个具有心灵与政治双重秩序保障的坚固共同体。

---

〔1〕［美］塞缪尔·亨廷顿：《文明的冲突与世界秩序的重建》，第282页。

论民之好恶

曾海军*

[内容提要]

不同于诸子时期的其他各家，儒家致力于关注民的好恶之情并与民同之。通达民情中的“与民同乐”，并非是指顺着百姓的喜怒哀乐之情去放逐，而是表达出儒家体恤百姓疾苦的政治精神，亦即“视民如伤”的政治传统。民有好恶之情，就需要顺应民情而引领民之好恶，民未必知之，却并不妨碍由好善恶恶而行。“民可使由之”追求的是由好善恶恶之情，由此确保“可使由之”者一样可以追求一种良善的生活，这才是最大的政治。

[关键词]

儒家　与民同乐　视民如伤　好恶　善治

在儒家丰富的政治资源当中，也许很难找到君民之间要如何相互沟通和理解的言论，却经常能读到同民之好恶、与民同乐或与民同利之类的论说。在今天的民主政治看来，君王的这种与民同之的表达实在算不上什么，不管是真心还是假意，都说明不了任何问题。不过，在理性对话与同民好恶之间，毕竟是两套完全不一样的

* 曾海军，四川大学公共管理学院哲学系副教授，哲学博士。

治国理念。今天的社会已经充分强化了前者，却未必还能意识到后者意味着什么。在儒家的政治理念当中，与民同之意味着统治者通达民情，亦即懂得民的喜怒哀乐之情，这在君民之间并不凸显理性对话的治国模式中，是极具政治价值的。通达民情有多种表达方式，如《论语》“因民之所利”，《大学》“民之所好好之，民之所恶恶之”，《孟子》“与民同乐”等等。理解儒家通达民情的政治理念，就要求对民的好恶之情有一个基本的了解。

一、民的好恶之情

同民之好恶的一个最直接的意思，就是与民的好恶之情相通。看起来这好像没解释什么，其实不然，只要阐述一下不通民的好恶之情是怎么回事就明白了。不通民的好恶之情可能有好几种情形，比如民总是好生恶死，可能有人就要表示看不上眼了；或者民也是会好利恶罚的，便有人主张正好加以利用；还有民肯定是好衣食恶饥寒的，有人却只是想着去设法满足。这都是不通民情的表现。

老子有一句名言，叫做“民不畏死，奈何以死惧之”（《老子》第74章）。这话经常被意识形态解读为百姓敢于反抗统治者的压迫，但其后紧接着是说：“若使民常畏死，而为奇者吾得执而杀之，孰敢?”恰恰是指出：“若民喜生而恶死，以死为畏……倘有犯律为奇者，吾执而杀之，谁敢以身试法。”[1]由此，“民不畏死”如同“民不畏威，则大威至”（《老子》第72章）一样，绝不是什么好现象。老子还说道：“民之轻死，以其求生之厚，是以轻死。”（《老子》第75章）这是在表明，如果统治者的暴政迫使百姓走到好生恶死的反面，则这样的统治必定岌岌可危。好的统治不会悖逆百姓的好生恶死之情，这也符合“无为而治”的理念。老子原本就是洞悉民情的高手，如他主张“不尚贤，使民不争；不贵难得之货，使民不为盗；不见可欲，使民心不乱”（《老子》第3章），就特别显示出他对百姓好利之心容易被挑动的情形了然于胸。趋利避害是人之常情，但老子肯定是特别不喜欢的。当然，老子也有过头的地方，如所谓“古之善为道者，非以明民，将以愚

[1] 高明：《帛书老子校注》，中华书局1996年版，第189页。

之”（《老子》第65章），尽管不能简单地理解为统治者的愚民思想，甚至也为反省民心败坏提供了思想资源，但终究断绝了民一定可知可欲而明善的可能性。孟子曰“可欲之谓善”（《孟子·尽心下》），荀子又言“涂之人也，皆有可以知仁义法正之质”（《荀子·性恶》），可知可欲都有通向良善或仁义的可能性，并非全部的可能都是争、盗、乱那一套。这同样也是民情之中的应有之义，老子一系的道家在通民情的问题上终究还是有所偏颇。

与道家思想具有高度亲缘性的隐者则是不通民情的典型。尽管这些人往往是与世无争、洁身自好甚至是品行高卓，可一旦为自身的避世隐居立说的时候，无非是痛斥世道如何污浊，显示出不屑于与这些俗人为伍而同流合污。决不同流合污是没问题的，值得褒奖；不屑也总是可以说的，但不能对着整个人世间来说。世道艰难则人心败坏，民情如此，谁也不能指望通过人人洁身自好来获得一个好世道，否则便是不通民情而枉生为人。隐者的问题就在于此，所谓“滔滔者天下皆是也，而谁以易之？且而与其从辟人之士也，岂若从辟世之士哉”（《论语·微子》），彻底的避世姿态显示出与民情之间的格格不入。由是，孔子断言“吾非斯人之徒与而谁与”（同上），正是通达民情而充满着担负精神的表现。

庄子更是张扬出对民情的超凡脱俗，一点也不顾及民的好恶之情，竟然在自己妻子去世时“鼓盆而歌”（《庄子·至乐》），搞得连他的老朋友惠施都看不下去了。不管庄子的那套论说有多么玄乎，人死而歌的做法总归是背离了民的好生恶死之情。庄子显然不会在乎这些，他借骷髅之口说：“死，无君于上，无臣于下；亦无四时之事，从然以天地为春秋，虽南面王乐，不能过也。”（同上）这种混同生死的论调，在凡夫俗子看来完全不可理喻，但却是庄子一贯的风格。对于一位致力于齐万物、齐是非又齐物我的思想家而言，必定不会念及民情，不然如何逍遥得起来？就此而言，庄子与老子的差别确实够大，老子深谙民情而庄子超脱之，简直就不是一条道上的人。不过，与儒家相比，二者的差别也没那么大。孔子云：“生，事之以礼；死，葬之以礼，祭之以礼。”（《论语·为政》）荀子亦曰：“礼者，谨于治生死者也。生，人之始也；死，人之终也；终始俱善，人道毕矣。故君子敬始而慎终。终始如一，是君子之道，礼义之文也。”（《荀子·礼论》）儒家事生送死，敬始慎终，无不以贯之以礼义之文，老、庄必定会异口同声地反对，从而清楚地显示出他们终究是同一战线的。即便老子洞悉民情，知道百姓厌恶什么样的统治，但他并未能指出真正通达民情的统治。毕竟“小国寡民”（《老子》第80章）更多地具有思想的高明性，而显得不够接地气。

如果说老子的思想并没有为统治者来愚民之意，但到韩非这里就很难说了。韩非洞察民情的本领并不输于老子，但思想的高明性差远了。韩非也喜欢论道，所谓“道者，万物之始，是非之纪也”（《韩非子·主道》）云云，起点也蛮高的。但他只要多论说几句就容易露馅，作为万物之始的“道”一下子就沦为了“使智者尽其虑”“贤者敕其材”（同上）的御下之术。对于民的好恶之情，韩非真没有少做论说。他在论民之性时，反复申说“夫民之性，喜其乱而不亲其法”“夫民之性恶劳而乐佚”（《韩非子·心度》），或“民者好利禄而恶刑罚”（《韩非子·制分》），等等。在他看来，正是由于民之好恶如此，人主才好实施统治，所谓“好恶者上之所制也”“上掌好恶以御民力”（同上），或者“故善为主者，明赏设利以劝之，……严刑重罚以禁之”（《韩非子·奸劫弑臣》），“故明主之治国也，明赏则民劝功，严刑则民亲法”（《韩非子·心度》）。韩非的意思很明白，是说这样的民情才好被人主所利用来实施统治；民之好生恶死不过是人主统治的资本，即“人不乐生则人主不尊，不重死则令不行也”（《韩非子·安危》）。可见为韩非所洞察到的民情是统治者所遏制的对象，与通达民情可谓背道而驰。韩非的老师荀子也论民之性情是“好利”“好声色”“好愉佚”什么的，但荀子却主张“化性而起伪，伪起而生礼义”（《荀子·性恶》），即不是利用和遏制民情，而是化民之性、养民之情。荀子曰“礼者，养也”（《荀子·礼论》），“人莫贵乎生，莫乐乎安，所以养生安乐者莫大乎礼义”（《荀子·强国》），所谓通达民情，此之谓也。

谈到养民之情，墨子也是特别有用心。他十分关心百姓的吃穿住行，更万分痛恨统治者聚敛或挥霍民财的做法。《墨子》文本中，几乎每处反对的主张中都少不了这一理由。如反对厚葬，是“辍民之事，靡民之财”（《墨子·节葬下》）；反对为乐，是“亏夺民衣食之财”（《墨子·非乐上》）；反对战争，更是“春则废民耕稼树艺，秋则废民获敛”（《墨子·非攻中》）。墨子心里始终惦记着“民有三患：饥者不得食，寒者不得衣，劳者不得息，三者民之巨患也”（《墨子·非乐上》），在他的思想主张中也处处不忘强调官府要“内有以食饥息劳，将养其万民”，让

“民无饥而不得食，寒而不得衣，劳而不得息”（《墨子·尚贤中》），或者消极地说，“内无以食饥衣寒”（《墨子·非命上》），“下以持养百姓，百姓不利”（《墨子·非命下》）。以此谓墨子顺民之意、养民之情，可谓至当。但只知道这样顺着满足，那也不是真正通达民情的表现。在荀子那里，对民的好恶之情不光是要养，更重要的还要化、要饰。“凡礼，事生，饰欢也；送死，饰哀也；祭祀，饰敬也；师旅，饰威也。”（《荀子·礼论》）墨子的关怀并没有错，但作为思想家必须要具备更为深刻的洞察力。孟子曰：“口之于味也，有同嗜焉；耳之于声也，有同听焉；目之于色也，有同美焉。至于心，独无所同然乎？心之所同然者何也？谓理也，义也。”（《孟子·告子上》）耳目口鼻有人所同然，这个可以通过经验观察民的好恶之情来获得。但由耳目口鼻之所同然，指出心之所同然处，这个需要思想家独特的洞察能力，引导民意识到内心的好善恶恶之情，而不是只停留食饥衣寒的好恶上面。因此，针对于墨子的关怀，孟子毫不客气地说：“人之有道也，饱食、暖衣、逸居而无教，则近于禽兽。”（《孟子·滕文公上》）孟子当然不是要否定饱食、暖衣、逸居，但对于人而言这样一种好恶之情是远远不够的。虽说墨子不像韩非那样悖逆民情，但停留在“民之三患”上来顺着满足，显然通达不了民情。“饮食男女，人之大欲存焉。死亡贫苦，人之大恶存焉。故欲恶者，心之大端也。人藏其心，不可测度也。美恶皆在其心，不见其色也。欲一以穷之，舍礼何以哉！”（《礼记·礼运》）儒家从一开始就具备这种意识，以礼义来穷极民情，是所谓通达者也。没有这种通达的思想力度，同民之好恶要么是瞎说，要么就很危险。

二、与民同乐

在种种好恶之情中，民的好利之心是特别容易被拿来说事的。老子特别警惕挑起民的好利之心，庄子大概就瞧不上这种蝇营狗苟之心，墨子十分用心来满足民之好利，韩非则当作统治的资本来加以利用。民之好利也很容易让思想家感到纠结，因为既很难说民不该好利，也不好说民就该好哪个利。如果说民不该好利，那就很可能会代之以某种宗教信仰来支撑百姓的精神世界。若能令天下百姓都不再趋利，这听起来很了不起，但圣洁的心灵同时也可能包含着另一种可怕的危险。正因此，人类社会发展到号称高度发达和繁荣的时代，却完全建基于民的好利之心。倒也不是“上下交征利而国危”（《孟子·梁惠王上》）的道理有多么难懂，关键在于利益容易操作和计算，也便于比较和交易。每个人的好恶之情总是复杂的，但好利之心却是如此简明。一个人的好恶遭遇到与另一个人的冲突，谁有资格指责对方的不是呢？如果是利益冲突就简单多了，通过相互权衡和交易，说不定还能达到所谓“双赢”。但人类社会真的就只能凭着利益的算计才能达成么？

对于利的问题，儒家有一个基本的姿态，即“义利之辨”。孔子说“君子喻于义，小人喻于利”（《论语·里仁》），便是将义与利判然两分，不容混淆。义利两途是斩钉截铁的思想主张，舍利取义是毫不含糊的价值立场。不过，义利之辨只是一个基本的立场，儒家对利的论述有着更为丰富和复杂的思想内容。孔子云：“因民之所利而利之，斯不亦惠而不费乎？”（《论语·尧曰》）如果根据“义利之辨”的基本立场，则面对“民之所利”，为什么要表达“因民之所利”这一层意思？利是民之所好，“因民之所利而利之”似乎正是同民之所好的表现。百姓无不好食恶饥、好衣恶寒、好息恶劳，墨子终身关怀于食饥、衣寒、息劳，这不就是“因民之所利而利之”吗？如果是这样的话，岂不是在迎合百姓的好利之心，此与今人所言“代表人民群众的根本利益”又有什么区别呢？既然义利之间判然两分，哪怕儒家的君子全心全意代表百姓的利益，那也不过是利益的代言人，说白了和百姓一样也是利禄之徒。义利殊途的意思是，如果一个人的利不是义，则即便成为一万个人的利也变不成义。从这个意义上说，代表所有人的利益与代表一部分的利益，并无实质区别。可见君子不可能成为代表百姓利益的人，“因民之所利而利之”不是这样解的。儒家不光是表示“因民之所利而利之”，还一再声称要“与民同乐”。看起来似乎是，既然是“因民之所利而利之”，则“与民同乐”可以想象成是跟着百姓一道乐去，搞成与群众打成一片的样子。但据说理学家喜欢探究颜子所乐何事，“一箪食，一瓢饮”的还“不改其乐”（《论语·雍也》），追求这么高端的乐，怎么可能与群众打成一片？实际上，民之喜怒哀乐随着各自的好恶飘忽不定，如何与民同之，这注定是不好理解的。“与民同乐”如同与民同利一般，如果理解得过于简单，就极有可能辜负了儒家深邃的用心。但理解好了“与民同乐”，对于“因民之所利而利之”的把握，也就可以大致不差。

儒家对“与民同之”的思想主张多有表达，而曾多次明确表达过“与民同乐”的是孟子。他在分别劝导梁惠王和齐宣王时，都有具体论说过这一主张。“与民同乐”从字面意思上看似乎显得特别浅显，但实际上还是可能有多种不同的解读。比如可以理解为君王将自己的快乐与百姓分享，也可以是君王把百姓的快乐当作自己的快乐，甚至还有一种理解，即君王期待百姓以自己的快乐为快乐。巧得很，孟子在论说的时候，这几种意思似乎都涉及了。当梁惠王在他的苑囿池沼对着孟子显摆时，孟子以文王与民偕乐为例告诫他“不贤者虽有此，不乐也”（《孟子·梁惠王上》），大概就有要能将自己的快乐与百姓分享的意思。齐宣王在他的离宫向孟子卖弄说“贤者亦有此乐乎”，孟子同样告诫宣王“乐民之乐者，民亦乐其乐”（《孟子·梁惠王下》），便有要将百姓的快乐当作自己的快乐之意，然后才可能指望百姓“乐其乐”。这最后一意思在孟子向宣王论古今之乐时表达得更为明确，所谓“今王鼓乐于此，百姓闻王钟鼓之声，管钥之音，举欣欣然有喜色而相告”（同上）云云，是百姓以自己的快乐为快乐。每一个人都希望别人能乐其乐，毕竟没有谁愿意成为孤家寡人，这也算是人之常情。但这一常情通过君王表达出来，确实也是个大道理。历代王朝覆灭，莫不由民怨沸腾而起，正是百姓不愿与之同乐。君王的统治要实现“民亦乐其乐”，其实还是很艰难的。

不过，即使是分辨了“与民同乐”的这几层意思，还是不足以真正理解好这一思想主张的丰富内涵，关键是得整明白“与民同乐”究竟要表达什么。孟子有一段与齐宣王的对话特别有意思，可以为进一步的探究提供切入口：曰：“王如善之，则何为不行?”王曰：“寡人有疾，寡人好货。”对曰：“昔者公刘好货，《诗》云：‘乃积乃仓，乃裹糇粮，于橐于囊。思戢用光。弓矢斯张，干戈戚扬，爰方启行。’故居者有积仓，行者有裹粮也，然后可以爰方启行。王如好货，与百姓同之，于王何有?”王曰：“寡人有疾，寡人好色。”对曰：“昔者大王好色，爱厥妃。《诗》云：‘古公亶甫，来朝走马，率西水浒，至于岐下。爰及姜女，聿来胥宇。’当是时也，内无怨女，外无旷夫。王如好色，与百姓同之，于王何有?”（《孟子·梁惠王下》）孟子所论的要义即是“与百姓同之”，好货与百姓同之，好色亦与百姓同之。从字面意思上看，财货与百姓同之，这个不用解释也好懂，至于好色，通过孟子“内无怨女，外无旷夫”一语，亦大体能明白。但问题是，“与民同乐”能在这些个货或者是色上面来论吗？无论如何，君民之间就在这种货色上再怎么乐起来，那也不是儒家的风格。要说起来，今天的社会倒是蛮符合这种情形的，官民无别，货色无等，物质发达，情欲放纵，真可谓是天下共之。孟子不可能表达出这样的意思，虽说与宣王所言不免带有特定的情势在里头，对于一些不明就里的人而言容易引起误会，但孟子总不可能做出“曲学阿世之言”，[1]其中道理必定不失。朱子以为，孟子由宣王所言好货、好色到与民同之，运用的还是己立立人、己达达人的道理，所谓“孟子言公刘之民富足如此，是公刘好货，而能推己之心以及民也”“无怨旷者，是大王好色，而能推己之心以及民也”，[2]是推己之好货、好色之心于民，而通过治民来成就百姓的安居乐业。

不过，朱子所言是推己及人的道理，而并不特别针对君王推及于民。虽说君民之间道理亦不过如此，却毕竟还是有更多一些意思。孟子对宣王讲“文王之囿方七十里，刍荛者往焉，雉兔者往焉，与民同之”（《孟子·梁惠王下》），是文王有其苑囿而“听民往取禽兽，刈其刍薪”，[3]如此“与民同之”，并非人人可就之事。实际上，孟子不断地给宣王讲古圣王之治，都会涉及王政背景下的恤民之制。比如天子巡狩、诸侯述职之制，“春省耕而补不足，秋省敛而助不给”（同上），是“天子诸侯出，必因王事有所补助于民”，如果“吾王不游，我何以得见劳苦蒙休息也。吾王不豫，我何以得见赈赡助不足也”。[4]简单来说，是“王者一游一豫，皆有恩惠以及民”，[5]百姓当然会跟着高兴。在这个背景下，就能很好地明白为何百姓闻王钟鼓之声、车马之音而欣欣然，“王以农隙而田，不妨民时，有愍民之心，因田猎而加抚恤之，是以民悦也”。[6]可见孟子所论“与民同乐”，说白了就是一个体恤百姓。齐宣王之所以在孟子跟前找好货、好色这样的借口，正是由于孟子跟他讲了文王施仁政而先体恤鳏寡孤独的事，他光知道嘴里叫好而无心施行。孟

---

〔1〕 朱熹：《四书章句集注》，中华书局2003年版，第220页。
〔2〕 朱熹：《四书章句集注》，第219页。
〔3〕 焦循：《孟子正义》，中华书局2007年版，第106页。
〔4〕 焦循：《孟子正义》，第122页。
〔5〕 朱熹：《四书章句集注》，第217页。
〔6〕 焦循：《孟子正义》，第105页。

子说：昔者文王之治岐也，耕者九一，仕者世禄，关市讥而不征，泽梁无禁，罪人不孥。老而无妻曰鳏。老而无夫曰寡。老而无子曰独。幼而无父曰孤。此四者，天下之穷民而无告者。文王发政施仁，必先斯四者。（《孟子·梁惠王下》）朱子注云："先王养民之政：导其妻子，使之养其老而恤其幼。不幸而有鳏寡孤独之人，无父母妻子之养，则尤宜怜恤，故必以为先也。"[1]体恤或怜悯在今天看来似乎是很廉价的，现代人很忌讳自己沦为被怜悯的对象。是不是现代人真的都强大到不需要别人的体恤或怜悯呢？其实也不是，因为不愿意信赖别人，更不愿意将自己托付给别人，只是由于害怕所托非人。现代人要么只信自己，要么继续信仰神灵，在神的跟前获得怜悯。于是，或者只能高估自己的理性主体，或者只能低估人性而依托于神性。但根据儒家的人文观念，人世间的全部意义只能由人自身全副地担负起来，由此，人与人之间的相互信赖与支撑是至关重要的。在儒家的政治理念当中，统治者对此承担着非常巨大的意义，其中就包括体恤百姓这一价值维度。这种体恤的价值远非今人口口声声的同情心可以道尽的，或者同情心只是现代政治以平等的名义瓦解了这种价值之后所剩下的一点残留物。体恤一定是自上而下的，是一种具有强大力量而深远厚重的关怀。这种关怀之所以得以可能，必定是秉承于天地之间生生不息的力量，对生命中的苦难或不幸感受到切己之痛而不可遏制地流露出来的。这种关怀表现为政治上的体恤精神，一是真实切己，推己之心于民，不容虚情假意或者别有用心；一是博施济众，推及于天下之民而无偏袒。此即孟子所言"禹思天下有溺者，由己溺之也；稷思天下有饥者，由己饥之也"（《孟子·离娄下》）。这种体恤精神亦是孟子所声称"文王视民如伤"（《孟子·离娄下》）的传统，即"民已安矣，而视之犹若有伤"，[2]可谓是关怀百姓疾苦没有止境。正是这种"视民如伤"的精神传统，才支撑起儒家彻底的人文观念，使得一个不借助于神性而获得安顿的文明成为可能。

由体恤精神或"视民如伤"传统来看，只有体恤百姓疾苦，才可能谈得上"与民同乐"。《周易·系辞》云"吉凶与民同患"，是亦有"同患"的讲法。毋

---

〔1〕 朱熹：《四书章句集注》，第218页。
〔2〕 朱熹：《四书章句集注》，第294页。

宁说，“与民同乐”其实就是“与民同患”的积极表达，所谓通达民情便是此种忧乐之情无不通也。可见，“与民同乐”并非顺其喜怒哀乐之情去放逐，同样地，“因民之所利”亦非顺其好利恶害之心去满足。体恤百姓疾苦也许不过表现为施以恩惠而已，但其为仁政的施行提供可能性的源头，这才是最重大的政治正确性所在。

三、民可使由之

以上所论“与民同乐”，不免会让人觉得，一面是百姓的形象显得太俗气，似乎眼里就只能看到这些实惠的东西才乐得起来；一面是统治者的形象又特别高大，不但怜悯百姓、关怀情深，还特别有胸怀、有眼光。今人早已厌憎这种论调，觉得是在美化统治者而侮辱老百姓，搞不懂为什么还要老调重弹。这也就是为何一句“民可使由之，不可使知之”（《论语·泰伯》）始终会招人忌恨，真是民之好恶如此。其实这其中的道理并不难明，这样来论不是在说百姓该当如此，更不是要限制了百姓，而恰恰是说统治者就该这样，并且不能容许往下堕落。具体而言，孔子所言“民可使由之，不可使知之”毫无“应该”使由之而“不该”使知之的意思，“可使”与“不可使”只是描述现实如此。孔子也并不在于只是要描述现实，而是要对统治者提出要求，即便民“不可使知之”，统治者是否可能达成一种好的统治秩序？也就是说，统治的基点必须是在“民可使由之”上，而不能是在“可使知之”上。建基于“可使由之”的统治一点也没妨碍可使知之，但建基于“可使知之”的统治却完全有可能置“可使由之”者而不顾。关于前者，三代之后便无足观矣，关于后者，现代政治倒是能提供诸多例证。

对于民的好恶之情，儒家的高明之处在于，在顺应民情过程中引领民之好恶。“与民同乐”是同其所乐而导其好恶，“因民之所利”是顺其所利而彰明其义，这种统治理念正是基于“可使由之”，这也就是通达民情的意义显得特别重大的原因。官民之间作为理性主体之间的相互沟通和理解，是基于“可使知之”的治理模式，而通达民情强调的是君王在好民之所好、恶民之所恶的过程中引领好恶之情，这是基于“民可使由之”的统治方式。从“君子喻于义，小人喻于利”的角度来说，前者是通过使民之喻于义来追求一种好的生活，后者是基于民之喻于利来达成良善的生活秩序。儒家的这一义利之辨并非是要分割成两类不同的人，而是说只要还有君子喻于义，则民之喻于利就有可能不失于义。因此，儒家的政治信念是，只要还有人喻于义，则大多数人“不可使知之”，或者都是“喻于利”者，依然能在一种正确的统治下分享到良善的生活。这种统治若要有可能，唯有对民之好恶了然于胸而通达民情一途可以指望。对于统治者而言，“不可使知之”的意思是不得要求百姓来理解统治者。无论百姓是一知半解还是茫然无知，统治者都负有治理的使命。根据儒家君民关系的观点，即“天佑下民，作之君，作之师”（《尚书·泰誓上》），则统治者基于“民可使由之，不可使知之”的实情，治理好百姓实属其分内之事。将百姓的起点设得太高，不管其用意如何，结果往往不是抬举了百姓的地位，而是放松了对统治者的要求。期待于民可使知之，动不动就搞相互理解，最终不是绑架了民意就是被民意所绑架。可见，相互沟通和理解并不是统治者的第一要务，通达民情才是最重要的。即便百姓所知有限，甚至在期待有更好的知上也是有限的，但对于百姓的喜怒哀乐之情，却完全可以无限地期待达到更真实的状态。民有好恶之情，就需要顺应民情而引领民之好恶；民未必知之，却并不妨碍由好善恶恶而行。就“可使由之”与“可使知之”而言，“由”与“知”的区别固然是重大的，但所由的内容并不会与所知的有什么区别。“民可使由之”追求的是由好善恶恶之情，关键在于“可使由之”的正确性，而不是对“由”与“知”的区别耿耿于怀。在儒家看来，确保“可使由之”者一样可以追求一种良善的生活，这才是最大的政治。

如果说“民可使由之”意味着统治者对民做最低的要求，却决非没有最好的期望。所谓“天生烝民，有物有则。民之秉彝，好是懿德”（《诗经·大雅·烝民》），一种良善的生活秩序不是上天的恩赐，更不是统治者的赋予，而是根于“民之秉彝”。作为一种最好的期望，只是一个“可使知之”都是不够的。孟子称道“人皆可以为尧舜”（《孟子·告子下》），荀子谓“涂之人可以为禹”（《荀子·性恶》），其间岂有限量乎？从道理上讲，“民可使由之”直通天之所生、民之所秉，所由之道岂有他哉，有什么不可以放心的呢！孟子有言，“得志与民由之，不得志独行其道”（《孟子·滕文公下》），朱子注曰：“与民由之，推其所得于人也。

独行其道，守其所得于己也。”〔1〕“民可使由之”与此处的“与民由之”，大概不会是两个不同的“由之”吧。“民可使由之”也不过就是推己之心于民，与此前所论“与民同乐”并无二致。当然，道理总是一贯，治理未免要曲折得多，本文所论亦只是试图略尽其间曲折而已。总而言之，使民由之不妨碍其知之，未必知之不妨碍其由之，其理明了，其治曲折，其功全在通达民情上。通达民情则民之好恶不可不知，是本文之所以论民之好恶也。

〔1〕 朱熹：《四书章句集注》，第266页。

佩玉将将：组玉佩反映的古代礼仪等级制度

多丽梅*

[内容提要]

中国古代“组玉佩”集瑞玉、礼玉、佩玉、组玉于一体，使用广泛，形式多样，制度严格，等级明显。受玉崇拜影响，古代贵族身份越尊贵，社会地位越高，拥有的组玉佩数量越多，组玉佩构成越繁杂。组玉佩是中国古代特殊形式的重要礼仪玉器，是古代显贵达官显示身份与地位的重要标志。

[关键词]

关键词：组玉佩　玉文化　玉崇拜　礼仪等级制度

玉文化在中国已有八千年历史。由玉源头兴隆洼文化出土玉玦到今天，玉文化不仅源远流长，而且流布甚广。在先民心目中，玉拥有至高无上的地位。杨伯达先生认为，中国玉文化存在一个“巫玉—王玉—民玉”的演化轨迹。王国维先生也认为，“以玉事神之器”。郭大顺先生指出新石器时代红山文化的“唯玉为葬”。通过“三礼”，我们也看到，巫觋以玉事神、通神，作为王权象征、举行国家仪式、代表人格化身等等。由此，先民不仅仅对玉的崇拜，而且还赋予玉礼仪等级和品德方面的内涵。针对玉崇拜信仰，叶舒宪先生大胆提出史前“玉教”说，认为“玉

* 多丽梅，故宫博物院故宫研究院博士后研究人员。

教是迄今可知中国境内最早发生的信仰现象，在外来宗教征服中国前，只有玉教统一了中国”。〔1〕笔者受此启发，试图从分析“组玉佩”所反映的中国古代礼仪等级制度的视角，结合文献和考古资料，探讨以组玉佩为主体的文化遗存，不仅是礼仪的载体，而且“是作为特权和等级的象征物。”〔2〕

一、何为组玉佩

组玉佩作为成套组合而成的玉器，在反映礼仪等级制度方面非常有代表性。组玉佩起源早，延续时间长，结构复杂，形式多样，等级明显，是中国古代玉器中比较特殊的一种玉器，在礼仪等级制度体系中占有重要地位。中国古代玉器中组合成套的有缀玉面幂、组玉佩、玉带板、朝珠等。但笔者认为不能将所有古代的成组玉饰，都称为“组玉佩”。称为“组玉佩”的玉佩，必须要同时具备多件玉饰、特定佩法、相互关联、反映等级等四个条件。

所谓的“多件玉饰”，是指组玉佩至少要有两件主佩以上玉器穿缀成组，而且周汉时期的重要组玉佩中的多件玉饰中，一般至少有一件是玉璜，否则可能是一般的玉坠饰。所谓的“特定佩法”，指组玉佩上下、左右穿缀方式，必须有约束性，而不是随意穿缀，有特定形式与佩法，还有用于穿缀、装饰使用的丝线、花结及色泽上的要求。所谓的“相互关联”，指组玉佩的珩佩、璜佩、琚、瑀、冲牙等坠饰以及管珠附饰各部件，都不是独立存在，而是相互关联，彼此不可分割的有机整体。所谓的“反映等级”，是指在古代严格等级制度中，所谓君臣贵贱、尊卑等级、地位高下等都可通过组玉佩的不同形式来表现，浸透礼教观念，对维护和巩固阶级统治秩序，发挥了难以想象的作用。同时，组玉佩也是中国古代礼仪等级制度在服饰上的直接反映，不是有钱有权有闲人可以随意佩戴，是有社会地位有文化学养的君子佩挂的高等级玉佩。

〔1〕 叶舒宪：《从玉教神话观看儒道思想的巫术根源》，台湾《哲学与文化》2012年第6期。

〔2〕 张绪球：《长江下游史前玉器的神灵化和礼器化过程》，《中国玉文化玉学论丛》第4编上，第95页。

二、文献所载，制度滥觞

《礼记·玉藻》："古之君子必佩玉……行则鸣佩玉……居则设佩，朝则结佩……凡带必佩玉……君子无故，玉不去身，君子于玉比德焉。"《郑风·有女同车》："将翱将翔，佩玉琼琚……将翱将翔，佩玉将将。"《秦风·终南》："佩玉将将，寿考不忘。"《郑风·女日鸡鸣》："知子之来之，杂佩以赠之！"《毛传》："杂佩者，珩、璜、琚、瑶、冲牙之类。"《礼记·玉藻》："佩玉有冲牙。"郑玄注云："居中央，以前后触也。"这些文献描写了古人的佩玉风尚、赠玉礼节、玉佩形制、系挂方式等，也反映了古代玉佩等级制度。

古代君子必佩玉，既有单件玉饰佩，也有成组的组玉佩。组玉佩是地位较尊贵的象征。孙机先生指出："在当时（周代）的社会生活中，组玉佩是贵族身份在服饰上的体现之一，身份愈高，组玉佩愈复杂愈长；身份较低者，佩饰就变得简单而短小了。这种现象的背后与当时贵族标榜的步态有关，身份愈高，步子愈小，走得愈慢，愈显得气派出众，风度俨然。"[1]周代组玉佩的等级区分体现在使用的玉材和系挂方式以及丝线色泽方面，周代天子组玉佩多用真玉（透闪石或蛇纹石），天子以下贵族组玉佩不能全部用真玉，必须玉石并用。目前周天子的组玉佩还没有确切发现，但地位仅次于周天子的诸侯王组玉佩已发现多套，基本上都是玉石相间，即玉佩用玉，玉佩间管、珠等装饰物多用玛瑙、绿松石、水晶等美石，符合礼制。至于串联组玉佩的丝线花结，虽然大多已朽烂，但从考古出土的彩绘木俑上看是相当精彩的，应也是有等级区别。

《明史·舆服志二》："皇太子冠服：……玉佩二，各用玉珩一、瑀一、琚一、冲牙一、璜二；瑀下垂玉花一、玉滴二……自珩而下，系组五，贯以玉珠，上有金钩。"这段记载阐述明代组玉佩的等级区分，同时也说明组玉佩的构成形式。由于受复古思潮影响，为符合古礼，组玉佩在明代具有用玉数量多、结构复杂、等级高等特点。明代皇帝、皇太子组玉佩使用有别，藩王、王妃配挂的组玉佩也有一定差

---

〔1〕 孙机：《周代的组玉佩》，《文物》1998年4期。

异。除亲王组玉佩比王妃组玉佩体量大、结构繁、等级高外，王妃组玉佩上的金钩也是亲王组玉佩上所没有的，以此显示等级身份差异。

三、从考古资料看组玉佩礼仪等级制度

文献记载组玉佩语义不详，不够全面，考古发掘出土的古代组玉佩资料，似乎更能体现古代使用组玉佩的等级制度。

（一）身份越高，用玉越多

考古出土的大量玉器资料表明，墓主人的身份越尊贵，社会地位越高，用玉数量越多，组玉佩也就相应增加。西周时期组玉佩大量增多，不仅出土于京畿地区，更大量发现于分封诸侯国，目前主要出土于陕西省长安县张家坡贵族墓、陕西宝鸡市弓鱼国贵族墓、山西省曲沃晋侯墓、山西绛县横水西周贵族墓、山西翼城县大河口西周贵族墓、河南省三门峡虢国贵族墓、河南省平顶山市应国贵族墓、陕西韩城梁带村遗址芮国贵族墓、北京琉璃河燕国墓地等。这些贵族墓，墓葬规模宏大，气势非凡，随葬品丰富，青铜器成套成组，精美无比，玉器数量众多，形态优美，品种丰富，组玉佩更是富丽堂皇，形式多样，结构复杂。这一时期的组玉佩富有时代特征，在中国玉器史和礼仪制度史上占有重要地位。以陕西宝鸡市西周弓鱼国墓地出土玉器为例，玉器主要出土于第一、二等级墓葬中，第三等级的墓中很少见到玉器。第一等级弓鱼国伯级贵族从头部、颈部、胸腹部、腰部、手部、脚部挂满了玉器，而第三等级的平民墓葬，仅发现零星的管、珠小件玉器，成形的玉佩一件也没有发现。可见用玉数量和身份、地位关系十分密切。

南越王墓因保存完好，组玉佩出土时保留下葬时的状态，这为组玉佩复原工作带来一定的便利性，同时具有相对可靠性。从南越王墓复原的11套组玉佩看，南越王使用的组玉佩长60厘米，配挂在胸前的装饰品，由玉、金、煤精、玻璃等不同质地的32件器物组成。该组佩组件最多，结构复杂，玉饰造型生动，工艺异常精细，是西汉组玉佩中上乘之作。南越王右夫人出土两套组玉佩，也较为精美复杂，一套由玉珩、玉璧、玉璜等9件玉器及11颗金珠、玻璃珠构成，可以复原成5

排2列，上半部分为单列，下半部分为双列，以金珠、玻璃珠间隔玉璜、玉环。玉珩系连体双龙玉佩，上端穿三小孔，下端穿两小孔，用于扣系。另一套由玉环、玉璜、玉管、玉舞人等七件玉器构成，镂空三龙纹玉环上端，作玉珩后垂挂其他玉饰件，两件玉管垂于最下端，权作玉冲牙。右夫人的两套组玉佩，其豪华程度虽不能与南越王组玉佩相比，但也是精美之作，玉饰材质上乘，特别是玉舞人，舞姿轻盈，神态专注，是汉代玉舞人佳作。其他三位南越王夫人也有清新秀美的组玉佩，但比右夫人组玉佩略逊一筹。西侧室、东耳室和前室的殉人，虽也佩挂组玉佩，但仅有几件玉璧、玉环、玉璜，器形短小，材质粗劣，雕工不细，构件简单，结构松散，与南越王、右夫人组玉佩的华丽、富贵，大异其趣，等级差异凸显。以上可以看出，南越王墓明显具有构件数量多寡、形式繁简、材质优劣、系挂精粗、等级高低等不同特征。

最为精彩的要数陕西省西安市东郊窦氏墓出土的两组玉佩。窦氏墓葬具为一椁两棺，似为夫妇合葬墓。墓内出土玉器较多，计有谷纹玉璧、云纹透雕玉璧各1件，素面玉环和熊纹猴纹透雕玉环各1件，双龙连体玉珩4件，龙纹玉觿和凤鸟形玉觿各1件，各种姿态的玉舞人8件，变形云纹玉佩1件，镂空凤形玉佩1件，还有螭龙纹、双猴纹玉佩各1件，玉冲牙1件。此墓保存完好，墓室内的玉器未经后人扰动。从玉器组合和出土位置看，属两套结构完整的组玉佩，一套由11件玉器构成，另一套由9件玉器组成。镂空玉环作玉珩，既不同于周代玉珩，更不同于明代玉珩。考古学家推断墓主应为汉初外戚窦氏家族中的成员。虽不能与南越王墓相比，仍然是贵族墓葬中等级较高者。

（二）繁简组佩，贵贱分明

古代中国人虽然对玉一直情有独钟，但用玉上差别很大。有数量多少、质量优劣、等级贵贱之分，还有用玉的单件和多件之别。能佩挂组玉佩的，都是具有一定社会地位的贵族，组玉佩数量越多，组玉佩构成越繁杂，表明主人的社会地位就越显赫。玉串饰是山西省西周时期墓葬出土的组合玉器中的重要形式，数量较多，仅次于多璜组玉佩，实际上可视为组玉佩的形式之一，也是贵族喜爱的组玉佩。不同之处在于，玉串饰串连方式多样，别具一格，而组玉佩串连方式较为严谨，一般左右对称。两者均为佩饰，但佩挂的场合可能有所不同，玉串饰可能用于日常生活佩挂，组玉佩可能在正式场合使用。

虢国墓地位于三门峡市上村岭上，墓地发现于1954年，经过大规模的考古钻探、发掘表现，这是一处等级齐全、排列有序、独具特色、保存完好的大型邦国公墓地，墓葬总数在500座以上。虢季墓，编号M2001，一座长方形竖穴土坑墓，葬具有三重木棺椁。[1]随葬品层位清楚，数量众多，共计2487件（颗），其中玉器达967件（颗），组玉佩饰有4组，从用途和形式上可分为组合玉发饰、玉项饰、七璜联珠组玉佩等。虢季墓出土的玛瑙珠、玉佩组合玉项饰，出土于墓主人颈部，由6件玉佩及112颗红玛瑙管形珠串联而成。虢季墓出土玉项饰，表明西周时期男性贵族也可能佩戴玉项饰。类似结构、大小的玉项饰，三门峡虢国墓地M2013里也发现一组，出土于墓主人的颈部，由6件束绢纹玉佩、1件龙纹玉佩、67颗玛瑙珠串联而成。根据出土物推测，墓主人可能为虢国贵族夫人，表明西周时期男女贵族均佩玉项饰，仿佛情侣装。虢季夫人梁姬墓，编号M2012，与虢季墓相距9米，上面被盗但墓室主体未被破坏。梁姬墓随葬品较多，共出土1506件（颗），玉器占了一半以上，共有806件（颗），可分玉礼器、玉佩饰、殓玉、饰件等类。玉器主要出土于棺内，其中墓主人头部有玉玦、颈部有组合项饰，胸腹部有五璜联珠组玉佩，身上放有玉璧与玉柄形器及一些动物形玉佩等，左手部位有一串玛瑙与绿松石组合的腕饰，右手部位有一串玉管与佩件组合的腕饰，手中有握玉，足部有踏玉等。内棺上面的一个铜盒内，还装有以绿松石、料珠、煤精等组成的串饰一组。复杂多样的组玉佩，彰显墓主虢季夫人地位。

（三）璜佩越多，地位越高

新石器时代出土玉器数量众多，但成组玉佩并不多见，所见组玉佩多数是玉项饰或玉串饰，它是中国组玉佩的源头，或者说是中国组玉佩的最早形态，对后世组玉佩的形成与发展有一定的影响。特别是玉璜在玉项饰中的使用，对周代以璜为主体的组玉佩的形成有直接或间接的影响。玉璜自新石器时代以来，一直是组玉佩的

---

[1] 河南省文物考古研究所、三门峡市文物工作队：《三门峡虢国墓》，文物出版社1999年版。

重要构件，如浙江余杭瑶山墓地1号、4号、7号、11号、14号墓出土的玉璜及玉管，尽管没有复原，但从出土位置及玉器构成看，明显是组玉佩，而且还都有玉璜。另外，北阴阳营遗址共出土玉璜105件，多为半环形，其中又可分单件玉璜和两节合璜两种形式。该遗址发掘者赵青芳先生指出："北阴阳营出土的玉璜，多放置在人身的头部，少者一件，多者两件，其位置明确，因此可以推知当时是作为项饰使用的。"[1]与北阴阳营同时或稍晚的崧泽文化、凌家滩文化、大溪文化，均出土一定数量的玉璜，这些玉璜的使用性质，虽然考古学家没有完全定论，但部分作佩饰使用，这是不争的事实。可见，以璜为主体的中国古代组玉佩，早在新石器时代就奠定基础，并开创以玉璜来区别身份等级的先河。

用于佩挂的玉璜是周代贵族的身份象征，璜数量多寡代表身份高低。宝鸡市西周弓鱼国墓地三璜、四璜、五璜组玉佩，全部出土于第一、二等级贵族墓中，第三等级墓葬级别较低，一件玉璜也没有发现。而从已发掘的周代贵族墓可知，贵族组玉佩用璜数量不同，有一璜、二璜、三璜、四璜、五璜、六璜、七璜之别。诸侯国国君组玉佩有使用五璜、六璜，数量最多是七璜组玉佩。山西横水的西周贵族墓M2出土一件五璜组玉佩。组玉佩出土时，位于墓主人的颈部，应是整套佩戴于颈部，五璜一直垂挂至腹部。五璜与数十件玉管串连成一整体，位置清楚，结构明显，完全可以进行原状复原，弥足珍贵。从青铜器上铭文可知，横水M2墓主为伯级贵族，出土五璜组玉佩。而横水M1墓主伯级贵族夫人，出土的是三璜组玉佩，显示等级差别。尽管其他随葬品夫人多于伯，但璜的数量一定要少于伯。河南省三门峡市虢国墓地西周虢季墓M2001出土七璜联珠组玉佩一套，陕西韩城梁带村遗址春秋早期芮国国君M27出土七璜联珠一套。但玉璜使用数量多少，是否与墓主贵族身份高下相一致，目前的考古资料还无法全部肯定，但组玉佩中玉璜数量多寡，与墓主的社会地位是相称的，正如青铜鼎、青铜簋数量多少，与使用者的社会等级相符合一样，组玉佩中的玉璜数量越多，使用者的贵族身份地位越高。至于晋侯墓地晋侯妾M63墓出土的45件玉璜，从玉璜的形态、纹样、琢磨工艺、串连方式看，显然原来不是一组组玉佩。正如孙机先生所云，组玉佩总长度已超过人的体

---

[1] 《南京博物院藏宝录》，上海文艺出版社、香港三联书店有限公司1992年版，第91－92页。

高，难以佩带。参加考古发掘的专家中，也有人认为这本来不是一组佩玉，初步整理时误连为一组。[1]所以此墓出土的45件玉璜组玉佩，是特例，不是常态，不能作为贵族最高身份的依据，因为墓主人的身份是晋侯妾，虽然可能得宠，但社会地位毕竟受到一定影响。汉以后至明代的组玉佩中，由于礼玉制度，服饰制度发生变化，玉璜在组玉佩中起的作用也发生相应变化，虽也有玉璜，但一般只视为玉构件的组成部分，而且玉璜不再做主佩。

四、结语

中国古代组玉佩是集瑞玉、礼玉、佩玉、组玉于一体，具有使用广泛，形式多样，制度严格，等级明显等特点。作为组玉佩的佩戴者，贵族身份越尊贵，社会地位越高，拥有的组玉佩数量越多，结构就越繁杂。可以认为，组玉佩是中国古代特殊形式的重要礼仪玉器，是古代显贵达官彰显权利、身份、地位、等级的重要标志。组玉佩的发展脉络是中华文明独具特色的礼仪文化，受礼俗思想的支配，更重要的是以玉为载体，与玉的信仰崇拜息息相关。时至今日，虽然组玉佩在反映等级制度方面已经退出历史舞台，但仍然能在今人的服饰及玉佩饰（如玉串饰）上找到它们的踪影，或者说组玉佩仍然存在，只是形式发生变化。这说明玉信仰崇拜与中国传统社会的延续相始终，一脉相承，未曾中断。

---

〔1〕 孙机：《周代的组玉佩》，《文物》1998年4期。

印光和康德的契合点：以信仰引领道德

——兼论当代社会道德危机的根源与出路

陈　强*

[内容提要]

关于信仰与道德的关系，中国佛教净土宗第十三祖印光的“儒佛双美论”强调，“得到阿弥陀佛接引，往生西方极乐世界”的净土信仰能使净土宗信众内心变得十分纯净，并且生发出一种不可思议的力量，此力量可引领信众“诸恶莫作，众善奉行”，成为世俗的道德楷模；而在德国古典哲学家康德看来，对“至善”的追求和对上帝和天堂的信仰能引领人们严格地实践道德，认真履行自己的道德义务，不畏惧因坚守道德而吃亏。由此可见，以信仰引领道德，道德因信仰而周全，此乃印光和康德在思想上的一个契合点。从这一契合点出发，我们关注和思考当代社会道德危机的根源与出路。

[关键词]

印光　康德　信仰　道德危机　当代社会

* 陈强，三亚学院社会发展学院副教授，广西民族大学中国—东盟研究中心（广西科学实验中心）研究员，政治学博士。本文系广西民族大学中国—东盟研究中心2013年度开放课题（KT201319）的阶段性成果。

黄家章博士的《印光思想、净土信仰与终极关怀》2013年12月由社会科学文献出版社出版。《世界宗教研究》杂志社副社长黄夏年先生盛赞该书的出版："嘉佑佛门，惠我士林。"〔1〕该书以研究中国佛教净土宗第十三祖印光的思想为起点和重点，在纵横研究印度与中国逾千年的净土信仰传统的构架中，论述终极关怀、道德关怀、生命关怀、临终关怀等宏大的主题。在该书对印光蔚成体系的弥陀净土思想和净土信仰的深入研究中，关于信仰和道德的关系的论述尤其引起了笔者的兴趣。笔者进而发现了印光和德国古典哲学家康德在思想上的一个契合点：以信仰引领道德，道德因信仰而周全。此契合点尚无学者提出过，颇值得研究。从这一契合点出发，我们可关注和思考当代社会道德危机的根源与出路。

一、印光的"儒佛双美"论：从道德关怀到终极关怀

何谓终极关怀？按照美国当代著名神学家保罗·蒂利希（Paul Tillich）的观点，宗教是对属于并应该属于我们的终极关怀之对象的终极关怀，这意味着，信仰是一种被终极关怀所支配的状态，上帝就是这种关怀的内涵的代名词。〔2〕黄家章博士对此的解读是："'关怀者'是至高无上的、绝对、无限和可以拯救人类乃至普度众生的象征，恒以'神格'表现出来；作为'被关怀者'，不论是信教者，或是范围更广泛的有情众生，则是相对、有限和需要拯救或需要普度的对象，生命苦短而又不免生老病死，人的有限作为乃至德行所体现的'人格'，正是这种有限性的主要表现之一。"〔3〕可见终极关怀是上帝、阿弥陀佛等神主对需拯救或普度的普罗大众的终极关怀，这种关怀的载体便是宗教。就中国佛教净土宗而言，能给予众生终极关怀的只能是阿弥陀佛。众生欲往生弥陀净土，就须信愿念佛，仗佛慈力，进而摆脱轮回，超越死亡轮回而往生西方极乐世界，最终超凡入圣，了生脱死。众生持有弥陀净土信仰，这种信仰会给众生提供一艘横渡苦海、往生弥陀净土的大方

---

〔1〕 黄家章：《印光思想、净土信仰与终极关怀》序言，社会科学文献出版社2013年版，第2页。
〔2〕［美］保罗·蒂利希：《文化神学》，陈新权、王平译，工人出版社1988年版，第50页。
〔3〕 黄家章：《印光思想、净土信仰与终极关怀》，第284页。

舟。这正如印光所言："见思不尽，生死莫免。唯有净土，专仗佛力，如子幼稚，赖母抚育；如度大海，须仗舟船，直登彼岸，身心坦然"，"一条荡荡西方路，直下归家莫问程；自是不归归便得，故乡风月有谁争?!"〔1〕

身在佛门的印光对世俗的儒家极有兴趣，主张儒佛并举，追求儒佛相得益彰的双美结局。净土宗如其他宗教信仰一样，包含一种对改造日常经验的权威的优先接受。阿弥陀佛就是一种优先通过信仰接受且能根本改造净土宗信众日常经验的权威，"是能从根本上改造与规范他们的思言行并将之纳入'诸恶莫作，众善奉行'之道轨的最高道德权威。"〔2〕由于信仰弥陀净土，净土宗信众内心生发出一股极其强大的精神力量，这股力量引领他（她）自己与其他信众一道，去普结善缘，行善事，结善果，在庸常生活中断绝邪念，戒除恶行，亦即在日常生活的言行中始终履行道德实践。如此一来，信众们的世俗生活既符合孔子提出的道德要求，也符合佛陀提出的道德标准，相应的善心善举就为自己在临终那一刻得到阿弥陀佛的接引，往生西方极乐世界提供了很好的前提。由此，印光的"儒佛双美"论就将世俗领域的道德关怀直接导向了宗教领域的终极关怀。

二、净土信众们日常道德言行的动力

净土信众们日常道德言行的动力，源自弥陀净土信仰以因果律和三世时空观所构成的自律。按照佛教的三世因果、六道轮回观，净土信众深信"为善必有善报，作恶必有恶报"；〔3〕深信善报或恶报必在漫长乃至永恒的时空之中实现，不是不报，时候未到；时候一到，一齐都报。因此，净土信众敬畏自然的报应法则，立志做个道德人和自律者，这里的道德与自律就不是外力强加的，而是因为意识到因果相续之义理后自觉自愿地形成的。

如若没有信仰，众生的道德行为能否自觉形成？如果像宋代儒学大家那样否定

〔1〕《印光大师全集》第1册，佛教出版社1991年版，第811页，第772页。
〔2〕黄家章：《印光思想、净土信仰与终极关怀》，第292页。
〔3〕《印光大师全集》第2册，第877页。

三世因果、六道轮回，这对人伦道德建设与维系社会和谐安定是无益的，也就是印光所言：“既无因果，无有后世。则尧桀同归于尽，谁肯孳孳修持，以求身后之虚名乎？以实我已无，虚名何用？由兹善无以劝，恶无以惩”，[1]“且谓人死，形既朽灭，神亦飘散。纵有锉斫舂磨，将何所施？神已散矣，令谁托生？由是恶者放心造业，善者亦难自勉。”[2]如果没有三世因果、六道轮回，那么如尧那样的终身行善者的死亡，和如桀那样的无恶不作者的死亡，就没有区别。如此一来，谁还愿意为身后之虚名而孜孜不倦地自律与修持？结果难免是恶人可以无所顾忌地作恶，善人则难以通过自律与自勉去行善。为何有些人作恶多端？印光对此的解释是：“其原在于不知因果报应、福善祸淫，及生死轮回、三途恶报等事，一本利己之野心，不惧害人之恶报，故陷乎此。”[3]黄家章博士指出：“在佛教的因果报应观未流布于中土前，连深受中国传统本土文化尤其是儒家思想影响的士大夫知识分子，即使伟大如司马迁，在相应的问题前，也深感矛盾，忧闷难解。”[4]源自印度的佛教因果报应观流布于中土后，蔚然成为国人的一个主流意识形态，妇孺与高士达人心中有了行善的依据，并因此而自我慰藉；恶人在行恶时则心中难免有所顾忌，担心遭受报应，其历史性的社会影响可谓深远与巨大。

在现实社会中，有人没有宗教信仰却能坚持行善，也有人因怀有虔诚的宗教信仰而去行善，这两者有何区别？“在世俗社会中，具备至高世俗道德而无宗教信仰者，对于自己的职责或义务所在，仅是鞠躬尽瘁，死而后已；而保有虔诚敬畏心的宗教信仰者，因坚持这种神圣的法则，对于自己的职责或义务，同样具备至高的立足于世俗道德的承当，更因有超现世的终极关怀，是死而不已的。”[5]相对于前者，后者能获得更强大的精神慰藉，相信自己和他人都能得到更大的福报。

---

〔1〕《印光大师全集》第2册，第1141页。
〔2〕《印光大师全集》第2册，第1394页。
〔3〕《印光大师全集》第1册，第621-622页。
〔4〕黄家章：《印光思想、净土信仰与终极关怀》，第294页。
〔5〕黄家章：《印光思想、净土信仰与终极关怀》，第297页。

三、康德的道德观："至善"需假设上帝存在

上述这些关于信仰和道德之间关系的论述，令笔者想起了德国古典哲学家康德的类似思想，感到两者有异曲同工之妙。

康德是第一个建立了纯粹的、普遍的现代道德体系的西方哲学家。他认为，是人的理性把人与动物区别开来，理性是人性的主要标志，人性是每个人都具有的，是人性使人成其为人，因此，每个人都必须尊重自己身上的人性并由此尊重整个人类，若非如此，每个人必将降低自己身上的"人的品质"乃至降到动物的层次；道德源于人的理性，而不能掺杂任何经验因素；道德行为的产生只能是因为人的义务，而不能出于人的欲望或利益，不能带有任何功利目的。从这一观点出发，"助人为乐"是不正确的。他强调，"只有出于责任的行为才具有道德价值"，"在责任前一切其他动机都黯然失色"。〔1〕在康德心目中，道德原则是每个人都必须遵守的普遍原则，是一种无条件的、强制性的、人人必须服从的"绝对命令"；道德原则可概括为：永远按照你希望其成为人类普遍规则的规则来行动；〔2〕"你的行动，要把你自己人身中的人性，和其他人人身中的人性，在任何时候都同样看作是目的，永远不能只看作是手段。"〔3〕关于个人行为规则必须能成为人类普遍规则才值得遵从，他特别指出："手里有了这一指针，在一切所面临的事件中，人们会怎样善于辨别什么是善、什么是恶，哪个合乎责任、哪个违反责任。即使不教给他们新东西，只须像苏格拉底那样，让他们注意自己的原则，那么既不需科学，也不需哲学，人们就知道怎样做是诚实和善良的，甚至是智慧和高尚的。由此也可以推断，每一个人，以至最普通的人，都能够知道，每一个人必须做什么，必须知道什么。"〔4〕康德看到了现实中的人们总有对幸福的追求，这是人类社会的普遍现象。何谓幸福？康德认为，"幸福是世界上理性存在者在其整个实存期间凡事皆照愿望

---

〔1〕［德］康德：《道德形而上学原理》，苗力田译，上海人民出版社 1986 年版，第 49 页，第 53 页。

〔2〕Emmanuel Kant，Métaphysique des mœurs II，Doctrine du droit，Renaut，P. 17，éd. GF-Flammarion，1994.

〔3〕［德］康德：《道德形而上学原理》，第 81 页。

〔4〕［德］康德：《道德形而上学原理》，第 53－54 页。

和意志而行的状态”，[1]他同时认为，幸福意味着“生活舒适”，[2]即过得好。在康德眼里，“一个有德性的人，还不是一个道德完善的人。德性虽然是最高的善，但不是唯一的善，也不是完全的善。一个有德性的人还应该得到幸福，最理想的情况是所得的幸福和他所有的德性在程度上相一致。”[3]他进一步认为，作为“绝对命令”的道德律令如不与幸福联系起来，则难以真正被人们严格遵循；另外，假如严格遵循道德律令的人不能获得幸福，则与人要追求的完满境界存在着矛盾。为此，他提出了“至善”概念。[4]至善即道德与幸福的统一，亦即实践理性的最高目标。但是，在现实社会中，道德与幸福往往不能统一，甚至彼此背离，即有德之人生活不幸，而生活幸福之人却无德。这不免让人们感到疑惑、沮丧乃至绝望。为解决上述问题，康德指出，在现世生活中，人们无法达到至善，为了达到至善，必须有两个前提：一是躯壳死时灵魂不死；二是上帝存在。由此，他提出了道德的三个假设：上帝存在，灵魂不朽，意志自由。这意味着，对上帝的强烈信仰能够引领人们以自由意志实践道德，人们相信自己的生命终结时，灵魂能升入天堂，在此岸未能到达的至善将在彼岸得到实现。

康德的道德学说把伦理学与神学联系起来，将宗教（上帝）信仰作为道德的基础。这既是对伦理学的革命，也是对基督教神学的革命。在康德的笔下，上帝的存在成了伦理学的一个假设，其存在的意义是使人类在彼岸获得至善。于是，上帝是否存在无须证明，因为这个问题属于信仰的领域，而非理性的领域。一个拥有基督信仰的人可以这样说：我完全相信上帝是存在的，但我不需要上帝存在的任何证据，因为这是我的信仰自由，与理性无关；当然，你可以说我是不理性的，不过，这又有什么关系呢？事实上，全能全智全知的上帝是超越了人类的世俗经验的，这种超验事物的存在又怎能通过世俗经验的方法来证明呢？如能通过世俗经验的方法证明，则上帝就不再是上帝，而是普通人类了。由此，康德在人类思想史上首次对信仰和理性做了十分严格的区分：宗教属于信仰，科学属于理性。他的这一做法为

---

〔1〕［德］康德：《实践理性批判》，韩水法译，商务印书馆2000年版，第136页。
〔2〕［德］康德：《道德形而上学原理》，第44页。
〔3〕［德］康德：《道德形而上学原理》，代序，第5页。
〔4〕［德］康德：《实践理性批判》，第119页。

欧洲文艺复兴运动以来因科学昌明而逐渐受到激烈批判和否定的基督教保留了一块地盘，使基督教能与科学和平共处，许多西方科学家本身就是基督教信徒（如牛顿和爱因斯坦）。此外，康德使伦理学与神学联姻意味着，康德主张的道德在理性的维度之外，多了一个信仰的维度。也就是说，人类负有道德义务首先是人类理性思考的结果，其次是人类怀有宗教信仰的产物；光有理性，还不足以使人类产生绝对的、神圣的道德使命，还需有宗教信仰作为人类的道德支撑。在思想史上，康德的上述思想具有伟大的划时代意义。

四、当代社会道德危机的根源与出路

关于信仰与道德的关系，印光的“儒佛双美论”强调，“得到阿弥陀佛接引，往生西方极乐世界”的净土信仰能使净土宗信众内心变得十分纯净，并且生发出一种不可思议的力量，此力量可引领信众“诸恶莫作，众善奉行”，成为世俗的道德楷模；而在康德看来，对“至善”的追求和对上帝和天堂的信仰能引领人们严格地实践道德，认真履行自己的道德义务，不畏惧因坚守道德而吃亏。由此可见，以信仰引领道德，道德因信仰而周全，此乃印光和康德在思想上的一个契合点。上述契合点对于当代人具有重要的借鉴意义。瑞士当代著名天主教思想家汉斯·昆曾指出，虽然没有宗教信仰的人有可能过着道德生活，但是这样的人却不可能解释自己伦理义务的绝对性与普遍性，原因在于无法从自身存在的最终有限性中引申出一种绝对、无条件的伦理要求。人们之所以有必要诉求于宗教信仰，是因为“宗教能够保证最高的价值、绝对的规范、最深的动机以及最佳的理想，即：我们的责任的原因及目的”。[1]

当代社会像是一个光怪陆离的玻璃球。一方面，科技日益发达，经济日益繁荣，人们生活日益丰富多彩；另一方面，当代社会的道德领域出现了越来越多的问题。我们可将当代社会的道德失范现象称之为“道德危机”。就当代中国社会而言，道德失范问题似乎更加尖锐一些。不胜枚举的丑恶事件被曝光后，一次又一次

[1] [瑞] 汉斯·昆：《世界伦理构想》，周艺译，北京三联书店2002年版，第69页。

地敲痛了国人的神经，它们也被国外媒体广泛报道，引起外国人的关注。

当代社会的道德危机的根源何在？按照康德的观点，道德首先源于人的理性，人通过理性思考清楚地知道，人出于对自己身上的人性以及整个人类的尊重（自尊和尊重他人），就必须承担自己对整个人类（包括自己）的道德责任，这种责任是普遍的、绝对的、无条件的。由此看来，当代社会的道德危机的一个根源在于不少当代人的理性思考能力不足，或缺乏一种理性精神，以致无法驾驭和控制自己的逐利冲动和感官欲望，从而被自己的感性牵着鼻子走。从另一个方面看，根据印光和康德的观点，道德也源自人的宗教信仰，对阿弥陀佛、净土、西方极乐世界的信仰或对上帝、天堂的信仰能给予人一种精神寄托，使人生发出一种强大的精神力量，这种力量能引领人在世俗生活中孜孜不倦地操行善事，杜绝诸恶，即勤勉地实践道德。由此看来，当代社会的道德危机的另一个根源在于不少当代人缺乏宗教信仰，以致精神没有寄托，无知无畏，放浪形骸。

从第一个根源来看，这场危机的一个可能的出路是通过教育，提高当代人的理性思考的能力，使人树立一种强大的理性精神。康德认为，人类的最崇高的目的在于实现人类的道德完善，而道德完善的希望在于教育。康德所说的教育包括了学校教育、家庭教育和社会教育。可见，教育首先是德育，即以德育人，培育具有优秀品德的人。由此看来，当代社会所有肩负教育使命的人任重道远。

从第二个根源来看，这场危机的另一个可能的出路是通过引导和启迪，使人树立某种稳定持久的宗教信仰。这种宗教信仰可以是净土信仰或基督信仰，也可以是其他正教的信仰，但绝不能是邪教的信仰。正教信仰将引领信众们在世俗生活中严格自律，笃行善事，断绝恶念和恶行，坚守道德。由此，当代社会的道德危机将在某种程度上得到化解。

宗教极端主义研究述评

梁玉春*

[内容提要]

宗教极端主义是民族分裂势力和暴力恐怖势力生存和发展的土壤。学界不断加强对宗教极端主义的研究，为政府防范和打击宗教极端主义提供决策参考，促进国家特别是新疆的社会稳定和长治久安。

[关键词]

宗教极端主义　民族分裂势力　暴力恐怖势力　新疆　述评

20世纪80年代以来，以伊斯兰教瓦哈比派为代表的宗教极端主义在新疆不断渗透蔓延，并被民族分裂势力所利用，成为民族分裂势力存在和活动的土壤。宗教极端主义以回归和复兴伊斯兰教为价值目标，主张恢复伊斯兰教早期的纯洁性和严肃性，整肃社会风尚，净化人们的“心灵”，漠视世俗生活，要求信徒遵循严格的日常生活规范，反对吸烟、饮酒、音乐和舞蹈。同时，宗教极端主义具有排他性，主张非伊斯兰教徒即“异教徒”，为了伊斯兰教的纯洁和神圣，要消灭“异教徒”。近年来，宗教极端主义的暴力倾向不断增强，在国内特别是在新疆策划实施了大量

* 梁玉春，新疆师范大学马克思主义学院副教授，法学博士。本文系2013年度教育部人文社会科学研究新疆项目“新疆少数民族大学生中国特色社会主义道路认同研究”（13XJJA710001）阶段性成果。

暴力恐怖事件，给人民群众的生命财产安全造成严重损失。宗教极端主义已成为民族分裂势力和暴力恐怖势力生存和发展的土壤，对我国特别是新疆的社会稳定和长治久安的现实和潜在的威胁，必须加强对宗教极端主义的研究，为政府防范和打击宗教极端主义提供决策参考。

一、宗教极端主义研究现状

关于宗教极端主义研究，目前检索到最早的一篇文献是安维华发表在《国际政治研究》2001年第1期的《民族分裂主义、宗教极端主义与帕西地缘政治》。其实，宗教极端主义在20世纪80年代开始在新疆渗透之时，因其打着宗教的旗帜，以宗教为掩护，具有一定的伪装性和欺骗性，很多宗教极端主义的事件都被视为一般性的宗教事务，并没有引起实际工作部门的高度警觉和重视，也没有进入学界的研究视域。2013年以来，宗教极端主义开始引起学界的高度关注，成为学界的研究热点和重点。综合已有研究文献，主要涉及以下问题：

（一）关于宗教极端主义的内涵研究

目前，学界对宗教极端主义还没有公认的概念界定。国外有学者认为宗教极端主义具有政治性和宗教性双重属性。如《大英百科全书》对极端主义和极端主义者的定义分别是“持有极端的或狂热的政治和宗教观念”，“持有极端的或狂热的政治的和宗教的观念的人”。[1]这里凸显的是宗教极端主义的政治性和宗教性。也有学者认为，宗教极端主义是一种宗教思想体系，如有学者认为：“极端主义属于宗教上的极端过分，是不符合经训和教法的行为和主张的”。[2]国内学者的主流观点认为，宗教极端主义不是宗教，而是与宗教关联、被宗教外部力量催生的政治势力，是非法的政治思潮和恶意政治行为。如上海合作组织将宗教极端势力定义为：“宗教极端势力是指打着宗教的名义，利用‘宗教’作掩盖，传播极端主义思想主

〔1〕 转引自沈毅：《极端主义概念辨析》，《中国宗教》2013年第11期。
〔2〕 转引自沈毅：《极端主义概念辨析》，《中国宗教》2013年第11期。

张，从事恐怖活动或分裂活动的社会政治势力。”[1]这也是我国官方对宗教极端势力的定义。另一种观点则认为，“宗教极端主义”是宗教势力的思想主张，属于宗教范畴。如吴云贵认为：“当今世界各地的宗教极端主义实际上都是极端的伊斯兰原教旨主义”。[2]还有一种看法认为，宗教极端主义既具有宗教性，又具有政治性，具有宗教和政治的双重性质。[3]

（二）关于宗教极端主义的特征研究

宗教极端主义作为思想体系和行为活动，有其自身的特点。金宜久认为“宗教极端主义不是人们信仰的宗教，但它又与所冠其名的宗教有一定的关联”，“宗教极端主义在信仰同一宗教的、特定的人群中从事活动”，“宗教极端主义绝对排斥一切异质文化和一切异教信仰，进而对之冲击、拒绝、打杀、毁灭一切异质文化和一切异教信仰的载体或象征物”，“宗教极端主义是种种在宗教名义下的罪恶行径的精神支柱和活的灵魂”。[4]马品彦认为“宗教极端主义具有极端性、欺骗性、政治性和暴力性等基本特征”。[5]施东颖认为“宗教极端主义具有政治性、隐秘性、团伙性和暴力性的特征”。[6]苏畅认为，中亚宗教极端势力在思想特征方面“具有激进的宗教极端思想”，“明确的政治目标”，“仇视西方”，“恐怖主义倾向”；在组织结构特征方面，建立起了“金字塔式组织结构”。[7]

（三）关于宗教极端主义的根源研究

学界对宗教极端主义产生的原因从多维视角进行了探讨。吴云贵认为宗教极端主义产生的因素有：“宗教的形态、趋向和功能从来就不是单一的”“伊斯兰复兴

---

〔1〕 转引自沈毅：《极端主义概念辨析》，《中国宗教》2013 年第 11 期。
〔2〕 吴云贵：《伊斯兰原教旨主义、宗教极端主义与国际恐怖主义辨析》，《国外社会科学》2002 年第 1 期。
〔3〕 徐浩森：《伊斯兰极端主义的概念阐释》，《俄罗斯中亚东欧研究》2006 年第 2 期。
〔4〕 金宜久：《宗教极端主义的基本特征》，《中国宗教》2004 年第 2 期。
〔5〕 马品彦：《宗教极端主义的本质与危害》，《新疆社会科学》2008 年第 6 期。
〔6〕 施东颖：《浅析宗教极端主义对我国新疆地区的影响》，《中国人民公安大学学报》2004 年第 2 期。
〔7〕 苏畅：《论中亚宗教极端势力的基本特征》，《新疆师范大学学报》2011 年第 2 期。

运动的负面效应”“冷战结束后的消极后果”“美国称霸世界图谋的巨大刺激作用”。〔1〕李兴华认为，宗教极端主义的产生源于以下因素：“宗教和民族文化的政治功能地位的相对提高，为宗教极端主义的泛起提供了一定的政治诱因和政治发展空间。某些宗教信仰者居住地区社会经济发展的落后，转型的艰难和缓慢，使反西方化、反世俗化、复兴宗教传统成为一种时兴的倾向，这就为宗教极端主义的泛起提供了较为肥沃的土壤。某些宗教中原教旨主义倾向的无有效约束发展，原教旨主义对传统的极端解读和偏执坚守在相当长时间内被以‘宗教复兴’掩盖，为极端主义利用某些宗教提供了一定时机。”〔2〕阚保平认为：“本质上极端思想的根源并非宗教的，而是政治的和社会的。”〔3〕施东颖也认为宗教极端主义在新疆生存和蔓延的原因有两个方面：一是“国际伊斯兰原教旨主义的渗透”，二是“由于新疆特殊的地理位置和宗教情况，给宗教极端主义提供了一定的生存条件”。〔4〕

（四）关于宗教极端主义的危害研究

宗教极端主义危害涉及国家、社会和民众生命财产安全诸多方面，学界对此多有研究。李兴华认为宗教极端主义有以下危害：“首先，是对社会稳定的强度破坏性；其次，是对宗教信众的高度欺骗性；最后，是对宗教本身的深度腐蚀性。”〔5〕马品彦认为：“宗教极端主义严重危害国家安全与社会稳定，危害人民生命安全，同时也严重地毒化了宗教氛围，给宗教的形象和声誉造成深度的损毁。”〔6〕也有学者研究了中亚极端主义对中国的威胁。潘光认为中亚极端组织对中国构成以下威胁：“其一，极端、恐怖组织的人员和武器通过中哈、中吉、中塔、中阿、中巴边界进入中国新疆，使在那里的‘三股势力’进一步加强。其二，通过光盘和网络等媒介宣传宗教极端主义和‘圣战’思想，主要对象是新疆的穆斯林妇女和青年，

〔1〕 吴云贵：《宗教极端主义的成因与态势》，《中国宗教》2004年第2期。
〔2〕 李兴华：《宗教极端主义研究概要》，《西北民族研究》2002年第4期。
〔3〕 阚保平：《宗教极端主义的本质是非宗教的》，《中国宗教》2004年第2期。
〔4〕 施东颖：《浅析宗教极端主义对我国新疆地区的影响》，《中国人民公安大学学报》2004年第2期。
〔5〕 李兴华：《宗教极端主义研究概要》，《西北民族研究》2002年第4期。
〔6〕 马品彦：《宗教极端主义的本质与危害》，《新疆社会科学》2008年第6期。

以及在境外的中国穆斯林留学生。其三，极端、恐怖组织对中国在中亚国家和阿富汗、巴基斯坦的人员和设施进行暴力攻击和破坏。其四，‘基地’、‘乌伊运’、伊斯兰解放党等组织与‘东伊运’、‘世维会’等组织互相勾结，联手对中国采取暴力、恐怖行动。”〔1〕还有学者分析了宗教极端主义对中亚一体化的危害。如傅菊辉，刘安平认为，宗教极端主义对中亚一体化的危害主要是“造成地区认同的分裂，破坏一体化的基础”。〔2〕

（五）关于“三股势力”的关系研究

学界普遍认为，宗教极端主义与宗教有密切关系。如吴云贵认为：“宗教极端主义与伊斯兰原教旨主义是部分与整体的关系。”〔3〕马品彦认为：“宗教极端主义与宗教的关系，就是利用与被利用的关系，即宗教极端主义利用了宗教，而宗教被宗教极端主义所利用。”〔4〕关于宗教极端主义与民族分裂势力、暴力恐怖势力的关系，马品彦认为：“它们在政治主张、构成要素、针对目标、涉及范围、表现形式等方面都有所不同，但在特定的范围和条件下，三个主义也会相互交叉结合。在三个主义交叉存在的地区，二个主义或三个主义往往结合在一起，二位一体或三位一体的现象十分普遍。”〔5〕沈毅认为：“宗教极端主义与暴力恐怖主义、民族分裂主义形影相随，关系密切。宗教极端主义更多地表现在思想上、意识形态上，它是暴力恐怖主义和民族分裂主义的精神支柱；而暴力恐怖主义和民族分裂主义更多地表现在行动上，是极端主义思想、纲领的体现和应用。在国际政治舞台上，宗教极端主义、暴力恐怖主义和民族分裂主义三股势力往往结合在一起，有时相互利用，有时合二为一，有时甚至是三位一体的。”〔6〕有学者研究了宗教极端主义与国际恐怖

〔1〕 潘光：《欧亚大陆腹地极端与恐怖主义组织发展态势及对中国的威胁》，《国际展望》2013年第2期。

〔2〕 傅菊辉、刘安平：《宗教极端主义与中亚一体化》，《贵州师范大学学报》2006年第3期。

〔3〕 吴云贵：《伊斯兰原教旨主义、宗教极端主义与国际恐怖主义辨析》，《国外社会科学》2002年第1期。

〔4〕 马品彦：《宗教极端主义的本质与危害》，《新疆社会科学》2008年第6期。

〔5〕 马品彦：《宗教极端主义的本质与危害》，《新疆社会科学》2008年第6期。

〔6〕 沈毅：《极端主义概念辨析》，《中国宗教》2013年第11期。

主义的关系，认为宗教极端主义与国际恐怖主义关系密切。如吴云贵认为“宗教极端主义既是国际恐怖主义的表层根源，在许多情况下又是国际恐怖主义一种特殊的表现形式，尽管宗教极端主义并不等同于国际恐怖主义”，并认为“许多国际恐怖组织是由原来的宗教极端组织发展演变而来的”。[1]

（六）关于中亚的宗教极端势力研究

新疆毗邻中亚，中亚宗教极端主义对宗教极端主义在新疆的蔓延产生了推波助澜的作用。可以说，中亚的宗教极端势力与新疆的宗教极端主义有着密不可分的联系。鉴此，中亚的宗教极端势力也成为学界研究的内容。有学者对中亚的宗教极端主义的根源和特征进行了分析概括。关于中亚“宗教极端势力”产生的根源，苏畅认为：“社会经济与政治根源是中亚宗教极端势力产生发展的重要因素，包括中亚国家独立后发生的经济危机、持续数年难以解决的贫困问题、教育体系受到严重冲击等社会经济因素，也有在现代化过程中政府治理的失误、宗教政策中存在的偏颇、腐败问题等国内政治根源，以及中亚各国独立后宗教激进主义的影响等思想意识根源。”[2]此外，还有学者研究了宗教极端主义的发展态势。如吴云贵认为：宗教极端主义发展演变到今天，呈现出以下态势：“一是它已形成较为系统的思想体系，造成严重的思想混乱”，“二是宗教极端主义已出现明显国际化的趋势”，“三是宗教极端主义已与恐怖主义密切结合”。[3]

（七）关于应对宗教极端主义措施研究

胡田野提出：“要完善我国遏制宗教极端主义的立法以及相关制度，划定宗教自由的法律边界，完善打击宗教极端主义的相关立法。”[4]还有学者针对社会民间将宗教极端主义与特定宗教和特定民族关联起来的思维认知，指出反对宗教极端主

---

〔1〕 吴云贵：《伊斯兰原教旨主义、宗教极端主义与国际恐怖主义辨析》，《国外社会科学》2002年第1期。

〔2〕 苏畅：《论中亚宗教极端势力产生与发展的社会经济和政治根源》，《俄罗斯学刊》2012年第2期。

〔3〕 吴云贵：《宗教极端主义的成因与态势》，《中国宗教》2004年第2期。

〔4〕 胡田野：《借鉴与完善：遏制宗教极端主义的立法研究》，《政法学刊》2013年第5期。

义不能针对特定民族和特定宗教。[1]这个观点的提出有助于提醒政府加强对社会心理认知的正确舆论引导，以消弭社会民众对此问题的错误态度。还有学者研究了国外一些国家对待宗教极端主义和管理宗教的经验做法。杨鸿玺分析了中东的黎巴嫩、埃及和突尼斯三国在二十世纪八九十年代妥善应对本国宗教极端主义，实现民族和解、宗教和谐的主要措施："淡化宗教纠葛；倡导文明共处，保障正常信仰；执行政教分离政策，杜绝极端势力干政"，"严厉打击极端势力，兼顾使用怀柔政策；增强社会凝聚力量，推行教育开启民智"。[2]白莉阐述了哈萨克斯坦针对国内日益严重的宗教极端势力而加强国内宗教秩序整顿、颁布和修正宗教管理制度法规，有效遏制了宗教极端主义的蔓延，对我国加强宗教管理提出以下建议："尽快修改和完善我国宗教事务管理方面的法律法规；细化管理、强化国家对宗教团体和宗教宣传品的监管"，"将党的宗教政策、基本方针及行之有效的经验、做法法律化，及时纳入地方立法中"。[3]潘光认为中国应对中亚极端组织可从以下五个方面入手："加强国际合作；加强自身的反恐机制建设；想方设法分化瓦解'三股势力'；严防萨拉菲派的极端活动，又要将其与萨拉菲宗教信仰严格区分；建设性介入国际文明论坛，构建自己的文明问题话语权"。[4]

二、宗教极端主义研究趋势及建议

目前宗教极端主义研究存在的不足情况较为明显。总体而言，国内对宗教极端主义，从民族学、宗教学、政治学、社会学等诸多领域进行了较为全面深入的研究，在对宗教极端主义的涵义界定、特点、分类、表现、趋势、根源和防范打击宗教极端主义的对策等研究方面，取得了较为丰硕的成果，为进一步研究奠定了基础。但是，研究无论是在深度还是在广度上，都有待开掘拓展，存在的一些问题，

[1] 郭承真：《反对宗教极端主义不能针对特定民族和特定宗教》，《中国宗教》2004 年第 2 期。

[2] 杨鸿玺：《中东阿拉伯三国如何对待宗教极端主义》，《亚非纵横》2002 年第 2 期。

[3] 白莉：《哈萨克斯坦宗教管理法及其对我国的启示》，《新疆社会科学》2012 年第 5 期。

[4] 潘光：《欧亚大陆腹地极端与恐怖主义组织发展态势及对中国的威胁》，《国际展望》2013 年第 2 期。

影响和制约着对宗教极端主义的深化研究，主要表现为“三多三少”。

“三多”是：对宗教极端主义经院式的学理阐释较多，宽泛的一般性描述较多，从理论到理论的逻辑推理较多。“三少”是：对宗教极端主义的区域性研究较少、实证性个案研究较少、对防范和打击宗教极端主义实际工作具有简便实用的可操作性对策研究较少。笔者认为，今后一个时期，可将以下问题作为宗教极端主义研究的重点：一是宗教极端主义在新疆的形成（具体传播方式、表现形式）、演化、影响和对策研究；二是宗教极端主义的民族宗教因素研究；三是“东伊运”、“世维会”等境外民族分裂组织的组织架构、运作机制、人员组成和向国内渗透的具体方式研究；四是新疆瓦哈比派研究；五是宗教极端主义与民族分裂主义和暴力恐怖主义关系研究；六是伊斯兰教解经工作研究；七是伊斯兰教教职人员培养教育研究；八是依法加强宗教管理研究；九是反宗教极端主义立法研究；十是宗教极端主义干涉世俗生活研究；十一是清除暴力恐怖音视频研究；十二是中亚宗教极端主义向新疆渗透的途径、方式研究；十三是宗教极端主义与“基地”组织关系研究；十四是对宗教极端组织情报信息搜集反馈机制研究；十五是反宗教极端主义国际合作研究。

为深化宗教极端主义研究，笔者提出三点建议：第一，加强实证性研究。选取宗教极端组织策划实施的发生在新疆特别是新疆南疆的案件，进行解剖麻雀式的个案研究，力求深入具体地了解掌握宗教极端主义在其中的作用。通过对大量个案的研究，分析探索宗教极端主义的规律。第二，加强应用性研究。学术研究的价值在于关注现实，为现实问题提供解决之道。鉴于宗教极端主义对中国特别是对新疆社会稳定和长治久安构成严重威胁，必须加强防范和打击宗教极端主义的对策研究，对策力求实用，具有可操作性，以更好地发挥学术研究在政府防范和打击宗教极端主义决策中的智库作用。第三，宗教极端主义研究学界要主动加强与民族工作、宗教工作、统战工作和公安等部门长期深入的实质性合作，从实际工作部门获取丰富的第一手资料，及时将研究成果在实际工作部门转化运用，发挥各自优势，实现优势互补，良性互动，合作共赢，共同推进宗教极端主义研究，提升防范和打击宗教极端主义工作水平。

康有为与现代新儒家

邓林华*

[内容提要]

本文从儒学转型的视角对现代新儒家的内涵进行解析，指出目前学术界关于现代新儒家的界定存在的两个问题，并从康有为的儒学变革之“新”和儒学立场之“旧”论证康有为实乃现代新儒学的开启者。以康有为为起点，对于儒学走出当前之困境，促进儒学的新开展，具有重要的意义。

[关键词]

康有为　儒学现代转型　现代新儒家

清末民初，是中国社会从传统向现代过渡的重要转折阶段，也是中国传统文明与西方文明的大碰撞时期。在西方工业文明的冲击下，中国传统制度逐渐解体，儒学走向衰落，中国面临着亡国亡种亡教的危机。面对这种危机和挑战，康有为通过“援西入儒”和“纳儒入教”两条路线，对儒学进行改造和重构，以为晚清中国的政治变革和文化转型提供理论支持。

应该说，康有为是中国近代最早吸纳、融合西学，构建新儒学，推动儒学进行现代化转型的思想家，从这个意义上讲他是现代新儒学的开创者并无不妥。梁启超

* 邓林华，湖南大学岳麓书院博士研究生。

在谈到康氏对儒学革新的贡献时曾说："先生者，孔教之马丁·路德也。"[1]将康有为与西方世界宗教改革的领袖人物马丁·路德相提并论。然而，也有许多学者并不认同康氏的儒学变革，认为他并非真正的儒家。例如，与康氏同时代的学者叶德辉就指责康有为"其貌则孔也，其心则夷也"。[2]稍后的钱穆也说："故康氏之尊孔，并不以孔子之真相，乃自以为所震惊于西俗者尊之，特曰西俗者之所有，孔子亦有之而已。是长素尊孔特其貌，其里则亦如彼。"[3]一些学者以五四为界线划分新旧儒学，认为康有为的思想不过是晚清今文经学的余音，对儒学现代转型的意义有限。还有一些学者则认为康有为主要从制度建设方面关注儒学，甚少言及心性，并非儒学正统，不应该划入现代新儒家的行列。

那么，康有为究竟属不属于现代新儒家呢？这涉及到对现代新儒家的界定。现代新儒家是儒家为解决近代西方入侵带来的问题，积极融纳西学，进行现代转型的结果。下面，笔者从儒学转型的视角对现代新儒家的内涵进行解析。

一、西方的挑战与儒学的现代转型

儒学自孔子创立，发展至今，大致可以划分为四个不同的阶段：第一个阶段是以孔、孟、荀等为代表的先秦原始儒学；第二个阶段是以董仲舒、何休等人为代表的两汉政治化和宗教化的儒学；第三个阶段是以程、朱、陆、王为代表的宋明理学；第四个阶段是自近代开始，至今尚在发展演变的现代新儒学，这一阶段儒学面临的问题是如何融纳西方现代文明，以适应现代社会发展的需要。儒学在最后两个阶段都遭遇了外来文化的大规模渗透或入侵，其中第三阶段是印度佛教，第四阶段则是西方现代文明。这两种外来文化都极大地影响了儒学的发展。佛教的传入并没有摧毁儒学，反而充实和丰富了传统儒学的理论，并促进了宋明理学的产生。而近代以来西方文化的入侵，不仅未能顺利实现西方文化的中国化，相反一度使中国文

---

〔1〕 梁启超：《南海康先生传》，《康有为全集》第12集，中国人民大学出版社2007年版，第427页。
〔2〕 苏舆：《翼教丛编》，上海书店出版社2002年版，第165页。
〔3〕 钱穆：《中国近三百年学术史》，商务印书馆1997年版，第780页。

化西方化或边缘化。究其原因，与儒学自身的发展阶段和具体的社会历史条件相关。

佛教传入时，中国正值汉唐盛世，作为汉唐意识形态的儒学正处于上升期，其所具有的文化自信和包容，对于吸纳外来文化也相对容易。而且，佛教与儒学都产生于农业社会，同属于农耕文明，它对儒学的挑战相对有限。当中国历史进入近代以后，儒学面临的威胁与以往有很大的不同。作为一种农耕文明的思想，当遭遇西方工业文明的时候，儒学在器物、制度等方面的不足便显露出来。康有为曾感叹欧洲诸国“工艺之精美，政律之修明，此新世之文明乎，诚我国未逮也！今且舍己从人，折节而师之也”。〔1〕工业文明不仅从根本上提升了社会的生产力，创造出巨量的社会财富，而且也从根本上改变了农业文明发展的模式，促进了近代社会的重大转型。清政府在鸦片战争和甲午战争的失败，让人们认识到了中国与西方存在的巨大差距。康有为对此变局有清醒的认识，他在《上清帝第四书》中说：“夫泰西诸国之相逼，中国数千年来未有之变局也。曩代四夷之交侵，以强兵相陵而已，未有法治文学之事也。今泰西诸国，以治法相竞，以智学相上，此诚古诸夷之所无也。”〔2〕康有为明确地认识到近代西方的入侵与以往外夷的入侵有很大不同，他们不仅在武力上有优势，还在社会制度和知识水平上具有优势。他意识到，中国已经不再是传统的天下王朝，而是要与其他国家进行竞争，“今者四海棣通，列国互竞，欧美之新政新法新学新器，日出曹奏，欧人乃挟其汽船铁路，以贯通大地，囊括宙合，触之者靡，逆之者碎，采而用之，则与化同，乃能保全。”〔3〕他把诸国并立、世界大通，视为数千年未有的一个大变局。为了因应这一变局，康有为主张要向欧美诸国学习新政新法新学新器，这样才能保全中国。

在康氏看来，在近代西方的侵略下，中国的“国”“种”“教”面临全面沦亡的危险，为此他成立保国会，提出“保国、保种、保教”的主张，即保国家政权、领土不丧失，保民族种类能自立，保圣教不失。这一主张表达了康有为等维新知识分子对自身使命的清醒认识，可以说也是近代以来中国知识分子的使命。为了完成

〔1〕《法兰西游记》，《康有为全集》第8集，第201页。
〔2〕《上清帝第四书》，《康有为全集》第2集，第81页。
〔3〕《日本变政考·序》，《康有为全集》第4集，第104页。

这一使命，中国文化就必须向西方学习，完成从传统到现代的转型。对此，现代新儒家的代表人物贺麟一针见血地指出："一如印度文化的输入，在历史上曾展开了一个新儒家运动一样，西洋文化的输入，无疑亦将大大地促进儒家思想的新开展。西洋文化的输入，给了儒家思想一个考验，一个生死存亡的大考验、大关头。假如儒家思想能够把握、吸收、融会、转化西洋文化，以充实自身、发展自身，儒家思想则能生存、复活而有新的发展。如不能经过此试验，渡过此关头，就会死亡，消灭，沉沦，永不能翻身。"[1]这段话说明，近代西方文明的入侵给儒学的生存造成了很大的难题，同时也为其发展创新提供了新的机遇，它迫使中国传统儒学必须进行现代化转型。那么西方究竟对儒学提出了哪些挑战和难题呢？综合考察近代思想史，笔者认为主要有以下几个方面：

1. 基督教的入侵和制度化儒家的解体使儒学的宗教性问题凸显出来。基督教作为西方人的普遍信仰，无论从内容还是形式上，都与传统中国人信仰的儒家有很大差异。基督教的入侵给儒学提出了问题：儒学是不是宗教？或者儒学是否具有宗教性？儒学与基督教孰优孰劣？它的特质是什么？这些问题可以统称为儒学的宗教性问题。显然，儒者只有弄清楚这些问题，才能更好地处理儒家和基督教之间的关系。清末制度化儒家的解体使儒学的宗教性问题更加突出。传统中国是一个政教合一的国家，政治与儒学交融在一起，儒学为政治提供合法性证明，政治为儒学提供权力支持。人们不仅将儒家当作政治和权力的一部分，也将其作为自己的信仰尊崇，或者说他们通常将两者混合为一体来看待。随着科举废除、帝制终结及传统宗法家族制度的式微，儒家文化逐渐与教育、政治、社会的基本建制分离，制度化儒学完全解体。在失去制度和权力的支撑后，儒学成了没有躯体的孤魂，无所依附。儒学还可以继续成为中国人的信仰吗？儒学是否需要转化成像基督教一样的制度化宗教？儒学是否需要重新制度化？如果需要，可能性如何？这些无疑都是新儒家需要思考的问题。

2. 近代西方民主思想的输入需要传统政治儒学有新的发展。与近代西方民主国家相比，清王朝的腐朽和没落是显而易见的，作为其统治思想基础的儒学自然成

---

[1] 贺麟：《儒家思想的新展开》，《文化与人生》，商务印书馆1988年版，第6页。

为人们怀疑和批驳的对象。理论上，传统儒学并不以政治权力的执掌为国是之根本，而是追诉其合法性来源，求诸于天道人心，构建一套辅助君主的治理秩序。然而，这套儒家治理秩序，在中国历史中并没有构成一种真正制约君主权力的宪制力量，虽然一些学者认为，在某些时候也曾经达到了某种君臣共和的治理之道，比如宋朝君臣的共治天下。可以说，在制约强横的君主专制集权方面，传统政治儒学取得的成就很有限。那么，传统政治儒学能否与西方民主思想相容？它是否能开出西方民主思想呢？如何开出？或者它可以对其进行纠治，发展出更加完善的政治儒学？这些都是新儒家学者必须思考的问题，而对这些问题的研究和讨论无疑会促进政治儒学的发展。

3. 科学的研究方法、内容和目的都与中国传统儒学有较大差异，科学思想在近代的输入对儒学形成了强大的挑战，儒学与科学之间的关系问题成为儒家学者研究的重点。首先是科学与儒学如何划界的问题。自张君劢在“科玄论战”中提出了科学与玄学（主要指儒学）的划界问题之后，这一问题就一直是现代新儒家关注的焦点之一。其次是中国传统儒学能否开出科学的问题，这是现代新儒家研究的核心问题之一，牟宗三的“良知坎陷”说是其中具有代表性的观点。第三，近代科学的输入较大地改变了传统儒学的研究模式，儒学被纳入哲学、伦理学、史学等专业，作为一般性的知识来研究，而不再视之为生命的学问。在这种研究模式之下，儒学如何保持自性？适合儒学的研究模式是什么？这些问题都是新一代儒家需要解决的问题。

对上述这些问题的研究和回答，一方面是源于中国现实的需要，即中国知识分子需要从西方吸纳现代文明因子，改变近代以来中国落后挨打的局面，从而达到“保国、保种、保教”的目的；另一方面也是儒学对西学必要的回应。当然，无论如何，前者是第一位的。对这些问题的研究和回答逐渐汇成一股思潮，形成了以梁漱溟、熊十力、马一浮、钱穆、冯友兰、贺麟等为代表的现代新儒家学派。之所以称之为“现代新儒家”，是因为它有“新”和“旧”两面。“新”是因为它吸纳了西方现代文明的因子，是儒学发展的新阶段；“旧”是因为它在变革的同时仍然坚持了儒学自身的道统，是传统儒学的延续和发展。中国传统儒学的这次转型从康有为就已经开始，并一直持续到现在，但仍远未完成。

二、关于现代新儒家的界定

学界对于现代新儒家的内涵、特征、走向等问题仍然存在不同的意见，对于哪些人属于现代新儒家也无统一的看法。虽然一些学者认为现代新儒家与康有为的思想存在一定的联系，但很少有学者将康有为列入现代新儒家这个群体。

学界一般以“五四”为界线划分新旧儒家，其中以方克立先生的观点最具代表性，是目前学术界的主流观点。方克立认为：“现代新儒家是产生于本世纪20年代、至今仍有一定生命力的，以接续儒家‘道统’、复兴儒学为己任，以服膺宋明理学（特别是儒家心性之学）为主要特征，力图以儒家学说为主体为本位，来吸纳、融合、会通西学，以寻求中国现代化道路的一个学术思想流派，也可以说是一种文化思潮。……先秦儒家，宋明新儒家，现代新儒家，这就是他们所说的儒家学说发展的三个阶段。现代新儒家所致力的就是‘儒学第三期’发展的工作。”〔1〕他进一步分析了现代新儒家的特征：第一，从学脉传承来说，现代新儒家是现代中国的儒家，具有尊孔崇儒、以儒家学说为中国文化的正统和主干、以继承儒家道统、弘扬儒家学术为己任等儒家的一般特征。第二，尊崇宋明理学是现代新儒家的共同精神取向。他们所理解的儒学的基本精神，其实就是宋明理学的精神，即以儒家心性之学为中国学术文化之本源大流，强调以“内圣”驭“外王”，通过提高道德以追求“天人合一”的精神境界。第三，现代新儒家有区别于先秦儒家和宋明新儒家的时代特征，这就是援西入儒。它一方面认同传统文化，一方面迎接西方新潮以适应时代需要，力图找到一条使传统中国通向现代化的较平稳的道路。第四，从时间界限来说，现代新儒家思潮产生于20世纪20年代初，它是对于“五四”新文化运动激烈反传统的一种保守的回应，也代表了中国传统哲学力图适应现代、走向世界的一种努力。第五，现代新儒家是现代中国的一个重要学术流派，是一种广泛的文化思潮，而不仅仅是一种哲学思潮。〔2〕其中第三、四个特征属于新儒家之“新”，第一、二个特征属于新儒家之“旧”。

---

〔1〕 方克立：《关于现代新儒家研究的几个问题》，《现代新儒学与中国现代化》，长春出版社2008年版，第11页。

〔2〕 方克立：《关于现代新儒家研究的几个问题》，《现代新儒学与中国现代化》，第11－13页。

但这一界定有两点值得商榷。第一点是将新儒家局限于宋明理学（主要是心性儒学）一脉，而将其他新儒学思想排除在外。但儒学传统除了心性儒学之外，还有政治儒学（主要以公羊学为主）。政治儒学是儒家关于政治治理的主张。孔子作《春秋》，以尧舜禹汤文武周公之政治实践为楷模，提出了儒家的政治理想与原则。这些理想与原则包括王道、大一统、三世说等。汉代依据政治儒学确立中国制度，这一制度在中国延续了两千年。政治儒学和心性儒学皆由孔子所创，两者的传承和特征都不同。政治儒学是从外在天道的高度，自上而下地确立人类政治秩序的合法性，以及客观地关注理想政治礼法制度的建构。它以春秋公羊学为代表，由孔子传子夏，子夏传公羊高，后传荀子，至汉董仲舒、何休达到高峰。此后，因其已完成儒家政治制度之构建的任务而暂时沉寂，直到清朝由“常州学派”的庄存与、刘逢禄等复兴，并在晚清为回应西方政治与文化的挑战，而由康有为发扬光大。“心性儒学”是从内在心性的角度自下而上地与天合德，达到天人合一的神圣境界，以安顿人的精神生命，实现生命的终极意义与价值，解决人的心灵信仰问题。它由孔子传曾子，曾子传子思子，发扬于孟子，为回应佛教心性论的挑战，复兴于唐之李翱、韩愈，至宋明之程朱、陆王达到高峰。[1]儒家文化既包括精神方面，也包括制度方面。心性儒学关注人的精神，而政治儒学则关注制度建设。内圣是为了外王；外王才成就内圣。儒学这两大传统在理论构建和历史进程中都是相辅相成，不可分割的，若分割就不再成为儒家文化。将儒学在近代转型之后的新开展仅局限于心性儒学一脉，显然过于狭隘，这既难以解释中国的问题，也无法应对西方文明的挑战，更无法实现儒学的全面复兴。因为现代新儒家的“内圣”至今也没有开出“新外王”，可以说在制度建设方面乏善可陈，一些大陆新儒家提出，儒学要在中国真正全面复兴，除了继承和发扬心性儒学以外，还必须复兴政治儒学的传统。康有为作为近代公羊学的杰出代表，其思想已经得到越来越多学者的重视。

儒学博大精深，无所不包，除了心性儒学之外，还有政治儒学，如果我们从更广泛的意义来理解儒学的传统，则又非这两者可以概括，例如，在一些儒家学者看

---

〔1〕 蒋庆：《从心性儒学走向政治儒学——论当代新儒学的另一发展路向》，《深圳大学学报》1991年第1期。

来，天人合一、内圣外王、大同学说也属于儒学的重要传统。所以，将新儒家局限于心性儒学一脉显然过于狭隘，既不符合思想发展的实际状况，也不有利于拓展新儒学的发展思路。

第二点是将现代新儒学定位于对“五四”新文化运动激烈反传统的一种保守的回应，而以“五四”为界线划分新旧儒学。其一，近代以来，儒学的首要使命并非是为了回应西方文化或反传统的挑战，而是吸纳西方文化的有利因子，为解决中国社会转型面临的问题服务。这个问题简而言之就是如何“保国保种保教”的问题，即在中国由一个传统帝国转化成一个现代民族国家的过程中，如何保持其疆域、土地、人口和文化传统等的延续性？如何使中国在变化的“新世”中仍然具有凝聚力和竞争力？为了解答这些问题，儒学既从传统中寻找智慧，也从西方文明中吸取知识。其二，现代新儒学要回应的是近代以来西方文明的挑战，而不仅仅是五四新文化运动激烈反传统的挑战。近代西方对中国的挑战是现代工业文明对传统农业文明的挑战，它既包含政治经济方面的内容，也有宗教信仰方面的内容，既有哲学方面的内容，也有科学方面的内容，是一种全面的挑战。五四新文化运动激烈反传统不过是西方文化对中国传统挑战的折射，是中国人在西方文明冲击下对自身传统的怀疑，是近代中西文明冲突的缩影，但不能反映和代表近代中西文明冲突的全部。其三，五四新文化运动以“科学”和“民主”反对中国的传统文化，而对此做出回应的新儒家在很大程度上都接受了五四新文化运动在制度和价值方面的主张，只是强调儒学在心性修养方面具有独特的意义，且强调它并不与“民主”和“科学”相矛盾，而是可以开出之，即“内圣开出新外王”。新儒家代表人物牟宗三曾对儒学第三期的使命有一个简明的概括：“一，道统之肯定，此即肯定道德宗教之价值，护住孔孟所开辟之人生宇宙之本源。二，学统之开出，此即转出‘知性主体’以融纳希腊传统，开出学术之独立性。三，政统之继续，此即由认识政体之发展而肯定民主政治为必然。”〔1〕基本上代表了现代新儒家学者对民主和科学的态度。而一些对民主和科学提出反思的儒家则不被称之为“现代”。谈到康有为与新儒家的关系时，方克立说：“我们在考虑现代新儒家产生的文化背景时，自然

〔1〕 牟宗三：《道德的理想主义·序》，台湾学生书局1985年版，第6页。

不能忽略他们和康有为、梁启超等人的思想联系，但康、梁在戊戌以后的保守思想却不能归入现代新儒家的范畴，辛亥前后的国粹派同他也有显著的思想特征的差异。"[1]也就是说，以是否认同"民主"和"科学"来判定是"现代儒家"还是"非现代儒家"，这显然是以西方为中心的现代性叙事。也许有学者说，五四运动是中国新民主主义的开端，也是新文化的开端，但这种划界多少受到了意识形态的影响，而非纯粹的学术判断。

中国社会和文化的转型最早应追溯到 1840 年鸦片战争，中国国门被西方列强打破，西方文明强势入侵，自此中国社会的矛盾、性质和发展方向发生了根本的改变。为了应对西方文明的挑战，解决中国救亡图存的问题，自 1840 年至 1919 年之间，中国知识分子先后发起了洋务运动、戊戌变法和辛亥革命。辛亥革命直接导致了清王朝统治的终结，制度化儒家从此解体，成为无所依附的灵魂，失去了对中国社会的影响力。这几次变革的内容涉及政治、科技和文化各个领域。期间，作为洋务运动的殿军张之洞提出的中体西用理论、维新运动的主将康有为倡导的孔教运动，都是儒学面对西方挑战所造成的危局而做出的积极变革。如果说张之洞的思想还属于传统儒学的范畴，那么康有为融纳西学，倡创孔教，并主持戊戌变法，其理论和实践都已远远超过了传统儒学的范畴，已是立足于儒学传统，融合西学而构建的新儒学，而并非只有五四以后产生的儒学才叫新儒学。事实上，"五四新儒家"（此处和下文将五四以后的儒家简称"五四新儒家"）提出的许多思想，康有为都有涉及，而康有为的一些思考甚至超越了"五四新儒家"，例如他在政治和宗教方面的一些设想等。

以"五四"为界线划分新旧儒学，将康有为等"五四"之前对西方有反思的儒家排除在外，在一定程度上影响了儒学的新开展。由于"五四新儒家"在制度层面缺乏对西学的反思，放弃和退出了制度领域的设计，导致此后新儒学的发展就只能龟缩于心性一隅，在政治儒学建设方面乏有成就，成为了残缺不全的儒学。如果我们考察"五四新儒家"的研究模式，也会发现他们受西方哲学的影响太深，而对传统儒学的研究方法缺乏重视，例如重思辨而轻践行、重义理而轻经典本身

---

〔1〕 方克立：《关于现代新儒家研究的几个问题》，《现代新儒学与中国现代化》，第 12 – 13 页。

等。可以说，“五四新儒家”对西方的回应更多属于一种防御性的回应，而非源于儒学自信、立足儒学传统的积极开展。而要实现儒学的全面复兴，势必要求新儒学在制度建设方面有自己的贡献。

基于以上分析，笔者尝试对新儒家的界定做两点修正：一、现代新儒家所承续的道统不仅包括心性儒学，而且包括政治儒学；二、现代新儒家的产生是为解决近代以来中国社会转型面临的问题，即如何“保种保国保教”的问题，它回应的是近代以来西方文明对中国传统的挑战，而不仅是“五四新文化运动”激烈反传统的挑战。按照修正的这个界定，现代新儒家不仅包括心性儒学，也包括政治儒学，不仅包括五四之后的新儒家，也包括“五四”之前的新儒家，而康有为正是这一思潮的开创者。

三、为什么说康有为是现代新儒学的开创者

为挽救清末危局，承担“保国、保种、保教”的历史使命，康有为立足于儒学传统，积极吸纳西学、改造儒学，构建了一个会通古今、融通中西的新儒学思想体系。他是近代中国最早“援西入儒”对儒学进行改造和重建的思想家，从这个意义上讲，可以说康有为是中国第一个新儒家。康有为的儒学变革着眼于中国问题的解决，他对孔教的构想、对民主和科学的吸纳和反思、对保教与保国关系的认识等都具有开创性意义，对当代新儒学的发展和国家建设仍然具有启示。

（一）民主与建国

清朝政府在甲午战争中的失败让中国知识分子认识到，中国的落后不仅仅在器物层面，还在制度层面。康有为在1888年的《上清帝第一书》中：“今之时局，前朝所未有也，则宜仍之，若知前朝所无有，则宜易新法以治之。夫治平世，与治敌国并立之世固异也。”[1]在《上清帝第四书》中，康有为分析了近代西方入侵的特点：“夫泰西诸国之相逼，中国数千年来未有之变局也。曩代四夷之交侵，以

---

[1] 《上清帝第一书》，《康有为全集》第1集，第183页。

强兵相陵而已，未有法治文学之事也。今泰西诸国，以治法相竞，以智学相上，此诚古诸夷之所无也。”[1]康氏意识到西方诸国的优势不仅在武力，还在社会制度和知识水平上，要保全中国，与西方竞争，就必须学习他们的新政新法。

为化解儒学与现代民主制度的紧张，康有为利用和发展公羊学的“三世说”，将儒学看成是一个进化的序列，从而将传统儒学与西方现代思想相融通，并利用今文经学寻求微言大义的经典诠释方式，将民主政治和人道主义等思想融入其儒学体系。经过康氏的改造，儒学不再是某个时代僵化不变的思想，而是一个随时代不断变易发展的思潮。

在康有为看来，每一世都有与其相当的政治制度，其中据乱世为君主专制，升平世为君主立宪制，太平世则为共和政体制。随着三世进化，国家的政治制度也会发生相应变化，变法改制就不可避免。按照当时的国情，康氏认为中国已经处于由据乱世向升平的发展阶段，不能再恪守旧制，必须由君主专制变革为君主立宪制。他说：“方今之病，在笃守旧法而不知变，处列国竞争之世，而（仍）行一统垂裳（统治）之法。……法既积久，弊必丛生，故无百年不变之法；况今兹之法，皆汉、唐、元、明之弊政，何尝为祖宗之法度哉!”[2]康有为吸纳西学，但不并盲从。他认为社会发展应当遵循客观规律，循序渐进，“如父母之待婴儿，方当保抱携持，不能遽待以成人之礼；如师长之训童蒙，方用夏楚收威，不能遽待以成学之规。故独立自由之风，平等自由之义，立宪民主之法，孔子怀之，待之平世，而未能遽为乱世发也。”[3]对于当时思想界盛行的共和制，康有为并不认同，认为它并不适合中国的当时的国情。康有为通过对欧美诸国的考察发现，每个国家的政治制度都与其本国的历史传统不可分，各国的民主并无统一的模式，因此他反对照搬西方制度。康有为主张“君主立宪”或“虚君共和”，以及在价值领域倡导孔教运动，都与他对民国新政与中国传统道德、风俗的关系的理解分不开。在康有为看来，如果没有这些道德和风俗作为基础，一个稳定和强大的国家就无法建立，所谓的新政也不过是空中楼阁。

---

〔1〕《上清帝第四书》，《康有为全集》第2集，第81页。
〔2〕《上清帝第六书》，《康有为全集》第4集，第17页。
〔3〕《孟子微》，《康有为全集》第5集，第422页。

确切地说，康有为并不以民主作为建国的标准，他真正关注的是中国由一个天下帝国转变为一个民族国家的过程中，这个庞大帝国的国土、人口和文化等如何保存的问题，简而言之，就是国家建构和国族建构的问题。他认为要保全中国就必须循序渐进的改良，而不能实行剧烈的革命。在康有为看来，相比共和制，“君主立宪”或“虚君共和”对于保持中国传统的延续性及国家的统一性显然更具优势。而以孔教思想融合多民族成为国族，对于民族和谐和国家稳定的意义则是不言而喻的。康有为深知在诸国并争的时代，没有强大国家作为前提性保障，民权和自由便无从谈起。所以他有时重视国权更甚于民权，在1913年的《拟中华民国宪法草案》中，康有为甚至提出“主权在国”的思想。[1]在讨论中央集权和地方自治的关系时，康有为也遵循了这一思路，强调中央集权的重要性，为防止地方权力过大，他提出了“增疆析吏”的设想。

康有为并非一般学者认为的僵化守旧主义者，他的《大同书》对儒家理想国的构想，无论从理论勇气，还是创造力来讲，都是罕见的。该书以“仁”为起点和核心，以去苦求乐为目标，在对人世苦难分析的基础上，提出去除国界、家界、种界、形界等“九界”，以构建一个“至平、至公、至仁、治之至”的大同社会。康有为的《大同书》让人们不得不对儒家的大同思想进行重新审视。他在书中提出的去家、去国及世界政府等设想，在某种程度上指明了现代社会的发展方向。如果说任何一种圆满的思想都需要理想国的构建，康有为的《大同书》对儒学的意义是不言而喻的。

综上所论，康有为基于对清末变局的清醒认识，为救亡图存，积极向西方学习新政。理论上，康有为是将民主、人权理念融入儒学的第一人，实践上，他是维新变法的领袖。但康有为对西方政制的学习，是为解决中国的问题，所以他并不以西方标准，而是根据中国的实际情况选择合适的制度。正因为这样，在以西方为中心的现代化叙事中，康有为被很多人认为是保守和落后的。但如果从更宏阔的历史视野来看，康有为的思想较之一般的教条主义者要深刻得多，他提出的改良思想、孔教的设想等对今天中国这个多民族国家的转型和发展仍然具有重要意义。

---

〔1〕《拟中华民国宪法草案》，《康有为全集》第10集，第51页。

（二）孔教与国魂

近代西方基督教的输入对儒学构成了极大的威胁，特别是中国的衰落与西方的上升所造成的巨大文化反差，使当时的中国人不能不正视宗教这种文化模式及其特殊的社会作用。传统中国一直是一个“政教合一”的国家，儒学依附于传统的制度和权力，并通过它们发挥对社会的影响力，但一旦政权和制度遭遇危机，势必殃及儒学。随着清朝帝国逐渐衰败和瓦解，作为其意识形态的儒学也被人们普遍怀疑。为此，康有为模仿基督教，通过神化孔子，创建孔教，以宗教的形式重建儒学，为儒学自身的发展及作用的发挥寻找一种合适的形式。康有为“纳儒入教”开辟了儒学宗教化的新路向。当代大陆新儒家复兴“儒教”的主张，基本上承继了康有为的这一思路。

康有为倡立孔教与其“保国保种保教”的思路相一致。对于康有为倡立孔教的缘由，梁启超曾有过精辟的分析：“先生之言宗教也，主信仰自由，不专崇一家，排斥外道，常持三圣一体、诸教平等之论。然以为生于中国，当先救中国，欲救中国，不可不因中国人之历史习惯而利导之。又以为中国人公德缺乏，团体涣散，将不可以立于大地；欲从而统一之，非择一举国人所同戴而诚服者，则不足以结合其感情，而光大其本性，于是乎以孔教复原为第一著手。”〔1〕这段话说明，康有为倡立孔教，一为救国之需要；二为中国建构统一的道德和信仰。

康有为认为，如果要重振儒学，就必须复原孔教。他将近代基督教入侵对中国社会的危害与秦朝之焚书坑儒相比：“若国步稍移，则彼非金元无教者比也，必将以其教易吾教耳。……以国力行其教，必将毁吾学宫而为拜堂，取吾制义而发挥新约，从者诱以科第，不从者绝以戮辱，此又非秦始坑儒比也”。〔2〕而基督教横行的原因就是中国人不尊崇自己的孔教，所以，他认为唯有倡立孔教，才能重振儒学。康有为对于保教与保国的关系有充分的认识。在上清帝第二书中，康有为分析了保教对于保国的重要意义：“若大教沦亡则垂至纲常废坠、君臣道息，皇上谁与此同国哉？方今割地频仍，人心已少离矣。或更有教案生变，皇上与二三大臣，何以镇

---

〔1〕 梁启超：《南海康先生传》，《康有为全集》第12集，第427页。

〔2〕《答朱蓉生书》，《康有为全集》第1集，第325页。

抚之耶？臣愚窃谓，今日非维持人心、激励忠义，不能立国；而非尊崇孔子，无以维系人心而厉忠义。此又变法之本也。”〔1〕他甚至认为，亡教更甚于亡国，如果儒教消亡，中国也将不复存在。而只要儒学尚存，即使亡国，也有复国的希望。康有为还希望以孔教为精神力量，推动变法。对此，陈宝箴曾说：（康有为）“视欧洲教皇之权力，其徒所至，皆足以持其国权者，不可同语，是以愤懑郁积，援素王之号，执以一元统天之说，推崇孔子以为教主，欲与天主耶稣，比权量力，以开民智，行其政教。”〔2〕

康有为希望以孔教为基础，建构共和国的国魂。民国成立之后，中国由传统帝国向现代民族国家转变，为避免因民族主义造成国家分裂。康有为希望通过孔教运动，建构共和国的文化一致性，推进多民族融合成为一个国族，即中华民族。康有为认为，国家的建立必须以宗教作为基础：“夫国所与立，民生所依，必有大教为之桢干，化于民俗，入于人心，奉以行止，死生以之，民乃可治，此非政事所能也，否则皮之不存，毛将焉傅。”〔3〕康有为认识到，儒教乃是古代中国的立国之本，是中国能够长盛不衰的根本原因，如果说每一个国家都要有一个灵魂，孔教就是中国的国魂，“夫所谓中国之国魂者何？曰孔子之教而已。”〔4〕在1913年的《拟中华民国宪法草案》中，他提出“有孔教乃有中国，散孔教是无中国”：“夫古文明国，若埃及、巴比伦、亚述、希腊、印度，或分而不能合，或寡而不能众，小而不能大，或皆国亡而种亦灭。其有万里之广土，四万万之众民，以传至今日者，惟有吾中国耳。所以至此，皆赖孔教之大义结合之，用以深入于人心。故孔教与中国结合二千年，人心风俗浑合为一，如晶体然，故中国不泮然而瓦解也。若无孔教之大义，俗化之固结，各为他俗所变，他教所分，则中国亡之久矣……故不立孔教为国教者，是自分亡其国也。盖各国皆有其历史风俗之特别，以为立国之本，故有孔

---

〔1〕《请商定教案法律厘正科举文体听天下乡邑增设文庙谨写〈孔子改制考〉进呈御览以尊圣师以保大教折》，《康有为全集》第4集，第94页。

〔2〕陈宝箴：《奏厘正学术造就人才折》，翦伯赞等编：《戊戌变法》第2册，上海人民出版社1957年版，第358页。

〔3〕《孔教会序》，《康有为全集》第9集，第341页。

〔4〕《中国学会报题词》，《康有为全集》第10集，第16页。

教乃有中国，散孔教是无中国矣。”[1]既然古代中国以孔教为各民族认同的基础，那么共和国的构建也应该与孔教的建构相融合，唯如此，才能保证中国这样一个多民族国家在现代社会仍然具有凝聚力和竞争力。基于此，康有为才力倡立孔教为国教。康有为要保全的中国不仅仅是领土和主权意义上的中国，还是一个文化上的中国。在他看来，这两者本不可分。

虽然康有为的孔教运动被当时不少人认为与“科学”和“民主”精神相悖，因而是不合时宜的，并最终告以失败。但康有为通过“复原孔教”重振儒学的构想，他对保教与保国关系的认识，对于今天中国的国家建构和国族建构仍然具有重要的启示。

（三）科学与救国

康有为是中国近代最早使用“科学”一词的学者，而且将发展科学与救国联系在一起，明确提出了“科学救国”的思想。早在1893年，康有为在编辑《日本书目志》时就将“科学”一词引入中国，自此“科学”一词在中国得到广泛应用。对近代自然科学的学习开阔了康有为的学术视野，使其开始从一个崭新的角度重新认识宇宙、认识自然和理解文化。

康有为早就认为国家要富强必须发展科学。在1895年《上清帝第二书》中康有为就提出“改武科为艺科，令各省、州、县遍开艺学书院。凡天文、地矿、医律、光重、化电、机器、武备、驾驶，分立学堂，而测量、图绘、语言、文字皆学之”，[2]他希望通过科技人才的培养，为国家发展服务。康有为认识到，西方的强大并非在于器物，而在制造器物之科学。他说：“泰西之强，不在军兵炮械之末，而在其士人之学、新法之书。凡一名一器，莫不有学：理则心伦、生物，气则化、光、电、重，蒙则农、工、商、矿，皆以专门之士为之，此其所以开辟地球，横绝宇内也。”[3]所以，中国不仅要学习西方的器物制造，更要学习制造器物的原理。戊戌变法失败后，康有为游历欧洲诸国，对科学之于国家富强的意义认识愈深，特

---

〔1〕《拟中华民国宪法草案》，《康有为全集》第10集，第82页。
〔2〕《上清帝第二书》，《康有为全集》第2集，第42页。
〔3〕《日本书目志》，《康有为全集》第3集，第263页。

作《物质救国论》。他在序言中就明确指出："欧洲百年来最著之效，则有国民学、物质学二者……以中国之地位，为救急之方药，则中国之病弱非有他也，在不知讲物质之学而已。"〔1〕此处的"物质之学"指的就是"科学"。而在诸国并争之世，科学关系到国家的生死存亡，他说："方今竞新之世，有物质学者生，无物质学者死。"〔2〕所以，康有为大声疾呼："科学实为救国之第一事，宁百事不办，此必不可缺者也"，〔3〕并结合西方国家的一些先进做法，就兴办科学提出了八项主张。

康有为不仅提出科学救国，还尝试将科学方法引入儒学研究，如他的《实理公法全书》就是以几何学为基础写成的。但他对科学并不盲崇，而是认为科学与道德各有其作用和边界。他对对孔教的倡导、对孔子微言大义的阐发等，似乎与科学精神相悖，以至于被"五四"一代学者批评为思想保守、落后的代表。康有为对中国的传统道德有充分的自信，认为欧美国家与中国比较，"如以物质论文明，则诚胜中国矣。若以道德论之，则中国数千年以来，受圣经之训，承宋学之俗，以仁让为贵，以孝弟为尚，以忠敬为美，……则谓中国胜于欧美人也。"〔4〕也就是说，物质之学的发达与道德水平的高低没有必然关系，道德水平高并不必然导致物质水平高，反之亦然。康有为认为，"然则吾国人之所以逊于欧人者。但在物质而已。物质者，至粗而形而下者也，吾国人能讲形而上者，而缺于形而下者。"〔5〕也就是说，中国近代的落后仅在物质之学，而非道德水平，而要救中国，只要专注于发展物质之学即可。康有为对于科学与道德的看法，认为科学与道德各有其领域和边界，这一点直接通向1920年代的"科玄论战"。

总之，康有为一方面主张学习西方的科学知识，以强大国家，另一方面在信仰和道德领域坚持儒学的传统，以建构中国的国魂。在他看来这两者都有利于中国的富强，也并不矛盾。

---

〔1〕《物质救国论》，《康有为全集》第8集，第63页。
〔2〕《物质救国论》，《康有为全集》第8集，第63页。
〔3〕《物质救国论》，《康有为全集》第8集，第95页。
〔4〕《物质救国论》，《康有为全集》第8集，第67页。
〔5〕《物质救国论》，《康有为全集》第8集，第67页。

以上所论为康有为的儒学变革，即康有为儒学“新”的一面。从“旧”的一面来看，康有为儒学变革并非凭空创造，而是以儒学为根本：一、康有为一生以尊孔保教为职志。他的儒学变革，是站在儒家的立场上对其他思想进行融摄，目的是为了充实、完善、保存和发展儒学，使儒家思想更加适应社会变革和发展的需要。二、康有为的新儒学体系是以今文经学为基础构建的，其承接的是由先秦孔子创立，经汉代董仲舒、何休发扬光大，并由“常州学派”的庄存与、刘逢禄等复兴的政治儒学传统，是传统政治儒学的现代发展。三、在康有为的思想体系中“仁”是一以贯之的核心范畴，它不仅是人类社会的道德准则、理想政治的道德基础和社会进化的动力，而且是宇宙万物的本体。四、康有为的哲学体系虽然引进了一些西方自然科学和哲学的概念，但思想实质仍然是儒家的，包括他对人道人世的关注、对“内圣外王”境界的追求等，都体现了他对儒学传统的继承。康有为对这些传统的坚持，符合现代新儒家之“旧”，即“具有尊孔崇儒、以儒家学说为中国文化的正统和主干、以继承儒家道统、弘扬儒家学术为己任等儒家的一般特征。”

事实上，我们稍加梳理就可以看出，康有为对儒学的改造与五四新儒家所作的工作，在很多方面是相同的。比如，他们都认为儒学是具有有生命力的源头活水，存在对人类文化发展具有普遍意义的价值。因此，他们都以弘扬儒学为己任，都欲通过融会中西实现儒学的转型。在方法上，他们都是六经注我。此外，他们也都认为儒学具有宗教性。只是两者在改造儒学方面的理路、侧重、方法上有些不同而已。康有为承接的是政治儒学传统，重视制度建设；“五四新儒家”承接的心性儒学一脉，重视心性修养。如果从学术渊源来看，康有为对“五四新儒家”推崇的心性之学也不乏认识和体悟。其早年受益于理学不少，对宋明理学的评价较高。他后来排斥宋儒，是“以其仅言孔子修己之学，不明孔子救世之学也。”〔1〕“宋儒自是一种学问，非孔子全体也”。〔2〕康有为重视“救世之学”，除了与其对儒学的理解有关外，也是时势使然，在西方列强入侵，清朝帝国面临亡国亡种的威胁下，他不得不致力于从儒学中寻找制度变革的思想资源，为维新变法提供理论依据。从康

〔1〕 梁启超：《南海康先生传》，《康有为全集》第12集，第428页。

〔2〕《万木草堂口说》，《康有为全集》第2集，第173页。

有为的儒学变革之“新”和儒学立场之“旧”两个方面来看，如果我们不将现代新儒家局限于某一学术流派的传承和发展，而将其视为近代以来儒家知识分子为救亡图存，以儒家学说为主体为本位，来吸纳、融合、会通西学，以寻求中国现代化道路的一种思潮，则康有为无疑是这一思潮的开创者。

四、现代新儒学研究为什么要回到康有为

明确康有为为现代新儒学的开端，或者说现代新儒学的研究回到康有为，有助于儒学研究回归中国问题，建构起符合中国自身发展逻辑的现代性叙事，对于儒学走出当前之困境，促进儒学的新开展，具有非常重要的意义。

任何一种思想的产生、发展都离不开社会的现实需要，儒学也不例外。只有立足社会现实，关注现实问题，理论研究才会有针对性和生命力。康有为身处中国社会由传统向现代转型的过渡期，西方文化的入侵是当时中国社会面临的最大威胁。康有为敏锐地意识到中国社会面临数千年未有之变局，即中国将由一个传统帝国转化成为现代民族国家，在这样的一个转化过程中，中国如何“保国保种保教”成为一个大问题。具体的来讲，包括中国传统的疆域、人口等如何继承？中国的传统文化如何存续？中国在“新世”如何才能具有凝聚力和竞争力？等等。对这些问题的研究和讨论构成了康有为儒学思想的主线。为回答这些问题，康有为一方面从传统儒学中寻找智慧，另一方面则从西方现代文明中吸取营养，包括民主、科学和宗教知识等。但康有为对现代化的理解并没有简单地模仿西方，而是立足于中国现实问题，寻找中国自身发展和转型的规律。因此，他对西学的既有吸纳，更有反思，这有时甚至使他的某些思想显得自相矛盾。

今天，东亚尤其是中国的崛起证明，现代化的模式并非只有一种，除了西方的模式之外，还有日本模式、中国模式等。康有为思想的意义自然凸显出来。实际上，康有为面对的一些问题，包括国家信仰建立的问题、民族关系问题、中央集权和地方自治问题等，在今天仍然或多或少的存在，康有为对这些问题的思考在今天也仍然具有启示。比较而言，“五四”新儒家更侧重于对西方理论，如民主、科学等问题的回应，而缺少对现实中国问题的关注。回到康有为，让儒学研究立足于中

国的问题，无论对于中国的政治实践，还是儒学自身的发展，都具有重要意义。

对于现代儒学的困境，很多儒家学者都有相近的看法。其中较为著名的是余英时先生的“游魂说”。余先生指出，儒学不单纯是一种观念化的思想流派，它与其发生和成长的政治结构、社会组织以及经济制度等紧密结合在一起，并通过这些制度发挥对人们日常生活的影响力。[1]20 世纪以来，随着传统社会结构的解体，生活方式也随之发生了根本的改变，于是儒学逐渐成为一套学院式的道德学说或宗教哲学。这套学说因为断绝了同社会结构的关联，与现代的“人伦日用”原来越疏远，成为了无所依附的“游魂“。余英时将此看作是现代儒学的根本困境和挑战。

儒学今天的发展困境，与五四以来新儒家对西方文明的回应模式有很大关系。由于现代新儒家在很大程度上都接受了五四新文化运动在制度和价值方面的主张，只强调儒学在心性修养方面的独特意义，在制度构建方面则已基本放弃。加上受西方科学研究方法的影响，儒学愈来愈成为一种学院式的道德哲学和道德知识，而与中国普通人的人伦日用缺乏联系，也与制度建构无涉，成为“游魂”也就是必然的了。与“五四”新儒家不一样，康有为对西学的吸纳主要是为了解决中国自身的问题，在制度、信仰等领域，康有为仍然保有自己儒学特色的思考。他提出的儒学宗教化思路、他对传统政治儒学的发展，及其对儒学与科学关系的论述等，都对解决现代新儒学面临的一些问题具有重要启示。回到康有为，对于儒学走出当前之困境，促进儒学的新开展，无疑具有重要的意义。

---

〔1〕余英时：《现代儒学论·序》，《现代儒学论》，第 5 页。

读书与评论

原道书院成立　学者座谈回应李明辉关于大陆新儒学的批评

盛　洪　秋　风　韩德民　方朝辉　程广云　陈　明*

[编者按]

3月28日，原道书院在北京成立。书院主办者是中国当代新儒家的代表人物之一陈明，在中国当代新儒家中素有“南蒋庆，北陈明”之说。其中的北陈明是《原道》创办人，现任首都师范大学儒教研究中心主任。书院建于北京市海淀区上庄镇常乐村，书院门上有陈明撰写的门联：“翠湖有雨吟洙泗，云过西山诵舞雩”。陈明介绍，“翠湖边，西山下，这是地望；洙泗、舞雩都是儒家符号。选择舞雩二字，一方面有对夫子‘吾与点’之境界的向往，表达的是我自己的个性气质；另一方面则是有对天之神圣性的信仰和崇敬，也可以说是对大陆儒学的宗教学话语范式的呼应吧。”

李明辉是台湾“中央研究院”文哲所研究员，也是新儒家代表人物牟宗三的弟子。其学术研究方向以儒家哲学、康德哲学和伦理学为主，著有《儒家与康德》《儒学与现代意识》《康德伦理学与孟子道德思考之重建》《当代儒学之自我转化》等书。2014年12月，他受邀至复旦大学哲学学院讲授“中西哲学中恶与原罪”，期间接受了澎湃新闻的独家专访表

* 盛洪，山东大学经济学院教授；秋风，北京航空航天大学人文社科高研院教授；韩德民，中国语言文化大学人文学院教授；方朝辉，清华大学历史系教授；程广云，首都师范大学历史系教授；陈明，首都师范大学儒教研究中心主任，原道书院山长。

达了对“大陆新儒家”说法的不认同。他指出，现在所谓的“大陆新儒家”是主要以蒋庆为中心，包括陈明在内的一小撮人的自我标榜。此外，他也不赞同“大陆新儒家”对心性儒学和政治儒学的区分。在他看来，心性儒学和政治儒学在儒家的传统里本来就无法划分开来。在原道书院成立当天举行了学术座谈会。与会学者纷纷发言回应李明辉关于大陆新儒学的批评。现将座谈会有关内容整理发表，以飨读者。

盛洪：俯视政治

首先祝贺原道书院创立，非常能体会陈明二十多年艰辛的、持续的、不屈不挠的努力。我非常高兴，因为原道书院是一个民间书院，所以从这个意义上来讲，我们回头讨论刚才那个议题——政治儒学到底是什么样的位置。我觉得儒学应该是一个非常全面的思想体系或者文化传统，它可以涉及方方面面，就像《大学》所说“正心诚意，格物致知”“修身齐家治国平天下”，各个方面都可以去做。也包括我们作为一个普通个人跟别人交往，待人接物，也包括处理好家庭内的关系，同时可以治国平天下。从这个意义上来讲，儒学这样一种文化传统，这样一种道德价值，进入到政治是非常自然的。

我还是比较赞同蒋庆先生的政治儒学，当然他的一些具体设想我并不见得全部赞成。但我认为儒学要介入到政治这件事是要坚定不移去实践的。道理非常简单，如果这个社会要追求幸福，需要结成一个制度结构，到现在为止，古今中外所有的理论，除了极个别人以外，都认为还是需要政府的。政府的存在对于一个社会、人民的幸福是至关重要的，从这个意义上来讲，我们不能无视政府的存在，也不能放弃儒家的责任，说我们所有的美好理想全在政府之外止步。所以儒学必须要进入到政府，所以就有这样一种政治儒学。

从这个意义上来讲，传统儒家在政治上的成就是非常高的，它从汉以后，尤其汉唐宋三代的发展形成了非常丰富的政治资源，汉唐宋被称为“后三代”，在政治实践中，在当时世界上是非常领先的。到今天我们都要仰视那个时代。从这个意义上来讲，汉唐宋积累下来的那些政治资源不仅是政治思想资源，而且是政治制度资源，包括各种各样的制衡制度。

我们今天讲好像制衡制度只是西方有，其实未必，今天我们之所以认为中国没有制衡制度是现在中国没有制衡制度。但是在汉唐宋，尤其唐宋时期，制衡制度是非常丰富的，包括我们讲的太傅制度、史官制度、经筵讲席制度、谥号制度、台谏制度。我们今天回头看看这些制度，是相当完备的。它假设一个皇帝只是一个凡人，宰相或者行政机构都是凡人，这个社会都是凡人，政府也都是凡人，所以必须要经过一套政治制度的安排，使得个人的缺陷和弱点能够被克服，通过这套制度形成一个比较好的决策机制。

所以我们能看到唐宋时期因为有政治制度的制衡，使得一般的皇帝能够做到大致的决策不错，犯的错误不会太严重。这套制度到了明代更凸显了它的意义，因为明代的昏君太多了，正是因为有这种台谏制度，所以才会纠正了这些不太好的政治领导人的缺点、错误，使他们犯的错误相对较少，对这个社会的祸害相对较少，而使人民受到它的好处。从这个意义上来讲，我们根本不能回避，而且我们必须坚定不移地说儒家这样一些道德价值，这样一些文化传统必须要进入到政治，而不是可进可不进。

政治本身有很多肮脏的地方，这是毫无疑问的。我觉得一个重要的事实是，在政治之外还有儒家非常丰富的土壤——民间的书院。为什么今天我到这儿来要向陈明祝贺，我觉得办民间书院是儒家一个非常纯粹的传统，儒家好的思想是发生在民间书院的，不是发生在宫廷里的，宫廷里的那些儒家思想是被灌输进去的，他自己是创造不出好的思想的。政治利益会使政治中人有些偏颇，可能会污染到儒家思想，所以必须有民间的这些书院才能够使得儒家思想在一个非常纯粹的、民间的、没有政治污染的情况下发展起来。这就形成了一个非常强大的民间儒家文化传统，而且形成了一个士大夫群体，形成了一种士大夫精神。在一个社会中，我认为最值得敬佩的就是这个士大夫群体。我认为为社会做出最大贡献的是这样一个儒家文化精英群体，由于他们的存在，使得我们说的那些制衡制度能够得以维系，不然的话，这个制衡制度就会垮掉。

而这种士大夫精神养成的文化是一种昂扬的文化，我们经常看到儒家进入了政府，尤其在君主制时代，好像他们是称臣的，那些皇帝是称君的，但是我觉得他只是在面对世俗政权的一种策略性表达而已，实际上他们在精神上是超越这些帝王的。为什么呢？很简单，因为帝王再伟大，比如唐太宗再伟大，他仍然是放大了的私，他从谏如流是为了保证他李家的江山千秋万代，而儒家的这些士是称臣，但是他们精神上是超越的，因为他们不是为了一家一姓，他们为的是天下，为的是苍生。所以他们在精神上是超越这些帝王的，他们有这样一种昂扬的精神。

从这个意义上来讲，我们来看儒家和政治是什么关系。引用余英时先生的一句话就叫做"道统指导政统"，他说儒家士大夫群体"代表道统的观念至少自公元前四世纪以来已渐渐取得了政统方面的承认"。我相信今天仍然是这样的。我们面对世俗政府，我们第一不要去说我们不跟你接触，我们不要说我们不介入政治。第二，我们肯定是俯视的，当你把你的统治权放在第一位的时候，我就在俯视你，我们是心怀天下的，是为天下人着想，为天下苍生着想，所以我给你提意见不是从我的私心出发的。你长视一点，可能就和社会的利益，和民众的利益有高度重合。从这个意义上来讲，我还是主张政治儒学有它的合理性，而政治儒学不是被别人曲解的那种东西，不是把权力放在第一位的东西，政治儒学恰恰是用道统指导政统的这样一种关系。

秋风：和而不同

确实，从政治儒学兴起，相关争论就没有停止过，儒学内部一直有不同的看法。我觉得有这样相互冲突的看法，恰恰是儒学有生命力的一个表现。

在历史上，儒家不管是从它的思想还是从它的行道的现实路线来说，其实都有不同的看法，也有不同的做法，有的时候攻讦还是很厉害，比如，北宋的时候有洛学、蜀学之争，相互之间差不多就形同水火了，尤其是东坡父子，对二程兄弟差不多在进行人身攻击。

儒学恰恰是在这样一个不同看法的争辩过程中发展、繁荣的，这其实是儒家和其他诸子百家的区别所在。《论语》倒数第二篇《子张篇》记载孔子去世以后孔门弟子的情形。我前一阵子做《论语大义浅说》，非常仔细地读那一篇，发现那一篇里记载的主题就是，孔子几个弟子怎么打架，弟子们的意见不一样，相互批评。当然，结尾记载了子贡是如何批评儒门以外的人对孔子的批评的。我想，这就是儒家的传统，不同而合，和而不同。

这点恰恰是儒家的生命力所在。我们差不多也算是争论中的一方，我是以一种平常心甚至是以一种欢喜之心看待这场争论的，这样的争论能促使我们深入的思考一些重大问题。我们沿着自己的逻辑往下推演，可能会各执一篇。相互批评、争论，可以让我们换一个角度去思考，避免偏失。

回到李明辉先生提出的问题，我觉得，当蒋庆先生提出“政治儒学”，后来陈明等人推动儒家的当代政治思考，这给儒家思想拓展出非常广阔的空间。但是，这样一个概念本身确实会引发一系列问题。政治儒学的提出，显然是针对心性儒学的，这马上会引出一个疑问，两者之间究竟是什么关系。因为从儒家的基本结构来说，这两者肯定是同等重要的。当我们把政治儒学作为一个标签时，可能会犯一个错误，不是说肯定有，而是说可能有一个倾向，你重视了这边，忽视了那一边。着了这个名相之后，确实会引发出很多问题，李明辉先生的批评促使我们反身再来回观自己是不是过于偏。可能偏是必然的，但我们最好不让自己太偏。

回应正题，究竟儒学在今天要干什么。我们每天思考，写作，弘道，办书院，像陈明兄为了办这个书院，折腾了多少年，究竟要干什么？我觉得很简单，刚才盛洪先生说了一句话，说儒学是一个整全的方案，可以加一个词，就是“整全的秩序建构规划”。可以用陈明兄同时负责的两个机构的牌号来形容和描述。前几年我们发起成立了弘道基金，现在只是一个空壳子，但名号还在，陈明兄是理事长。现在，他又成立了原道书院。很巧，儒家在任何时代所做的工作，其实就是这两个，一个是原道，一个是弘道。

原道要做什么？我想，原道主要是解经。如果说，大陆儒学跟台湾儒学有什么不同，在我看来，或许也可以说，大陆儒学比台湾儒学要高一些的地方就在于，我们回到了六经、五经。我想，蒋庆先生从一开始就从公羊学切入，入手点就比现代新儒学要高，因为从根本上来说，儒家学问的根基是经学。这是儒家跟诸子百家不同之处：诸子百家只是百家言，是家人言，可是，儒家阐明的是中国之常道或者说人类之常道。这个道在哪儿？道在经中。所以我想，儒家要在我们这样一个时代发挥引领中国的作用，乃至于引领人类进入更好状态的作用，就必须要回到经学，就是“原道”，我们要推原大道，推明治道。当然，这个工作，现在大家都意识到了，都开始在做。

在这里，有些方法论问题需要注意。上次我们和陈明兄开会，讲到了儒学发展的跨学科方法，这一点非常重要。这个时代我们的经学要想在整个秩序构建过程中发挥作用，就必须把现有知识予以消化。我们现在要发展经学，必须要有受过这些人文与社会科学的训练。不能只是背十三经注疏，在古典注疏里打转。这个是绝对必要的，但也是绝对不够的。从西方传来的人文与社会科学知识已经在这儿了，在中国一百年了，整个精英群体都接受这个教育，你怎能无视？这就跟宋明儒的知识处境一样：佛学就在那儿，你不能无视。你必须把它消化了，才能说服其他人。你如果不消化它，你有什么知识上的吸引力？你消化了它，你又给它提供了一个更大的框架，你才能以德服人。现在光靠背十三经注疏，根本说服不了经济学家、政治学家，而他们在社会里会发挥很大作用。所以，就原道而言，儒家的责任是非常艰巨的。我们除了背十三经注疏外，还要懂其他学科。我想，热爱儒学的朋友要有这样一种责任感。

至于弘道，在这方面，我跟陈明有一些区别，跟蒋庆先生也有所不同。我理解，所谓弘道，是无所不用其极的，弘道之路千千万，我们可以做很多很多的事情。夫子说，“毋意，毋必，毋固，毋我”，我们不必把自己限定于从哪个地方入手。比如，我们可以办书院，这是很好的途径，可以发展学术，可以培养士君子。我们也可以投入到基层社会的建设中，当然还有政治的设计。儒家所关切的是一个整全的秩序的重建和维护，因此，弘道之门随处都打开着，弘道的路其实也非常多，条条大路通向大同世界。

因此，我跟陈明，其实都不用辩论，不用争论，各干各的，各行其道，每条路其实都是通向差不多一个方向，只不过大家可能因为知识的不同、性情的不同，而各行其道，但其实，我们走的道，也是大道之一端。从这个意义上讲，我对儒家的复兴还是非常乐观的，因为，每个人都能很自然的体认这个道，也能从自己切身的生命深处找到行道、弘道的路径、方向和领域，与大家共勉。

韩德民：大陆新儒学的出现是一种历史的必然

其一，李明辉先生对大陆新儒家概念的质疑，站在纯粹学术理论研究的角度，或许自有其根据。但20世纪90年代开始兴起的大陆新儒学，与其说是一个学派，不如说更像一种思潮，其最突出的品格特征，即在于其现实实践指向。因此，在更宽广的历史视野里，类似李明辉式的质疑，就显得过于狭隘和表面化了。从19世纪末到20世纪后期将近一百年的时间里，激进主义无论是作为价值取向还是思维方式，都已最大限度地发挥了自己对中国社会变革所可能具有的推动作用，也因此最大限度地暴露出了其内在固有的局限性，在这种背景下，社会主流意识形态的转换，乃成为不可抗拒的历史必然。这种转换实际上是以文革的结束和邓小平启动的改革为标志的，只是作为知识界普遍的观念自觉，它直到90年代才真正实现。社会心理意识层面的保守主义转向，在寻求思想理论资源的过程中，儒学几乎是必然的选择。这首先决定于其所面对问题的中国属性，其次决定于儒学积淀的丰富及其在中国文化传统中的主导地位。就是基于这样一种角度，我觉得大陆新儒学的出现，是一种历史的必然。

同样是对大陆新儒家的批评，我觉得方克立比李明辉表现出更多对历史的敏锐。在大陆新儒学作为一个婴儿，连头发都没有露出来，只是羊水破了刚刚有一点点气息的时候，方克立就开始抵制否定了。他意识到这个东西，这种倾向，或这个观念，很可能会，或将会产生巨大的影响。为什么呢？他可能自觉不自觉地体会到了这种倾向背后的历史趋势的有力支持，尽管这种趋势是不符合他的意识观念的。李明辉则是在这个婴儿实际上已经露出头来了以后，还因为其身体四肢暂时仍处隐身状态而看不到它存在的现实性。在这个意义上，我说李明辉缺少方克立对时代精神的那样一种敏感。

第二，大陆新儒家群体的形成，是许多学者以各种不同方式呼应时代内在要求的结果。无论蒋庆、陈明、康晓光，还是盛洪等，都和传统意义上的儒家存在根本区别，他们都不是儒家自身传承的结果。就精神气质和知识结构而言，他们应该各有自己的渊源，只是基于对时代精神趋势的某种体会和感受，他们不约而同找到了儒家。儒学对他们来说，或许更多是某种有用的话语方式吧。这是我理解大陆新儒家属性的另一种角度。当然在用的过程中，慢慢也可以建立起更具超越性的价值信念层面的执着来。

第三，大陆新儒家的健康发展，其长久生命力的获得和保持，需要对这个观念崛起的历史合理性所在的自觉反省和坚定执守。传统儒家就其社会政治理论言之，在理想定位上，很注意目标选择和和社会现实之间的承接性，避免选择完全与现实脱节的目标来对现实做根本的否定。因此，是小康而非大同成了传统儒家人物普遍的致力目标，也是在这样的意义上，王莽之类人物不被认可为真正的儒者。儒家崇尚一种温和、渐进的思维方式和变革方式。从这样的角度观察，应该说，现有被列为大陆新儒家象征符号的人物里，尽管从自我意识上来说，蒋庆先生可能觉得自己是最纯正的，而实际上，我觉得他的意识状态和观念主张都包含着太多非儒家的成分。仅就社会政治主张言之，由于其思路与现实悬隔过远，落实的努力必然会导致和现实之间的僵硬对立。坚持这种对立，需要引进非常激烈的手段。而实际上这是不符合儒家基本性格的。某种意义上，我甚至认为邓小平“不争论”的思路都比蒋庆诸如三院制之类的设计联系着更多的儒家文化基因。就此而言，在我看来，大陆新儒家的发展，应该自觉避免类似这样的路径方向。

方朝辉：政道研究的合理性与局限性

第一，站在一个大陆学者的角度来讲，李明辉这样批评，我们自己还是应该谦虚点，应当承认新时期大陆学者还没有真正有分量的成果或者重量级的大学者，跟港台儒学大家比肩而论的。李的看法应当是对我们的一个提醒和刺激，激发我们进一步去探索。

另外，对李明辉对蒋庆先生政治儒学的批评，我自己感觉应该一分为二来看。我认为李明辉对蒋庆的有些批评并不仅仅是他个人的看法，也代表了目前大陆学术界特别是儒学圈里很大一部分学者的共同看法。他们在网上的有些发言甚至比李明辉的批评更加激烈，简直就是把蒋庆骂成什么也不是了，这个也应该值得我们去反思。我自己认为蒋庆先生政治儒学的提法有非常大的贡献，就是认识到了理想的社会形态并不完全是建立在心性逻辑的基础上。心性儒学有它自身的逻辑，以心性的自我修养为逻辑基础，但是蒋庆先生提出理想社会的基础并不仅仅靠这个东西，还有一个历史文化的逻辑。我认为在这点上，蒋庆先生的观点是正确的，也是颠扑不破的，应当得到充分的肯定。但是蒋庆先生受学者诟病最多的一个地方，或者很多学者也是因为看到这些诟病，就对蒋庆先生思想的精华缺乏合理肯定的因素，就是蒋庆先生的“儒教三元制”，很多学者就说这个东西不合理，设计得太理想化，太乌托邦，根本不可能实现。有的人甚至认为蒋庆先生是一个儒教原教旨主义精神的典范。我就听到不少国内同行私下这样骂蒋庆。如果单纯从这个角度来讲，说儒教三元制设计不合理，我认为还是有一定的道理，但是如果因此而完全否定政治儒学的思路，我是完全不赞同的。

蒋庆先生的思路给我们一个重要的启发，或者说我们能够从蒋先生这里得到的一种灵感，就是思考将来应该怎样在这个基础上进一步推进。我认为现在沿着这条道路往前推进，至少有两个方向：第一个方向就是对于政道的研究，第二个方向我称之为是治道的研究。秋风今天也在，尽管我知道你是两个都讲，但是可能跟我对“治道”的理解还有区别。政道的研究实际上是偏重于政治制度的设计，当然也包括社会制度的设计，就是制度建构，包括蒋庆先生的儒教三元制和秋风先生讲的儒家宪政，除此之外还有不少其他的构想，均属此列。

这种政道的研究确实有它的道理，有它的合理性，但是我感觉也有它的局限性。政道研究的局限性在于有时候可能我们对于一轮新的政治制度诞生的基础特别是文化历史基础还没有搞清楚的情况下，盲目地提出一套政治制度的架构，在现实生活当中缺乏可操作性，反而给我们带来更多的反面批评。比如说据我的观察，中国历史上包括人类历史上迄今为止所出现过的最有代表性的几种制度形态，从来都不是某一个思想家自己构想出来的。比如中国历史上最典型的一个政治制度是君主制，这肯定不是儒家构造出来的，商代以前就有了。另外就是郡县制和封建制，这两个制度都是在特定社会条件下提出来的。在历史上虽然秦汉以后有不少人想恢复封建，但是恢复不了。也有人说郡县制比封建制好，因为更加有利于人才的流动。但是我们大家设想一下，假如孔子在春秋时期提倡郡县制，有没有现实的可行性？所以我的意思就是，任何一种制度的诞生是有一定的历史惯性，有一定的社会历史基础和文化心理基础作为依据的。同样在西方历史上曾经出现过的民主制度，包括古希腊雅典的民主制和现代的民主制度以及它的各种形态，也都是在非常特定的社会历史条件下，在具备了相应的文化心理基础的情况下才诞生的。我们今天研究西方的法治概念，可以发现西方的法治概念是在中世纪结束后期多种不同的政治势力的较量当中，还有多种不同的法系的关系当中，以及西方文化千百年来占统治地位的政教分离的传统，都有极为密切的关系，绝不是某一个人想出来觉得这个制度从一个抽象人性论的角度来讲是合理的就可以把它拿过来。

所以我在社会制度这个问题上一向反对脱离社会文化基础，抽象地从人性的价值需求和形而上学的角度来追求或者倡导某种制度，当然我不是说秋风他们做的这个没有意义，我的意思是说这个研究虽然有它的合理性，但是也是要小心的。我自己认为，中国这个社会未来向什么样的方向发展，从政治制度上来讲，它固然很有可能会变成一个越来越民主的社会，它依然不能从根本上解决中国社会的一系列根本性的问题。我认为这些根本性的问题需要我们有一点社会科学工作者的眼光去研究，研究我们这个社会我们这个民族，我们这个文化，几千年来发展和演变的规律和特点。比如说我曾经讲过这么一个例子，我今天早上还在家里看史华兹先生的一本书叫《中国古代思想的世界》，他在这本书里就说西方学者在研究中国古代思想的时候有很多地方是无论如何极难理解（除了汉学家以外一般人极难理解），中国古代的学者们怎么那么有信心认为他们可以带来一个盛世，孔子居然说他“如有用我者吾其为东周乎”，居然能说出这样的话来。他们说我们研究印度文化，发现在印度历史上，历来有一种社会强而政治弱，所以没有人认为他有治国平天下的抱负，或者有必要有治国平天下的抱负。西方学者更是这样的了，许多人认为做学问就是思维智力的游戏和对真理的探索，不一定要对整个世界负责，将政治、经济、法律和自然合并到一起，将人间世界和自然世界统和到一起，来建立一个秩序。他认为这样想法代表了一种整体的宇宙观和秩序至上的思想预设。他认为中国几千年来的学者们都有这样一种预设，这种预设在其他文化当中是很少能看到的，也是多数西方学者在研究中国思想的时候非常难以接受的一种东西。我们从这个角度来讲，这恰恰就是每一种文化可能有它自己的一些预设，而这种预设是一种文化的无意识，是在过去几千年历史上，按照史华兹等人的观点认为中国历史上的先秦时期已经形成了这么几个文化的预设，就是整体主义、内在主义和秩序至上的这么一种信念，他认为这种东西在西方文化当中是没有的，在印度文化和人类很多其他文化中都是没有的。

我的意思就是说，从这种整体的预设可以理解为什么中国文化过去几千年走上了分久必合的道路，比如说我们研究希腊和研究西欧的历史可以发现古希腊有将近一千个城邦，人数最少的只有两千多公民，人数最多的像雅典也只有六万公民，就是一个独立国家。但是这一千个城邦，如果不是因为后来外敌入侵的话，他们可以永远这样的分而不合，欧洲在中世纪以后也是出现了类似情况，西方文化这种长久的分而不合，用马克思的比喻就像一袋马铃薯，中国文化是分了一段时间以后本身能够黏合到一起来。设想春秋战国的时候有550多年的战乱，到最后如果再也没有统一的话，就没有所谓的中国文化了。

程广云：中国传统政治制度如何修复？

我觉得有一个维度可以补充一下。过去陈明办《原道》，这是一个思想文化阵地。现在办书院，又是另外一个事业，这个事业是什么呢？刚才大家所谈论的，除了文化，就是政治。但是，我觉得更重要的是社会这个层面。

根据我的观察，台湾的社会和政治是基本分离的，政治层面的两党博弈或多党博弈不会影响整个社会的稳定性。但大陆不一样。有一次，一位台湾学者问我两岸之间最根本的区别是什么，我回答说台湾“历史”大概已经“终结”，我们还在“历史”之中。因为我们的社会是被政治支配的，所以我们特别强调政治不能乱，因为政治一乱，社会就乱了。

为什么李明辉会批评大陆新儒家？我不想涉及他的具体观点，我想最主要的是，两岸因为时代背景不同，问题意识不同，所以走出了两种不同的轨迹。台湾有台湾的问题，大陆有大陆的问题。台湾人已经实现政社分离，他们关注心性问题，发展心性儒学是必然的。但是，大陆人仍然陷于政社一体之中，他们关注政治问题，发展政治儒学同样是必然的。

中国近代出现了从传统到现代的转型。这个转型在文化层面和政治层面都表现为一种很大的“断裂”，但是社会层面存在着一个更大的“断裂”。宗族、士、士大夫这些原来整合社会的基本力量消失了。失去载体，诸如中国传统文化精神、中国传统政治制度如何修复？这是一个问题，迄今为止，我以为这一问题并没有得到真正解决。中国大陆儒教主要代表如蒋庆、陈明、康晓光、盛洪和秋风等，都没有真正意识到这一问题。

由于转型中的“断裂”，中国近代出现了“一盘散沙”的局面。须知，中国既没有西方传统的教会，更没有现代的市民（公民）社会，于是，便以政治的力量来整合社会，这便是从苏俄引入的政党政治。

西方（包括英美、欧陆）的政党主要是政见式的议会选举型政党，苏俄的政党主要是意识形态式的政社一体化政党。民初也有第一类政党，如宋教仁改组的国民党、梁启超创立的进步党等，但是在军阀政治主导下，西方宪政名不副实，终于流产，于是就有第二类政党。中国共产党和中国国民党都是在第三国际（共产国际）的帮助下成立和改组的，都是以布尔什维克党为蓝本的列宁党。但是，不论在意识形态化程度，还是政社一体化程度上，都是共产党强，国民党弱。共产党之所以能够最终战胜国民党，就在于它在整合社会上更有效力。你看它一开始办的工会、农会、妇联、共青团、少先队和儿童团等等，就是社会组织，但却是受到政治组织控制的，而从政治组织到社会组织又是受到意识形态支配的。当中共作为革命党时，它通过意识形态进行社会动员，通过社会组织进行社会革命，以便它夺取政权；当中共成为执政党时，这些社会组织成为它联系群众的中介（中间环节）。但是，执政党的官僚（权贵）化倾向虚化它的群众性基础，这就是政治控制社会的后果。社会被组织而非自组织，而政治又丧失组织效力，这就是当前中国大陆危机之所在。于是各种重新整合就出现了，比如西方传统教会势力的渗透，现代市民（公民）社会的涌现等。

我们书院到底要发挥什么职能呢？文化传承职能是毋庸置疑的。至于政治参与职能，我认为要慎重，应汲取历史的经验和教训，与政治保持适当距离。立足于民间而非立足于官方。宗教比哲学更具有意识形态色彩，我个人持保留态度（譬如我今天因为迟到，只参加下午的研讨会，未参加上午的释菜礼，也是“天意”，以免与我另一身份相互矛盾）。但是，对于一个书院来说，若只是一帮学者时不时在这里聚一聚，我觉得还不够，还没有实现社会整合的职能。社会整合是非常重要的事情。我今天到这里来，沿途看见一家天主教堂，在辗转寻找中，发现本村另有一家书院，当然还有村支部、村委会。至于它们的社会整合的效力，我不知道。我们能否真正凝聚人心，影响他们的习俗、伦理和宗教，使之回归孔子、儒教所建构的文化传统而又适应现代生活方式？我寄希望于陈明“山长”和原道书院能够在这方面有所突破。

陈明：大陆新儒家的问题意识、话语范式、思想谱系都已经成型

我也被李明辉扫了一下，躺枪了。我跟他很熟，他提出这个问题有偶然有必然。偶然是什么呢？他忠诚于牟先生的那套想法，同时性格非常自负。他曾经在我面前说林安梧作为牟先生亲炙弟子却大谈什么后新儒学，情感上就说不过去，儒家讲究“三年无改于父之道”嘛。从这个角度来说，明辉兄虽然是海归，情感、理念还是非常之儒家非常之中国！他用自己极富个性的语言方式通过彭湃这个平台大陆儒学和港台儒学用对立的关系呈现出来，是很有些偶然性的。

必然的地方是什么？必然的地方就是大陆儒学到今天确实已经是轮廓初具，从方法论到问题意识，到话语范型，到思想谱系都可谓隐约成型。当年方克立提出这个概念是试图从政治上加以否定，这次李明辉否定这个事实，却是从学理——我个人认为还有意气，都表现出某种吊诡的味道，颇堪玩味！

李明辉问题实际可以分解为两个层次，一是大陆儒学作为事实能不能成立？二是大陆儒学的学术论述和价值取向可不可接受？第一点，他没明说，但倾向于否定，大陆有些学人也有呼应，基本也是这个意思。第二点，价值取向可不可以接受，他以及大陆一些自由派学者或仍然受 80 年代思维主导的儒家研究者基本倾向否定拒斥。他这个话题之所以在大陆产生那么大反响，原因在此。就在今天同一时间，台湾“中研院”文哲所也在举行一个座谈，讨论大陆新儒学这个问题。前几天几个朋友看到议程表，说这些人都属于牟系，跟李明辉是一拨的，估计不会有什么新声音冒出来。

现在我就从前面讲的两个层面来说说这个问题。当然，我认为大陆新儒学这个概念是可以成立的。因为目前大陆儒学在学术研究和思想论述等方面表现出了一些既不同于此前的中哲史也不同于现代或港台新儒学的特征特质。这可以从四个方面

来描述、概括或认知。第一是问题意识不同。港台新儒学关注的是中西的问题，大陆新儒学关心的是古今问题。以前有种化约古今中西问题的方式，就是把中国和西方的文化、制度甚至经济的关系类型或差异说成是封建社会与资本主义社会的关系差异或者农业文明与工商文明的关系差异——这是荒谬的。我这里讲的问题意识由中西问题到古今问题的转换是什么意思呢？港台新儒家处理的中西问题是中国文化和西方文化的关系，是在面对西方文化强势威压时对自己文化传统进行某种论述和论证，以重建其知识和价值上的合法性。它基本的解决路径或修辞方式一是汇通中西，如西方讲自由我们也讲等等；二是强调中国文化另有特点，虽有所短亦有所长，如西方重物质我们重精神之类。在他们那里西方是思考的语境，不仅问题是它们给出的，参照系也由它们提供。像冯友兰以新实在论讲理学、贺麟用新黑格尔主义讲心学，最典型的则是牟宗三、徐复观、张君劢和唐君毅四君子宣言讲的内圣开出民主科学的新外王的问题。

但是大陆新儒家所关注的问题不再是中西文化关系，而是儒家作为历史上主流的文化传统，在今天怎么发挥作用？如何去应对解决我们今天所面对的政治价值奠基、社会认同维持以及个体身心安顿这样一系列的现实问题。这些问题是每一个国家民族在进入现代性时所必然遭遇面对也必须加以应对解决的问题。曾经有两种宏大叙事支配着我们的思维，一种是革命话语，一种是启蒙话语。今天，大陆新儒家就是试图在这左右两种现代性解决方案之外寻求中国问题之解决的一个群体，也正是因为这一点，它们的学术和思想表现出与港台或现代新儒家的不同风貌。当然，我不认为这种差异意味着对立，我相信老先生他们活到今天也会跟我们表现出一样的关注，做出一样的工作。像蒋庆讲中国性的恢复实际关注的是传统文化慧命的赓续，康晓光讲中国道路实际关注的是国家民族的富强，我讲公民宗教实际是探索儒家文化如何以现代的形式去应对当下的问题。这与其说是对现代新儒学的反动，毋宁说是一种承接和转进。大陆儒学与现代儒学的关系用李明辉那种对立的方式提出来，我认为是不幸的，很快就会被忘记，因为它不符合事实。点出二者问题意识方面的差异，我相信大家会积极正面地看待它们之间的关系。

其次，话语类型或学术范式。由前面那个问题可以看到，在我所理解的古今问题的脉络里，文化和社会、文化和生活、文化和个体生命之间的关系是一种内在的有机的关系。那么，现代新儒家或港台新儒家理解思考和诠释论述儒家传统文本时所执取的学术范式或话语类型是什么呢？哲学。熊十力念兹在兹的是本体论，牟先生的工作则以康德为基础架构；这是李明辉心目中现代新儒学的主干。从哲学角度把握儒家不是不可以，也自有其儒学史、思想史成就和地位，但在今天仍然固执坚持这一视角这一范式类型的显然已经问题多多。首先，知识学逻辑上能否成立——如对哲学甚至某一哲学流派的普遍性预设就有待论证，随着后哲学文化的到来哲学概念本身都变为一种方法论成为动词了。其次效果上更是差强人意，大陆前些年讨论中国哲学合法性危机就是明证，证明走上三路的哲学范式不能深刻阐释儒家思想在历史上的意义作用，不能建构起它与我们生活生命的有机联系，也不能揭示未来发展的趋向图景。正是在这样的背景和反思中，大陆儒者试图借助宗教或宗教学的话语类型和学术范式来重新进行这样一种探索努力。前面讲的蒋庆、康晓光和我们的命题、思路都是以这样一种取径为共同特征，现在唐文明、曾亦和干春松等一些被叫做康党的中年学者表现出的对康有为的热情和兴趣也同样有这样一种对儒学基本理解的改变在里面。唐文明研究牟宗三的书，书名就叫《隐秘的颠覆》，十分有趣。

李明辉曾在一个会议上说，牟先生也讲宗教性，言下之意我们的所作所为并无新意；这是口水仗。牟先生的人文教、宗教性跟我们基于宗教话语提出的国教论、公民宗教说完全不是一回事。像祖先崇拜、社稷信仰在牟先生笔下就被处理为时间性和空间性而概念化，深刻固然深刻，但丰富的历史内容及其与政治、社会以及生命的关联和意义也就此被彻底过滤流失了。能说这两种话语或范式的区别是不存在或不重要的么?！林月惠也曾跟我说，有次牟先生问她哲学和宗教的差别究竟在哪里？林是天主教徒，从小受洗，她的回答是哲学是知识性的，而宗教能够带来精神的慰藉。说完有点不好意思，补了一句“也不知道自己说得对不对”，但牟宗三说你说的是对的。牟先生自己讲宗教性，但对儒家的理解完全是哲学性的，子夜时分，天道性命搁置一边，一个信徒跟我说牟先生内心实际是非常荒凉的——也许用孤苦更合适一点。这多少要归罪于五四，当时引进的孔德把宗教放在哲学之下，说宗教是人类文化的低级阶段。这种肤浅的观点影响广泛，儒学很受伤，儒家也很受伤！

第三，思想谱系不一样。李泽厚说现代新儒学就是宋明理学。虽然牟宗三非常反对朱熹，把朱子说成是别子为宗，认为胡五峰、刘蕺山才是正宗。他们之间的关键区别何在？就在朱熹那里的天是一个理，在把伦理道德绝对化时却将真正的绝对存在放逐了。这就是牟先生批判朱子那个当然之理只存有不活动的要害所在。但拉开距离看，即存有即活动又如何？还是哲学性的理解与定位。与《易传》的"天地之大德曰生"与《中庸》的"天命之谓性"的天还是隔着一个宗教的思考范式！换言之，现代新儒家是接着宋明儒讲，我们这些人则是回到孔子，回到三代，回到上天，强调的是五经而不是四书。蒋庆讲的公羊学所看重的不只是《春秋》讲制度，更有制度后面对天的信仰。朱子的四书系统里没有周易的位置，我正在进行的一项工作就是要重新把《中庸》和《大学》的体系奠立在《易传》的基础之上。《易经》到《易传》的变化在我老师余敦康先生那里是巫术与哲学的关系，在我看来是自然宗教与人文宗教的关系。孔子作为圣人的地位乃是经由这样一个工作才获得确立的。

董仲舒、康有为这样一些具有重要思想地位、处于重要历史节点的大人物不被现代新儒家重视正说明了他们在问题意识和学术范式上的历史局限。他们要完成的工作是面对西方文化来证明中国文化的合法性。实际上一种文化的合法性是不可能通过证明其与另一种文化相同相通或另有所长来获得证明的，唯一的途径是对使用这一文化系统的群体有所承诺并兑现这一承诺。在这里，实践比理论显然更重要。董仲舒、康有为都是公羊学家，也都是实践者。

朱子对四书的构思是《论语》立根本，《大学》定规模，《孟子》观发越，《中庸》尽精微，显然是一个个体人格塑造方案。在这里，天的地位是晦暗不明的。这直接导致了他将《大学》放在《中庸》前面，本末倒置。而牟先生他们所谓纵贯的系统、横摄的系统诸概念正是基于对朱子四书的诠释而提出来的。开头就错的结果是结果错得更远，由于把纵贯系统立为正宗，《大学》几乎面临被开除出儒家正典的境地。这是很荒唐的。儒家的东西显然不能理解为一个人格建构方案，一种发展心理学。为天地立心，为生民立命，必须要回到五经去，回到公共领域里去，回到天的生生之德那里去。在我看来，心性儒学与政治儒学之争也是皮相之论，即使强调内圣外王贯通一体不可分割也是如此，因为儒家的政治哲学、心性哲学一本于天。天既是政治的基础，也是心性的本源。内圣所通的是天道，心性儒学是经验政治的一个环节——扯得有些远，但这对于理解大陆新儒学对传统思想谱系与话语方式应该还是有所助益吧。

如果这三点关于大陆新儒学与现代新儒学或港台新儒学差异的描述可以成立的话，那么我们可以说，大陆新儒学的概念本身是可以成立的，是有其客观存在内容的，而不是一小撮人炒作出来的。如果这个没问题的话，那么第二个问题，他们的思想取向、价值诉求是不是可接受？

怎么来看待大陆新儒家的价值观——大陆新儒家是一个十分复杂的群体，思想取向、价值诉求差别很大，这里只是概而言之；我们可以反观一下，当李明辉批评我们这些人时，哪些人最兴奋莫名？两种人，一个是一些自由主义者，也许是坏人打坏人活该吧？他们表现出一种幸灾乐祸的快感。另外一些人是谁呢？就是一些学院派，有些地位，对儒家也有些认同，或者是有话语权意识，或者是思想停留在80年代，跟自由主义者、跟现代新儒家都有一些交集，如视西方为普遍经典，认为中国的问题全在于制度等等。虽不说新儒家的思想取向、价值诉求就是他们的反面，但从与他们存在巨大差异去看大陆新儒家的思想取向、价值诉求却是一个方便的参照。

新儒家的新外王就是民主与科学。这两位德先生赛先生之所以被奉上神坛是因为社会当时普遍相信它们可以帮助我们寻求富强，而传统之所以被妖魔化就是因为它与德赛二先生水火不容。今天科学已经完全不是问题了，民主则还在纠结聚讼不已。但事实是我们已经GDP世界第二，印度、菲律宾并没有富强上去。而自由主义内部也认为，自由与民主不兼容，权利第一，自由优先，所以也不怎么讲得清。所以，民主也不再构成大陆儒学的主题。今天中国的问题或者说面对的最大挑战是什么？蒋庆认为是中国性的丧失，康晓光认为是全球化背景下的文明冲突，我认为是国家建构和国族建构；国教论、公民宗教说都是由此而提出来的应对方案。某种意义上说，大陆新儒学的思想取向和价值诉求可以由此窥见一斑。蒋庆的天道合法性说明它的价值观是儒家圣贤所宣示的天道价值，应该就是仁；我的公民宗教概念公民意味着现代社会，宗教则意味着儒家的天道信仰，二者结合意味着天道的现代呈现——有人说我是国家主义国族主义，我不置可否。转换到现代新儒家讨论民主问题的政治哲学层面，蒋庆对现代性话语里的自由民主诸概念价值都倾向于否定，我则放置在国家建构和国族建构的需要目标中加以落实限定。更多的知情权、更多的参与度对政治运作、对制度的良性运作、社会的有机凝聚都是有好处的，没有公民的认同，国家不会稳定，国族无法成型。像新疆问题、西藏问题，占中运动、太阳花运动等等，既是现代新儒家没有遇到也不曾考虑过的问题，也是左派和右派两种理论很难解决的问题。在现代新儒家那里，它们在政治层面的思想取向、价值诉求并没有得到特别的发育，或者接受自由主义，或者认同社会主义。康有为则有所不同，他在历史的转折点上，一方面感受到不变便无法应对列强的压力和内部民众的需要，另一方面也清楚意识到，改变必须以疆域不改变族群不分裂为约束条件。这一处境与今天有相当的相似性。我认为大陆新儒家从对康有为的解读中重新实现了对近代儒家思想价值的体认和回归，并获得了在左派、右派之外建立自己政治哲学论述的立足点。如果一定要有所概括，我觉得大致可以用中体西用，渐进改良，振兴中华来表述。

从本质上讲，大陆新儒学与港台新儒学的关系是中国现代儒学与当代儒学的关系。用大陆新儒学与港台新儒学对立的方式把这个问题呈现出来应该是始料未及的。这是一种不幸，但引起社会关注却又有点坏事变好事。积极对待，就是要看到大陆儒学还是比较幼稚的，大家做的还很有限。这种幼稚也有客观原因，改革开放，“冷战”结束等等都是近些年才发生的事，思想空间也还十分有限，所以它的好的作品还没有出现，都表现为一种探索形态。但小荷才露尖尖角，它是有生命力的。林月惠告诉我，牟先生也认为儒学将来的发展一定在大陆——那一片赤县神州是多大的空间啊！李明辉说台湾是个儒家文化的社会，我想他应该也希望大陆也变成这样吧？

"大陆新儒家"正在形成中

蒋 庆 *

[编者按]

1月24日，台湾儒家学者李明辉先生接受媒体专访，直斥"所谓的'大陆新儒家'，主要是以蒋庆为中心，包括陈明在内的一小撮人的自我标榜"，这一评判引发了大陆学界的持续争鸣。曾亦、干春松、白彤东、唐文明等大陆儒学研究者纷纷作出回应，指出"港台新儒家"对传统中国政治肯定得太少，未必切近大陆现实，儒学复兴需要代际接力。此外，清华大学也举行了"港台新儒家与大陆儒学发展方向研讨会"，赵广明、黄裕生、赵法生、李存山等西方哲学、宗教学、中国哲学方面的专家借此对蒋庆先生的"政治儒学"展开了评议，指出大陆儒学必须面对西方的挑战，做出自己的合理解释。蒋庆先生作为此次事件的风暴眼，他会对此作出怎样的回应？新浪历史有幸专访了阳明精舍山长蒋庆先生，以下是专访实录，《原道》特刊出以飨读者。

新浪历史：李明辉先生在访谈中，说您对港台新儒学和大陆新儒学做了心性儒学和政治儒学的分判，对此他深不以为然，他说张君劢和牟宗三等所讲的政治儒学在台湾已经落实到法律层面了，台湾不是没有政治儒学，而是已经落实。您是大陆

---

* 蒋庆，阳明精舍山长。

新儒家中最明确反对西方民主制度的，对于李先生所标榜的所谓落实了政治儒学的台湾政治，您作何评价？

蒋 庆：对于这一问题，需要先对何为政治儒学进行界定。我所提出的政治儒学，不是一个泛泛的名词，而是一个专门的术语，即专指源自孔子《春秋》经的"改制立法"之学。我在《政治儒学》一书中曾对政治儒学进行了如下界定："政治儒学"是孔子依于《春秋》经创立的，融会其他诸经政治智慧与礼制精神的，体现政治理性、政治实践、政治批判、制度优先与历史希望的，区别于心性儒学与政治化儒学的，具有正面意识形态功能而能克服自我异化的，从春秋至汉至隋至近现代一脉相承的纯正儒学传统。根据这一界定，张君劢先生和牟宗三先生所讲的政治儒学，就不属于这一儒学传统，而是另有所指。李明辉先生说张君劢和牟宗三所讲的政治儒学在台湾已经落实，这里的政治儒学是指"讲政治的儒学"，而不是政治儒学。我们知道，港台新儒家都非常关心政治，特别是关心现实政治，除张君劢先生和牟宗三先生外，还有徐复观先生更是关心政治，他们有很多讨论政治的文章，并且已经辑为专书出版。但是，由于港台新儒家的基本学术路向是心性儒学，他们讲政治时是从心性儒学的角度讲政治。从心性儒学的角度讲政治并无可厚非，而是中国儒学的一个优良传统，如孟子以不忍人之心讲仁政，大程子向神宗皇帝讲王道时称"诚心而王则王矣"，朱子向宁宗皇帝讲"人主之心正则天下事无一不出于正"，蔡沉注《书经》则谓《书经》所载是"二帝三王心法"，王阳明《拔本塞源论》亦认为人类政治败坏的根本原因在于良知心体的障蔽陷溺。故心性儒学不是不讲政治的儒学，而是大讲政治的儒学，只是心性儒学这一"讲政治的儒学"不是从制度架构上讲政治，而是从心性本体上讲政治，从心性本体上讲政治自是中国儒学的一大优良传统。

但是，毋庸讳言，只从心性儒学讲政治不能不有所蔽，即不能不"蔽于心而不知制"。传统心性儒学如此，以心性儒学为基本路向的港台新儒家也如此。这里所说的"不知制"，是指不知基于传统儒家基本义理价值之制，如不知基于传统儒家"王道"义理价值之制，而非指基于其他基本义理价值之制，如非指基于西方民主义理价值之制。所以，对港台新儒家而言，一讲到政治制度之建构，便脱离传统儒家的"王道"义理价值，而无条件地接受西方民主的义理价值，如热衷从政的梁漱溟先生如此，为民国制宪的张君劢先生如此，进行哲学思辨的牟宗三先生亦如此。由此可知，李明辉先生说张君劢和牟宗三所讲的政治儒学在台湾已经落实，实际上是讲西方的民主制度在台湾已经落实，而不是讲基于儒家传统义理价值——"王道"——的政治制度在台湾已经落实。也就是说，台湾建立的是一个西化的现代民主制度，而不是一个中国的儒家政治制度。正是在这一点上，"港台新儒家"与中国的自由民主派高度合一，港台新儒家在未来中国的政治发展与政制建构上丧失了儒家的自性特质，其追求的政治是"西方的政治"而非"中国的政治"，即是"民主的政制"而非"儒家的政制"。如果我们认为中国今后的政治发展与政制建构走"西方民主的路"是一个必须认真对待的问题，那么，我们就应该深刻反省港台新儒家的政治诉求了，而中国今后的政治发展与政制建构走"中国儒家的路"也就成了一个不能回避的问题了。

所以，从历史与现实来看，儒学内部判教的标准不在于儒学讲不讲政治，因为所有的儒学传统都讲政治，而在于以什么样的方式与以什么样的义理讲政治。以内在心性的方式讲政治，是心性儒学讲政治的方式；以外在架构的方式讲政治，是政治儒学讲政治的方式。以源自西方的义理讲政治，是在讲"西方的政治"；以源自中国的义理讲政治，是在讲"中国的政治"。港台新儒家以内在心性的方式与西方的政治义理讲政治，属于前者；大陆新儒家以外在架构的方式与中国的传统义理讲政治，属于后者。这一儒学内部的判教，若平心而论，是不争的事实，大致不会相差太远，没有必要视而不见，不以为然。

记得李明辉先生曾经说过，环顾当今世界，再也找不到比民主政治更好的政治了，所以我们只能接受民主政治。这其实是邱吉尔"民主是最不坏政治"的另一种说法，也是现在大多数中国知识分子的共同看法。这句话确实是一个事实。但是，从民主的义理、制度、历史与现实来看，民主存在着许多问题，我在我的书中进行了专门论述，证明了民主并非是人类最好的政治。那么，在现代世界找不到比民主更好的政治时，我们就可以心安理得地只能接受民主政治吗？我的看法是否定的。因为在儒家看来，"理"尊于"势"且先于"势"，儒家的责任是"立理转势"而非"曲理就势"。就政治言，"人类最好政治"是"理"，现实中的民主政治只是"势"，而儒家有作为"人类最好政治"的"王道政治"为自己的追求目标，所以不能心安理得地接受有缺陷的民主政治，必须在改造民主政治的基础上追求“王道政治”，即必须以“王道政治”之“理”转化民主政治之“势”。否则，“曲理就势”而接受有缺陷的民主政治，就很难说是儒家的政治追求了。这即是说，儒家在政治上有比民主更高远更博大的理想追求，而不能把一种有缺陷的政治作为自己追求的终极目标。鉴于此，我们可以换一种思考方式对儒家与政治的关系进行思考：在现代世界尚找不到比民主政治更好的政治时，我们为什么不能另起炉灶，充分发挥儒家的“创制意识”，以儒者应有的大智慧、大愿力、大气魄、大担当依据儒家的“王道”理想改造民主政治并超越民主政治，从而建立起一种吸纳了民主政治正面价值又比民主政治更可欲的“人类最好政治”呢？这正是政治儒学的努力方向，也是政治儒学区别于港台新儒学的关键所在。牟先生当年对时代痼疾“无理无气无力”的针砭，也应体现在现代中国政治制度的建构上。但是，非常遗憾，李明辉先生认为在台湾的政治发展中，儒学已不再具有建构政治制度的义理与功能，只能在观念上作为台湾政治的“纯批判者”而存在，因为台湾已经建成了儒家所追求的理想政治——民主政治，儒家建构政治制度的诉求已经退出了历史舞台，即儒家所追求的政治理想业已完成，只需在不触动既成政制架构的前提下对非宪政性的政治事务进行儒学批判。正是在这一意义上，儒家与自由主义及民主主义高度同质同构，不再具有本质的区别，因而成为“一家人”！无怪乎李明辉先生在《开放时代》的长篇专访中，并不讳言自己是一个自由主义者。（李明辉先生是康德专家，康德哲学在本质上是启蒙哲学与自主哲学，故康德哲学是西方自由主义的一大渊源，因而康德哲学与儒家的宗教保守主义性格相去甚远。李先生作为康德专家，深受康德启蒙哲学影响，坚决反对政治儒学“以教统政”的思想，并高度肯定西方自由主义。这对作为康德专家的李先生而言，自然是顺理成章之事。）然而，在政治儒学看来，李明辉先生把儒学理解为政治的“纯批判者”，取消了儒学的“创制意识”与“创制功能”，有悖于孔子《春秋》经确立的“改制立法”原则，是一种儒学的“制度取消主义”，放弃了儒学创建制度与创造历史的伟大抱负，并且对“非心性之恶”没有对治的办法。因为我们知道，在现代政治中，恶往往体现为一种制度性的力量，“恶的制度性力量”只有用“善的制度性力量”去对治才能摧毁，单靠观念的“纯批判”很难奏效，尽管“观念的批判”对儒学而言也非常重要。鉴于此，要有效对治现代政治的制度之恶，只有建立起善的制度，而按照儒学“王道”义理建构的制度就是一种善的制度，体现了一种“善的制度性力量”，即体现了“王道”的制度性力量，是一种比“观念性批判”更有力的“制度性批判”。这就是作为政治儒学的公羊家要强调“化性起伪”“隆礼重法”而建立“圣王之制”的根本原因。所以，儒学在现代，既要作为“观念批判者”存在，又要作为“制度批判者”存在，而制度建构恰恰就是一种更深刻更有力的政治批判，只不过这一制度建构不是建构西方的民主制度，而是建构中国的儒家制度。

由此可见，政治儒学不接受民主政治作为中国政治的发展方向与终极目标，有两大理据：一是政治儒学在政治义理上的优胜，一是政治儒学在文化本位上的贞定。此即是说，政治儒学所追求的“王道政治”是义理上优胜于民主政治的中国式政治，故“王道政治”是政治儒学追求的终极目标，因而是中国政治的发展方向。在政治儒学的两大理据中，政治义理的优胜是第一义谛，文化本位的贞定必须建立在政治义理的优胜上，故政治儒学不是狭隘的文化民族主义，而是建立在政治义理优胜上的普世主义。这一道理我的书中讲得很多，这里就不再重复了。

新浪历史：您在确立儒家信仰时曾向梁漱溟先生与牟宗三先生问学，可见您早期信奉的是心性儒学，但后来您基于公羊学进路提出的政治儒学却似乎横空出世，前无所承，因为康有为基于公羊学所推动的维新变法失败后，公羊学在中国大陆已成绝学。请问您是出于什么样的原因放弃了心性儒学而走向政治儒学？另外，您所理解的心性儒学与港台新儒家所理解的心性儒学有什么不同？

蒋　庆：我在接触儒学时确实信奉的是心性儒学，我基于公羊学进路提出的政治儒学也确实前无所承，我之所以提出政治儒学的根本原因，是因为百年来中国政治在义理上出现了偏差，在文化上产生了歧出，致使中国政治一直处在深刻的合法性危机中，即主要处在天道合法性危机与文化合法性危机中。具体来说，中国百年来均以西方政治（无论左右）作为中国政治的发展方向，使中国政治缺乏中国儒学的“理”与中国文化的“根”，中国政治遂成为无中国儒学之“理”与无中国文化之“根”的政治，最后沦为无中国之“教”的政治，即无中国文明自性特质的政治。正是基于这一中国政治的合法性危机，我才远绍绝学，究心公羊，力图发掘出儒家的政治智慧与政治价值，为中国政治确立中国儒学的“理”与中国文化的“根”，最后使中国政治回归中国文明的自性特质，成为“儒家的政治”与“中国的政治”。也即是说，我之所以提出政治儒学的根本原因，是要克服百年以来中国政治在义理上的偏差与在文化上的歧出，从根本上解决中国政治的合法性危机问题。

但是，我从心性儒学走向政治儒学，只是在儒学的内部判教中分清儒学不同的治世功能，即分清公羊家所谓的不同“治法”，以便更好地运用儒学的不同资源来为中国的现实服务。因此，我并没有因为提倡政治儒学而放弃心性儒学，更没有贬低心性儒学，只是这百年来心性儒学偏盛，三代新儒家都宗心性儒学，政治儒学被国人遗忘，而中国又面临着政治合法性重建与改制立法的时代使命，所以这二十多年来我才较多地强调政治儒学，希望引起国人的重视。然而，在我的内心深处，心性儒学与政治儒学相比，是更为重要的儒学传统，因为心性儒学是实现政治儒学的前提条件，如果不能由心性儒学造就一代儒士君子，实现政治儒学的价值理想——建构体现“王道三重合法性”的中国式儒教宪政——根本不可能！道理很简单，只有善人才可能建立善制，儒士君子是善人，所以只有儒士君子才可能建立体现“王道三重合法性”的善制。而民主政治则是西方学者所谓的“普通人政治”，即儒家不含贬义的所谓“小人政治”，故通过民主政治不可能建立体现“王道三重合法性”的宪政制度，因为民主政治的主体是追求现世利欲的“普通人”，而不是追求普遍道义的“士君子”。鉴于此，在政治儒学的义理系统确立后，提倡并弘扬心性儒学就成了儒家群体的第一要务。总之，心性儒学与政治儒学在儒学传统中如车之两轮，鸟之双翼，缺一不可，只是为适应不同时代的需要，所强调的重点不同而已。然而，究极言之，心性儒学是儒学传统中的“第一义谛之学”，是儒家永恒、绝对、至善、成圣之学，而政治儒学则是儒家“第二义谛之学”，即是在圣王待兴未能直接及身统治的历史条件下，按照“王道”义理建立一个客观的制度架构与合理的政治秩序、在其中安身立命与等待圣王再兴之学。所以，心性儒学是儒家的永恒之学，而政治儒学则会因为“王道政制”的建成而退出历史，即心性儒学将永远存在于历史中，不会因为政治儒学目标的实现而在历史中消失。即使在未来的太平大同之世，心性儒学也必然会存在，因为人永远需要修身成圣，而离开心性儒学人的修身成圣将不可能。是故，心性儒学将永远不会退出人类历史！

在这里，涉及了心性儒学的性质。心性儒学在本质上是生命体认之学与德行修为之学，而不是哲学思辨之学与概念推理之学，这是心性儒学作为中国儒学区别于西方哲学的根本特质。其原因在于心性儒学的目标是通过生命体认与德行修为成德成圣，而不像西方哲学是通过哲学思辨与概念推理建立特定的哲学体系与观念系统。故心性儒学有切实的修身功夫问题，必须通过功夫才能证悟本体，而西方哲学则无修身功夫问题，只是以概念的思辨推理为能事。我们知道，港台新儒家的思想资源很大一部分来自德国古典哲学，其所建构的心性儒学已具有西方哲学的色彩，即把心性儒学作为哲学思辨之学与概念推理之学，从而消解了心性儒学的功夫问题。然而，消解了心性儒学的工夫问题，心性儒学就不再成为当下生活中的生命体认之学与德行修为之学，因而成德成圣的生命体认与德行修为就被搁置，甚至不再可能。所以，即便就心性儒学而言，港台新儒家也存在着值得反思的地方。克尔凯廓尔在批评以黑格尔为代表的观念哲学时曾经指出：“哲学家们建构了概念的大厦，自己却住在存在的茅屋里。”用这句话来衡量以德国古典哲学为底色的港台新儒家，也可以说明如果我们不重视心性儒学的工夫问题，我们完全可能“建构了儒学的大厦，自己却住在心性的茅屋里”。因此，我的看法是：我们现在复兴心性儒学，必须回到心性儒学的本质，即心性儒学是生命体认之学与德行修为之学，具体则必须因应时代重建心性儒学的“功夫学”，在“心性功夫”中体认生命，修为德行。故我前面所说的“心性儒学是儒学传统中的第一义谛之学”，是指“功夫学”意义上的心性儒学，而不是指哲学意义上的心性儒学，因为哲学意义上的心性儒学只是理智边事，永远不可能成德成圣，即永远只能“住在心性的茅屋里”。故哲学意义上的心性儒学，当然就不能成为儒学传统中的“第一义谛之学”了。

尽管如此，我们仍然必须高度肯定：港台新儒家在中国文化花果飘零学绝道丧的天崩地裂时代，以大悲心大愿力切断举国反儒的恶浪浊流，守护儒家不绝如线的灵根慧命。大陆儒学能有今天，完全是得益于港台新儒家之赐。我们可以肯定地说，大陆儒家是港台新儒家精神命脉的承接者与继起者，而不是港台新儒家精神命脉的对立者与否定者。只是因为大陆儒家所处的时代不同，生活的地域有异，面临的时代挑战与问题意识自然与港台新儒家不一样，故形成的儒学论述也自然与港台新儒家不尽相同。这应该是值得欣喜之事，如果大陆儒家与港台新儒家的儒学论述完全相同，结果儒门只能枯守一曲，何来博大恢宏气象？另外，即便港台新儒家以德国古典哲学为底色建立起一套概念思辨的心性儒学系统，但这套心性儒学系统在儒学发展上也自有其值得高度肯定的特有价值，因为这套心性儒学系统扩大了儒学的解释范围，丰富了儒学的解释体系，因应时代借助西学阐述了儒学的精神特质，具有深刻的理论创见与不朽的学术贡献，因而在传统的心性儒学之外开出了一个儒学的新天地，即开出了一个有别于传统心性儒学的博大精深的心性儒学新学统。用牟先生的判教术语来说，港台新儒家这一心性儒学新学统是传统心性儒学的“别子为宗”，但这一“别子为宗”不存在学术评价的高下区分，只有学术类型的归属不同，而不同的学术类型在儒学的大系统中均具有不可取代的学术地位与学术价值，唯有大智慧、大悲愿、大魄力、大担当的儒家先贤才有能力开宗别派而建构起这一“别宗”，即才有能力因应时代的挑战建成一个博大精深的独特的儒学新学统。就像牟先生当年判朱子学“别子为宗”一样，只是区分“朱子学”与“阳明学”的学术类型在中国儒学传统上不同，而不是要否定朱子学的学术价值与学术贡献。因此，港台新儒家在中国儒学发展史上必将重重地写下光辉绚丽的一页，永远值得后人学习与取法。

至于说到今日中国复兴儒学的时代使命，我的看法是：心性儒学与政治儒学并建，即复兴心性儒学以挺立国人的道德生命，复兴政治儒学以建构国家的王道政制，其中“阳明学”是心性儒学之大宗，“公羊学”是政治儒学之大宗，故在今日中国欲全面复兴儒学，概言之，即须同时复兴“阳明学”与“公羊学”，二学不可偏废或缺。

新浪历史：李明辉先生作为牟宗三先生的弟子，是学有成就的儒者，他却称“公羊家的那套讲法都是想象的，在中国历史上从来没有实现过”，在他看来您所讲的政治儒学就是乌托邦。对此，您如何回应？

蒋　庆：李明辉先生确实是学有成就的儒者，特别是在继承牟宗三先生的康德研究上。但是，他说“公羊家的那套讲法都是想象的，在中国历史上从来没有实现过"，无疑明显地与中国历史相违。我们知道，公羊家继承了孔子的《春秋》义法，后世形成了博大精深的儒学思想，如董仲舒的儒学思想，影响中国历史至巨。我们可以说，正是公羊家的思想，如大一统思想、通三统思想、天人感应思想、孔子为王等思想奠定了中国两千多年来政治文明的基本格局，一直到1911年。即便是1911年后的今天，中国仍然是一个大一统的国家，这不能不说是受公羊家大一统思想之赐。如果照李先生的说法，公羊家的那套讲法是想象的，在中国历史上从没实现过，那么，我们怎么能够理解作为儒者宗的公羊学大家董仲舒的《天人三策》对汉代历史"复古更化"的影响？我们又怎么能够理解董仲舒"独尊儒术"的思想对中国两千年政治文明基本格局的影响？如果照李先生的说法把公羊家对中国历史的决定性影响否定掉，那中国两千年政治文明的基本格局又从何而来？即便宋以后心性儒学成为中国儒学的大宗，但宋以后的中国仍在公羊家开出的政治文明的基本格局中存在与延续，仍然没有根本性的改变，只有到1911年后才出现根本性的改变。所以，我们不能不说，李先生的说法不仅有违历史，更有"历史虚无主义"之嫌。李先生对公羊家与中国历史没有关联的看法，我们也不能不说是"想象的"，在中国历史上从来没有存在过。至于公羊家思想对中国历史的影响，还可以举几个简短的例子来说明。如"通三统"思想，汉及汉以后中国的朝代更替后，国家多封前代统治者的后代为"二王后"，以明天下非一姓所有，这在史书上屡不绝书。又如"天人感应"思想，汉及汉以后的中国最高统治者，在国家出现重大天变时，多能下"罪己诏"自责，并通过求贤良、开言路、革弊政等措施进行补救。再如"孔子为王"思想，司马迁作《史记》以孔子为世家，唐玄宗升孔子封号为文宣王，宋儒开山周敦颐在《通书》中称"王祀夫子"，以及历代王朝多有以帝王之礼祭孔子，如明成化以八佾之礼祭孔子，清顺治以上祀之礼祭孔子，现在的台湾也仍以八佾之礼祭孔子，而历代孔庙中的孔子像则用冕旒像。所有这些，都说明公羊家的那套讲法不是想象的，而是在中国历史上真真实实地实现过。关于公羊学对中国历史的影响，还有很多，这里不能一一举例，有心者可参看康有为的《孔子改制考》与本人的《公羊学引论》。

至于李先生认为我所讲的政治儒学是乌托邦，那倒未必。前面说过，儒家首先要立"理"，"理"立后才谈得上"势"的问题。故先儒处在艰难困苦的时代，往往“问理不问势”，如孔子在春秋倡王道，孟子在战国倡仁政，贾谊在汉初倡德治，文中子在隋末乱世尊王道，这些都是“问理不问势”，因为依当时的“势”根本不可能实行王道、仁政与德治。但儒家之所以是儒家，就在于首先确立超越、形上、绝对、普遍的“理”，然后坚定地持守之而不动摇。故我提出的政治儒学，就是这种在政治上“问理不问势”的儒学。当然，我非常清楚，在当今世界各种牌号的民主铺天盖地一统天下的时代，政治儒学欲确立王道之“理”并坚守之，即欲以“王道三重合法性”的政治取代“民主一重合法性”的政治，其难度之大，可想而知！无怪乎古有托克威尔民主是人类“宿命之圈”的说法，今有福山民主是“历史终结”的论断，民主真是“世界潮流，浩浩荡荡；顺之则昌，逆之则亡”。但是，政治儒学在现代实现的难度大，并不意味着政治儒学就是乌托邦，因为乌托邦完全是一种脱离历史全凭推理与想象的产物，即完全缺乏历史的渊源与学理的支持。政治儒学则不然。政治儒学奠基于孔子所作的《春秋》经，发扬于孔子后阐释《春秋》经的公羊学，虽然在中国历史上政治儒学时盛时衰，但政治儒学已有两千多年的历史，故政治儒学既有《春秋》经的历史渊源，又有公羊学的学理支持，并且如前所说深刻影响了漫长的中国历史，怎么能说政治儒学是乌托邦呢？即便政治儒学因应现代的历史条件依据“王道”义理“改制立法”，打破了现代人对民主政治的崇拜与迷信，超越了现代人可能接受的政治心理能力与智慧水平，这当然导致了政治儒学实现的难度异乎寻常的大。但政治儒学在现代实现的难度异乎寻常的大，并不意味着政治儒学就是乌托邦，因为孔子孟子当年要实现“王道”“仁政”，其难度同样是异乎寻常的大，同样是超越了同时代人可能接受的政治心理能力与智慧水平，但“王道”“仁政”就会因其实现难度异乎寻常的大就是乌托邦吗？显然不是！政治儒学是不是乌托邦，也应作如是观。对于民主崇拜而言，儒家不相信人类历史的宿命与定势，而相信人类历史处于“未济”的不断变化中，时刻向着未来的一切可能性开放，故今天民主政治一统天下，不可一世，但很难说明今天的人们就不会厌弃民主政治，不会在政治儒学中寻找人类政治的新希望。当这一天来到时，实现政治儒学的价值理想就自然顺理成章了。正是在这一意义上，政治儒学也不是乌托邦。当年孔子悲叹天下莫能宗予时，仍然垂《春秋》以为万世义法，没有认为自己的这一套是不能实现的乌托邦，而是在历史中寄希望于后王取法。我虽不敏，愿效法孔子在历史中寄希望于后世，相信未来定会有人兴起取法。

前面言儒家“问理不问势”，这只是强调“理”的首出性，而不是绝对不“问势”，当儒家的“理”确立后，当然要问“势”，即要“以理待势”进而“以理转势”，甚至可以“以理造势”。所以公羊家不讳言权变，理学家承认气世界有某种合理性，阳明心学则欲以良知改造整个家国天下。但是，当“问势”的历史条件不成熟时，“明理”“立理”“守理”就成了儒家的第一要务。对政治儒学而言，当今中国“问势”的历史条件尚未成熟，故吾人只能“明理”“立理”“守理”，但这并不意味着政治儒学是纯粹想象的不能实现的乌托邦，一旦中国“问势”的历史条件成熟时，政治儒学一定会由“以理待势”进至“以理造势”最终“以理转势”，从而实现政治儒学的“王道”理想，在神州大地上建成体现“三重合法性”的“王道政制”。当初文中子发愿“再造三代，重建王道”，创立了“河汾之学”，其后学怀抱其“王道”理想开出了唐代贞观盛世，我们今天能说文中子当初发的大愿是乌托邦吗？能说形成于隋末乱世的“河汾之学”是乌托邦吗？不能！尽管当时隋末大乱根本看不到实现“王道”的任何希望。对政治儒学亦应作如是观。由于国内外很多学者都同李明辉先生一样，认为政治儒学不现实、是空想、不可能实现，故我不得已反复申说如此。

新浪历史：从李明辉先生的访谈和大陆学者的回应来看，他们倾向于勾画一个新的大陆新儒家谱系，您心目中有没有一个新的大陆新儒家谱系？对于唐文明先生所讲的儒学复兴的“代际接力”有何评价？

蒋　庆：大陆儒家确实有一个大陆新儒家谱系，这是指第一代的大陆新儒家，即指梁漱溟、熊十力、马一浮诸先生。至于受第一代大陆新儒家影响的第二代新儒家，如唐君毅、牟宗三、徐复观诸先生，1949 年后均被迫流寓港台，其思想学术在港台形成，故不属于大陆新儒家，而是港台新儒家。港台新儒家现在已进入第二代，如大陆儒家学者熟悉的蔡仁厚、林安梧、王财贵、李明辉、杨祖汉诸先生即是港台新儒家的第二代。至于说到新的大陆新儒家谱系，我觉得要进行学术上的界定还为时尚早，因为一个学派的形成，需要相当长的时间，并且需要得到学界乃至社会的普遍认可。所以，所谓新的大陆新儒家谱系，严格地说，还在形成过程中，尚未定型。不过，大陆新儒家一词由方克立先生十年前提出后，现在在大陆以至港台的学界、网络与媒体中频频出现，似乎已经引起了社会各界的广泛关注。但是，由于方克立先生当时归入大陆新儒家的代表人物人数很少，只有我、陈明、康晓光与盛洪，不足以对大陆新儒家进行界定。在我看来，一个学派的形成，虽然会涉及具体的思想观点与学术内容，但主要在于此一学派的精神气质与学术方向，所以大陆新儒家应该是一个开放的概念，凡具有相同精神气质与学术方向的大陆儒家学者都可以包含在大陆新儒家这一概念中。至于你所说的新的大陆新儒家谱系，我认为现在没有必要确定，就让未来中国的历史确定吧。

至于唐文明所讲的儒学复兴的"代际接力"，我觉得非常必要，儒学复兴确实需要通过一代一代的"代际接力"，把儒家的精神命脉传下去。其实所谓大陆新儒家，正是儒学复兴"代际接力"的产物，即接上了第一代大陆新儒家、港台新儒家以及晚清公羊家。不过，这一"接力"是儒家精神命脉的"接力"，而不是儒学具体学术观点的"接力"。就我"接力"晚清公羊家而言，我是"接力"晚清公羊家的精神命脉，而不是"接力"晚清公羊家的具体学术观点，如政治儒学所提倡的"儒教宪政"，在康有为与陈焕章的思想中就阙如。儒学复兴的"代际接力"也应该是开放的，博大的，所有儒学传统中的正面价值都应该"接力"。当然，除精神命脉的"接力"外，不可否认，还有具体学术的"接力"。精神命脉的"接力"是承接儒家源远流长的道统，具体学术的"接力"是承接儒家的不同学派。这两种"接力"都重要，都形成了儒学"接力"的传统。只有通过儒家一代一代的"代际接力"，儒家的道统才能永续不坠，儒家的思想才会丰富多彩。道统"接力"是儒者的基本义务，学术"接力"则是儒者的自由选择。我相信，儒家的"代际接力"一定会一代一代接下去，直到永远、永远。因为儒家遭受百年摧残大难不死后，儒家的"道"已在中国人的心中复活，中国文化的"灵根"已在华夏大地再植！套用孔子的话来说，道之将行也与，命也，后死者得与于斯文也，时代其如命何！

新浪历史：您从未贬低过心性儒学，反而对之评价甚高。李明辉先生说您的政治儒学是割裂内圣的外王学，而港台新儒家以“良知坎陷”开出科学民主则是内圣外王合一的“新外王学”，所以港台新儒家把建立宪政民主看做是儒家“新外王”的必由之路。这种说法虽然存在着许多学理上的问题，但却获得不少西化知识分子的同情。您对港台新儒家这一儒学“新外王”的说法有何评价？能不能谈谈您的政治儒学视域中内圣外王统合之道？

蒋　庆：对港台新儒家的“儒学开出科学民主说”，即“儒家新外王说”，我的评价已经很多了，这里就不用再说了，有兴趣的读者可以去找我的书来看。至于政治儒学视域中内圣外王的统合之道，我可以简单地说一下。李先生说我的政治儒学是割裂了内圣与外王的外王学，这一评判大体是成立的。只不过，不是“我的政治儒学”割裂了内圣与外王，而是政治儒学从孔子《春秋》经开始，直到公羊学的形成，走的都不是心性儒学从内圣通外王的路，而是走内圣与外王平列之路。这一内圣与外王平列之路，可以说是政治儒学区别于心性儒学的一大特色。内圣与外王平列，并不是说政治不需要内在道德的约束，整部《春秋》经都是在讲政治必须接受内在道德的约束，而是说政治及其制度不是在本体论意义上逻辑地从内在心性中直接产生的（比如不是说政治是从作为绝对理念的良知中辩证地产生的），政治及其制度的产生，有其客观的独立性与结构性，对其进行约束既可来自内在的道德心性，也可来自外在的礼法规范。这应该是一个常识问题。但由于宋明儒受佛教“心性体用论”（“心性缘起论”）的影响，港台新儒家又受宋明儒的影响，再受德国古典哲学“观念本体论”的影响，才把政治及其制度的产生看作是一个“本体论问题”。其实，对于科学和民主而言，即使有值得肯定的地方，也完全没有必要对其进行“本体论肯定”，而对其进行“功能论肯定”或许更好，因为“功能论肯定”保留了对科学和民主进行批判的余地，“本体论肯定”则是对其进行排他的正当性证明。现在看来，科学和民主确实存在着很多弊病与问题，断不能从本体上完全肯定，只可从功能上对科学和民主进行加减乘除的经验性选择。儒家没有责任也没有必要为科学和民主的正当性进行形而上学的“本体论证明”，因为这样儒家会为科学和民主的负面价值背书，从而会放弃儒家对科学和民主进行批判的学理基础。由于港台新儒家是“五四”的产儿，其对科学和民主进行“本体论肯定”完全可以理解。但是，“五四”离现在快一百年了，科学和民主的负面价值在现代已经暴露无遗，现代儒家应该因应这一时代的变化确立自己的价值制高点，不应该再屈居于科学和民主之下而沦为科学和民主的论证工具了。说到这里，需要指出一点，本专访中所说的“港台新儒家”，有时候是泛指广义的港台新儒家，有时候是专指牟先生一系的港台新儒家，因为港台新儒家人物众多，思想复杂，不可一概而论，这需要读者阅读时善自鉴别。

政治儒学走内圣外王平列之路，并不是说政治及其制度不需要内在道德的约束，而是说内在道德对政治及其制度的约束不是“本体论”的，而是“规范论”的。因此，你所说的“‘政治儒学’视域中内圣外王统合之道”，不是“本体论”意义上的内圣外王统合之道，而是“规范论”意义上的内圣外王统合之道，即“内圣之德”与“外王之治”统合在“政治儒学”的统一观法中，二者之间的关系不是“体用”关系，即不是逻辑上内圣产生外王的关系，而是“规范”关系，即道德上内圣制约外王的关系。不光是港台新儒家，大陆很多儒家学者也都碍于宋明心性儒学的思维定势，不能理解政治儒学将内圣外王平列对待的学术理路，认为将内圣外王平列对待就是否定了儒家思想，就不是儒学的正宗，甚至就不是儒家。这显然有失公允，缺乏对儒学传统的全面了解。如果了解了将内圣外王平列对待的学理如前所说是基于孔子的“春秋”经与阐释“春秋”经的公羊学，就不会将宋明心性儒学“内圣开出外王”的“本体论”理路或者说“内圣外王合一”的“形上学”理路作为儒学的唯一正统理路而以偏概全了。

但是，需要指出的是，政治儒学走内圣外王平列之路，并不意味着政治儒学没有自己的“本体论”，只是政治儒学的“本体论”不是“心性本体论”，而是“天道本体论”，即是董子所说的“道之大原出于天”的“本体论”，亦即春秋公羊学“天元正始”的“本体论”。“天道本体论”可以涵摄“心性本体论”，因为从究极的意义上说，心性是天道在人心中的体现，即是所谓天命之性，故天道是心性之大原。虽然“心性本体论”可以在儒学传统中自成系统而形成独立的思想学派，即形成所谓的心性儒学，但在“本体论”意义上毕竟是“第二层次的本体论”，而“第一层次的本体论”无疑只能是“天道本体论”。所以，在儒学内部的判教中，有政治儒学的“本体论”，亦有心性儒学的“本体论”，如何选择，随人之所好，但我认为政治儒学的“本体论”更为优胜，因为政治儒学的“本体论”更能体现

《六经》的天道思想。不过，这里需要说明一点，阳明先生的"良知说"不是"心性本体论"，而是"心性境界论"，"心性境界"并不逻辑地生出万物，而是主观地涵摄万物，以表明心性具有"万物一体之仁"的圆融无对境界。在这一问题上，作为开出科学民主"新外王"的"良知坎陷说"无疑属于"心性本体论"，不属于"心性境界论"，故与阳明先生的"良知说"显然具有很大差异，属于不同的心学类型。

虽然政治儒学主张"内圣外王平列"，但并不否定心性儒学主张"内圣外王合一"，因为政治儒学与心性儒学具有不同的学术理路，因而具有不同的治世功能，但二者都是儒学，都在儒家学统的大判教中享有合理的地位与有用的功能。因此，在儒学经世方面，政治儒学与心性儒学完全可以并行不悖，以不同的学理解决不同的时代问题。即如前面所说，以政治儒学建构国家的王道政制，以心性儒学挺立国人的道德生命。我曾比喻，政治儒学与心性儒学好比两味不同的中药，虽药性寒热不同，但同是人体治病之所需。若患寒疾，可用热药；若患热疾，可用寒药；若疾病寒热不清，则寒药热药可兼而用之以辨证施治。其中虽药性不同，其可治病则一，故不同的药熬在一起在治病上不仅不冲突，反而有治病的大用。明乎此理，政治儒学与心性儒学不仅不冲突，反而在治世功能上具有相得益彰的大用，就不难理解了。当然，这并不意味着政治儒学主张儒学的"功能主义"，而是强调不同的儒学传统在"治法"上的不同功用。所谓"治法"，是公羊学术语，讲的是"三世治法不同"，故"治法"不是逻辑自洽的普遍性学理，而是对治不同问题的不同方法。因此，在"治法"上，政治儒学可以讲功能，而且必须讲功能，并不存在理论自洽的问题，因为政治儒学含有政治实践一维，故公羊学有"经权"之说。也即是说，不存在政治儒学与心性儒学矛盾冲突的问题，即不存在主张政治儒学就必须放弃心性儒学，主张心性儒学就必须放弃政治儒学，把二学的关系看作是学理上逻辑自洽的统一关系。但是，话又说回来，在"义理"上，政治儒学必须讲价值，并且只能讲价值，因为政治儒学是"出于天"的"立元正始"之学，而"立元"就是确立"天元"，即确立最高的天道价值，故公羊学有"制义法"之说。由此可见，政治儒学虽然重视儒学的各种功能，并且强调善用儒学的各种功能，但政治儒学绝不是"功能主义"之学，政治儒学在本质上注定是"价值主义"之学。

新浪历史： 时至今日，所谓回应西方挑战与推进中国社会的现代化和世界化，仍然是不少中国知识分子致思的重要起点，而您却独树一帜，几乎完全无视这种知识分子的普遍心态，从中华文明赓续和儒学道统传承的立场出发，直指人心，创制立法。李明辉先生批评您的“议会三院制”构想缺乏政治操作的经验，黄裕生等人批评您与世界潮流背道而驰。您如何回应这些批评？

蒋　庆： 近代中国知识分子致思的重要起点，确实如你所说，集中在回应西方的挑战与推进中国社会的现代化与世界化上。其实，这无可厚非，因为百年来中国遭遇的最大问题就是西方的挑战与中国社会的现代化与世界化，中国的知识分子无论属于哪个思想流派都在力图回应这一问题，可以说回应这一问题是中国近代史的“宿命之圈”。但是，关键的问题不是该不该回应这一问题，而是该如何回应这一问题。纵观中国近代以来的各种思想流派，在回应这一问题上，令人吃惊地几乎都趋于雷同，即都热烈地拥抱现代化与世界化，国民革命派自不用说，新民主主义派自不用说，自由民主派更不用说，就连以守护传统自居的儒家学派，如港台新儒家，也通过“良知坎陷说”来拥抱现代化与世界化。更有甚者，以保守著称的保皇派如康有为，在早期也热烈地拥抱现代化与世界化。然而，这些中国知识分子没有看到，在西方影响下的现代化与世界化，存在着根本性的问题。就现代化而言，依韦伯已是一个理性化世俗化的“除魅”世界，其中“工具理性”压倒了“价值理性”，形成了“理性化的铁笼”，造成了一个机械的、无自由的、无希望的“无意义世界”。存在哲学更是把这一现代化的世界看作是荒唐、恶心、异已、无助的世界。而更早的西方保守主义者，如柏克与迈斯特，则把现代化看作是对人类优秀传统与宗教神圣世界的颠覆与毁灭。具体言之，所谓现代化，其核心就是科学和民主。我们从近现代中国知识分子的普遍心态来看，不管任何政治派别与思想流派，都热烈地追求科学和民主，即都热烈地拥抱现代化，而没有对现代化进行深入的反思与批判，看不到上述现代化的负面价值与严重问题。可以说，中国近现代的政治与思想谱系中，只有一个流派，即只有一个“现代化派”。至于世界化，其核心建立在理性主义的普遍性与扩张性上，不管是自由主义、民主主义与社会主义，其本质都是普遍化的理性主义，都具有强烈的世界主义倾向，即都认为自由民主与社会主义是人类历史发展的必然趋势与各种文明演进的最后归宿。然而，这种建立在理性主义上的世界化思潮，取消了人类历史发展的丰富性与人类文明演进的多样性，消解了人类不同传统的独特性与不同历史的独立性，使人类历史发展只有一个趋势，人类文明演进只有一个归宿，人类不同传统的独特性必须被铲除，人类不同历史的独立性没有存在的意义。具体到中国，这种世界化思潮的要害，就是取消中华文明的独特性与中国历史的独立性，从而使中国历史不再按照中华文明的特性来发展，中华文明不再按照中国自身的传统来演进。最后，中国与世界一体化、同质化，于是我们的知识精英们欢呼：我们世界化了！不过悲哀马上就降临：从此我们在地球上再也找不到中国！对建立在理性主义上的这一世界化思潮，以柏克和迈斯特为代表的保守主义给予了猛烈的批评，为人类文明、人类历史与人类传统的独特性、多样性与尊严性进行了有力的辩护。然而，遗憾的是，在中国近现代以来的思想流派中，没有保守主义！即没有柏克与迈斯特意义上的真正纯正深刻的保守主义。如果这句话说得太绝对的话，那中国近现代以来只有一个人属于保守主义：辜鸿铭！故中国近现代思想流派中保守主义严重缺位，不能不说是近现代中国思想史的巨大悲剧。由于近现代中国思想史上保守主义严重缺位，其结果必然导致不能对世界化进行深刻的反思与批判，更遑论抵抗，最后致使百年来世界化成了中国不可阻挡的滚滚潮流，中华文明的自性特质在这一世界化的滚滚潮流中被铲除殆尽，中国实际上已经成了一个全球最独特的“世界化国家”，仅举“汉字改革要走世界化的拼音之路”这一“五四”理想与四九年以后的实践就最能一叶知秋！至于科学和民主——不管什么性质与类型的民主，正是中国追求世界化的具体内容。故在中国，现代化与世界化是并行合一的，拥抱现代化必然拥抱世界化，世界化是现代化的必然结果。

因此，正是因为中国近现代以来在回应西方挑战与热烈拥抱现代化和世界化的过程中，几乎所有的思想流派都没有反思现代化和世界化带来的严重弊端与负面价值（如上所说），更不用说站在儒家立场上批判抵抗现代化和世界化了。所以，为了捍卫中华文明的自性特质，为了守护人类历史发展的丰富性与人类文明演进的多样性，为了尊重人类不同传统的独特性与不同历史的独立性，亦即为了打破“理性化的铁笼”与消除理性主义的迷障，为了中国历史能够按照中华文明的特性来发展，中华文明能够按照中国自身的传统来演进，避免人类历史发展只有一个趋势以及人类文明演进只有一个归宿，我才如你所说独树一帜，无视中国知识分子热烈拥抱现代化和世界化的普遍心态，从中华文明赓续与儒学道统传承的立场出发，重新解释儒学，确立具有中国历史文化特质的政治理念与政治制度，为挽救中华文明在社会与政治上的自性与尊严而努力。这一努力是否成功，我不知道，我只是尽心焉耳矣。

另外，你说李明辉先生批评我的“议会三院制”构想缺乏政治操作的经验，这是事实，因为我所构想的“议会三院制”是以儒家“王道理念”为基础的理论建构，目前只是思想的产物，即只是一种改制的构想，还未进入实际的操作阶段，还属于公羊家所说的“制义法”阶段，当然“缺乏政治操作的经验”。但是，“议会三院制”的构想“缺乏政治操作的经验”，并不能成为否定“议会三院制”的理由，因为人类任何制度的建立，最初只是表现为思想理念与理论原则，只有在历史条件具备而现实机缘成熟后，才能进入操作层面而形成具体制度。比如，古代中国的大一统政制，孔子在《春秋》经中提出后，只是一种改制的构想，或者说只是一种思想理念与理论原则，在当时的春秋乱世根本没有实现的可能性，根本就缺乏李先生所说的“政治操作的经验”，但这并不影响“春秋大一统”构想的价值，即不能因为“春秋大一统”“缺乏政治操作的经验”就否定“春秋大一统”构想的思想创见与理论意义。正是孔子超前地提出了“春秋大一统”的构想，几百年后的中国（汉武帝时代）因为历史条件与现实机缘的成熟，“春秋大一统”的构想才会落实为影响中国两千多年政治文明的“大一统政制”。即便是民主政制，如分权制衡，当初在洛克与孟德斯鸠的心目中也只是一种构想，完全“缺乏政治操作的经验”，但这也并不能否定分权制衡的政制价值。不到一百年，这一当初“缺乏政治操作经验”的分权制衡构想，由于历史机缘的凑合，在美国的政制建构中也得到了实现。因此，对本人提出的“议会三院制”构想，也应作如是观，即不能因为其“缺乏政治操作的经验”而否定其价值。只是现在中国人已经产生了强烈的文化自觉，儒家价值已经开始回归，在这种时代背景下，也许“议会三院制”构想的实现不需要等上几百年。

至于黄裕生等人批评本人的思想与世界潮流背道而驰，这同样也不能构成对本人思想进行批评的理由，因为从古今中外的思想史来看，顺应潮流的思想并不意味着是有价值的思想，而违背潮流的思想也并不意味着是无价值的思想。难道我们没有看到，当初的孔孟不也是违背当时的世界潮流而要回到先王的"王道""仁政"吗？其后最善于顺应当时世界潮流的法家不也是猛烈批评儒家"是古非今"而不知天下大势吗？而违背潮流的儒家思想，与顺应潮流的法家思想，其价值如何，我想中国历史已经作出了回答。所以，从历史来看，古今中外真正有价值的思想往往是违背潮流而不合时宜的思想，因为思想的本质是"思"，而"思"的本质是批判性，若思想不再具有批判性，那人与猿又有什么区别？因为猿也会"思"，但猿之"思"只能是"适应性之思"，而绝不会是人所独有的"批判性之思"。因此，我愿追随孔孟之后，不随世界潮流而动，做一个不合时宜的思想者。

新浪历史：陈明先生认为您的思想特色是"中国性"，张祥龙先生认为您的思想具有"特殊主义"倾向，从您以上的论述中似乎可以看出这种评论。但您前面说您的思想在本质上是"价值主义"的，我的问题是：您的政治儒学思想究竟是"中国性"的，还是"普世性"的？是"特殊主义"的，还是"普遍主义"的？

蒋　庆：近代以来，由于前面所说的现代化与世界化的巨大影响，中国人热烈地拥抱现代化与世界化，致使中国的"国性"丧失，故在我的思考中，近年来多集中在"中国性"上，从表面上看确实有"特殊主义"的倾向。但是，我的思考并非只是"中国性"的，同时也是"普世性"的，我的思想特色，准确地说，是"中国性"与"普世性"合一，即"特殊主义"与"普遍主义"合一。我的这一思想特色，可以从我关于政治儒学的论述中看出。凡读过我关于政治儒学论述的人都知道，王道政治在理念上是"普世性"的，即是"普遍主义"的，因为王道政治的"三重合法性"——天道、地道、人道"三重价值"——是超越、永恒、绝对、普遍之"道"，即是董子所说的"天不变道亦不变"之"道"，此"道"不会因为历史与世界的变化而改变，也不会因为民族与国家的不同而有异。但是，这一超越、永恒、绝对、普遍之"道"，必须与特定的历史文化相结合，才能形成具体的政治制度。所以，从王道政治的历史形态来看，即从王道政治在中国的具体落实来看，政治儒学又是"中国性"的，即"特殊主义"的，因为王道政治在中国的具体落实只能形成具有中国历史文化特色的"议会三院制""太学监国制"以及

“虚君共和制”等“中国式制度”。因此，政治儒学的“王道”理念具有“普世性”，适应于一切国家，因为一切国家的合法性都必须同时体现天道、地道、人道的“三重价值”，才是最完备的合法性，因而才是最好的政治。但是，就中国特定的历史文化而言，政治儒学在中国的具体落实只能具有“中国性”，即只能建构体现中国历史文化特色的“中国式”政治与制度。鉴于此，对你提出的问题，我的回答是：政治儒学既是“普世性”的，又是“中国性”的；既是“普遍主义”的，又是“特殊主义”的；即是二者的辩证统一与有机结合。

新浪历史：李明辉先生说所谓“大陆新儒家”是您与陈明的自我标榜，但据我所知，这一称谓是方克立先生于2005年致函武汉大学“国际新儒学大会”提出的。现在十年过去了，大陆新儒家逐渐获得中国社会越来越多的认同。您在大陆新儒家中最早也是最明确地提出了现代中国“复古更化”的改制主张，而现在在大陆执政者的政治话语中出现了“改易更化”一词，人民日报的文章中也称2014年为“深改元年”，这些词语无疑具有公羊学的意味。对此，您对儒学的复兴与国家的治理有些什么样的思考与期待？

蒋　庆：我从来没有自我标榜是大陆新儒家，当然，别人与媒体称我为大陆新儒家我也没有拒绝，具有什么样的儒家名号并不重要，重要的是思想本身的性质。现在大陆新儒家逐渐获得中国社会越来越多的认同，委实是件令人欣慰之事。因为偌大一个中国大陆，实在不能没有自己独特的儒家思想与儒学流派。我认为大陆新儒家在现在的中国大陆虽然尚未定型，还处在形成过程中，但值得期待。我乐意看到大陆新儒家在今后的中国自然而然地形成，使中国的儒家谱系丰富多彩，能为中华文明的复兴作出贡献。

至于你说到现在大陆执政者的政治话语中出现了“改易更化”“深改元年”这样的词语，这些词语确实具有某种公羊学的意味，这说明了儒家政治儒学的义理价值已经开始影响现在的中国人，特别是已经开始影响现在的执政者。这应该是一件值得认真对待的事，因为此前执政者多从心性儒学中寻找思想资源，现在已经开始从政治儒学中寻找思想资源了。这是因为，当今中国面临的最大问题是“合法性重建”与“建立中国式政制”的问题，这也是百年来中国面临的最大问题，而政治儒学与心性儒学相比，具有更丰富的“合法性重建”与“建立中国式政制”的思想资源，故执政者们从政治儒学中寻找思想资源似不难理解了。但是，政治儒学讲的“复古更化”，必须明确地以尧舜孔孟之道作为政治改革（“更化”）的最高义理，而所谓“复古”则是“复归古圣王之道”，现在看来这还明显做不到，因为还有一百年来彻底反传统与反儒教的惯性与阻力存在。所以，现代中国的“复古更化”，是中国人长期的历史使命，现在只是刚刚开始而已。当然，我期待着这一“复古更化”进程的加快，我也相信这一进程一定会加快，因为现代中国的“复古更化”是中国历史的“天命”所在，任何人以及任何群体都不能“如天命何”！

另外，儒学对国家的治理，有两个层面，一个是“制义法”而“改制立法”层面，一个是“经世”而具体管理国家层面。“制义法”而“改制立法”，用今天的话来说，就是确立国家的宪法性原则，并按照这一宪法性原则来建立国家的根本制度架构，即建立国家的宪政体制。从这一角度来看，儒学这一层面的国家治理显然远未启动，还需要长时间的等待。至于“经世”而具体管理国家，用今天的话来说，就是在政策的层面落实儒家价值，使中国的政治实践体现儒家的治理原则，儒学这一层面的国家治理现在已经出现，尽管还夹杂不纯，力度不大，不时左顾右盼，但毕竟已经开始。这是百年来儒家遭受灭顶之灾被逐出政治后第一次回归政治，因而具有划时代的意义，其文明复兴的价值无论如何估计也不会过高。还有，儒学是立国价值（立国之道）而不是思想资源，目前执政者们将儒学作为思想资源来吸取，虽然与“五四”“文革”相比已有天壤之别，但在儒家文化复兴的大业中，这只能是“齐一变，至于鲁”。而我的期待则是：执政者们必须在思想文化上彻底改弦更张，进一步将儒学作为中国的立国价值，以实现“鲁一变，至于道”的文化理想，最终完成现代中国的“复古更化”。

公元2015年4月3日于深圳

（感谢陈彦军、任重两位先生为此次采访做出的贡献）

当代国际关系中的“宗藩文化”

——读《王室后裔》与《中越关系》二书有感

冯建章*

在信奉“历史主义”的后现代背景之下，温特的社会建构主义国际关系理论具有普遍的影响力。温特特别强调文化（观念）对国际关系的影响乃至决定作用，他认为国际关系从古至今出现过三种类型的国际体系社会结构：互为敌人的霍布斯文化、互为竞争对手的洛克文化、互为朋友的康德文化。他进一步认为，自从1648年威斯特伐利亚合约签订以来，霍布斯文化逐渐退出历史舞台，洛克文化日益主导国家关系，二战后世界局部地区出现了康德文化。[1]由于西方建构和主导了当代的国际秩序，影响当代中国国际关系建构的“无产阶级国际主义”“和平演变理论”“新殖民理论”“大国平衡战略”等都来自于国外，但似乎都过时或不适合中国。中国亟需从自己的文化传统中建构新的国际关系理论，而从《王室后裔》与《中越关系》二书中我们可以感悟和抽离出一种“宗藩文化”在中越关系中的存在，乃至至今影响中国的外交和国际关系。

---

* 冯建章，三亚学院艺术学院副教授，艺术学博士。

〔1〕 陈强：《1950年至1975年中越关系研究》，香港中国国际文化出版社2014年版，第42、216－217页。

一、中越关系中的“宗藩观念”

近年来，随着美国“重返亚洲战略”的实施，特别是南中国海的纷争，东南亚已经成为学术研究的热点。越南处于东南亚地理位置和历史文化的核心，自然也成为学术界的最爱。在此背景下，中山大学牛军凯的《王室后裔与叛乱者关系研究》[1]（以下简称《王室后裔》）和三亚学院陈强的《1950年至1975年中越关系研究》[2]（以下简称《中越关系》）渐次进入了人们的视域。

之所以把二书放到一起，原因有三：一是两位作者皆为70后的学者，他们的研究成就可以窥见70后一代学者“学术与思想”并重的研究方法；二是二书的研究内容都是当今的学术热点，即东南亚史中的越南史，比较同样空间里不同时间的中越关系变化，更能看出某种规律性的东西；三是两书都涉及中越关系中一定程度上存在的“宗藩文化”。“宗藩关系”是人类历史上自然形成的，一种大国与小国之间处理关系的范式。就中国而言，宗藩文化有狭义与广义之分。狭义的宗藩文化实际上是围绕皇帝处理皇权与宗亲、功臣等地方实力集团关系而确立的重要行为文化。广义的宗藩文化涉及国内皇帝与宗亲、功臣等实力集团以及国际上古代中国与周边国家之间特殊的传统行为范式。宗藩文化在中国历史叙事中主要是指国内的“藩王”或“封疆大吏”。宗藩文化主要被论述为：藩属国的国王继位，须经过宗主国的册封，才算取得合法的地位；藩属国需定期向宗主国进贡；宗主国负有帮助藩属国维护统治秩序的责任等等。在国际外交领域宗藩一词及其内涵，其实是国内政治现实的一种空间上的延伸。不可否认，这种国与国之间的宗藩关系的形成，是由于双方在土地、人口、政治、经济、军事、社会等方面实力的差距所造成的，是一种特殊的大国与小国之间的等级关系，一定程度上具有不平等性。但中国和越、朝之间的这种宗藩关系与法日殖民者对越、朝的殖民统治——割地赔款、掠夺财富、干预内政和外交，甚至派总督进行直接管理等殖民统治手段——有着本质的区别，具有一定的“平等性”。

---

〔1〕 牛军凯：《王室后裔与叛乱者关系研究》，世界图书出版社2012年版。下引仅在正文适当位置标注页码。

〔2〕 参见陈强：《1950年至1975年中越关系研究》。下引仅在正文适当位置标注页码。

中越两国之间在历史上曾经有过从属地关系到宗藩关系，再到国与国之间关系的发展历程。在《王室后裔》一书的论述中，中越关系在明清之际，表现为仅次于中朝关系的“强”宗藩关系，这种关系非常明显，而在《中越关系》一书的论述中，“宗藩关系”是一种隐性的“宗藩文化”，表现在具体的交往过程中。

二、《王室后裔》中比较彰显的“宗藩文化”

在《王室后裔》中，因为明清之际中越关系处于“宗藩关系”或者说“朝贡关系”中，所以宗藩文化的特征表现比较明显。由于行文的需要，《王室后裔》使用了“朝贡关系”一词来概括中越关系，但“朝贡关系”只是“宗藩关系”的一种别称。从该书中，我们可以概括其特点为以下几个方面。

（一）一种自然生成的关系

《中越关系》的作者概括了中越关系的演变，但囿于主题的限定，没有展开论述，《王室后裔》比较详尽地展开了对宗藩文化的论述，并提到了这种宗藩关系结束于法国对越南的殖民统治。但二者都没有对中越关系之间的宗藩文化之所以产生的原因进行阐释。事实上，中越之间的宗藩文化有其必然性。由于中越之间复杂的历史渊源，由于1300多公里陆上的边界，由于两个国家“势能”的不对称性，在越南历代王朝的统治阶层中，产生了一种“事大主义”（《王室后裔》认为清代的中越关系只是“事大形式”），而这种“事大主义”是“宗藩主义”的核心。这种宗藩文化其实在人类的历史上有一定的普遍性，任何一个大国周边的小国都会对它产生一种敬而畏之的外交文化，都可以归结为宗藩文化。

（二）一整套的相关制度安排

宗藩文化在历史上表现为许多制度安排，在古代中国，如册封制度、朝贡制度、礼仪制度等。而制度的安排，又延伸出许多具体而“务实”的政策措施。

关于册封制度。册封是《王室后裔》一个比较核心的研究主题，涉及宗主国对莫氏政权的册封，对黎郑政权的册封和对广南阮氏不行册封的原委，也涉及明清之际特别是明朝、南明、清朝时期册封内容为何不同，展开了“册封”背后的宗主国与藩国之间的“较量”。1572 年莫登庸篡夺了王位，根据“承认实力派”原则以及其“篡位”的事实，被册封为“安南都统使司”。而后黎政权建立后在明代一直使用了此一封号的原因，同时还有用金银铜不同材料制作印章的“敕印制”以及不同的册封礼制，都会成为宗主国与藩国强弱的晴雨表。

关于朝贡制度。在宗藩文化中，关于朝贡的次数、贡物、赏赐、贡使的待遇等都有规定，这成为朝贡制度与交聘制度的主要区别。而朝贡的次数、贡物、赏赐、贡使的待遇等都会成为宗主国对藩国进行控制的一种手段。当然藩国也会使用这些制度反制宗主国，表达自己对宗主国的喜怒哀乐。（第 223 页）

关于贡臣保护。这是《王室后裔》一书论说的重点，也是该书最大的理论贡献和学术价值之所在。“如果在政治上不能保护旧的王朝，也会在人身上去保护王室后裔”，这在明清帝国与莫氏政权之间得到了充分的体现。对于高平时期的莫氏后裔，清朝基本按照以下三个原则进行处理：其一，保护贡臣之后，尽“继绝之道”；其二，不允许莫氏以中国为基地从事复国活动，影响中越关系；其三，不允许安南一再查问已属内地百姓的莫氏后裔。（第 155 页）对于藩国来说，成为天朝的贡臣后，负有为天朝安边的义务。虽然大部分安南政权在为明清王朝承担安边义务时首先考虑自己的利益，但毕竟在事实上履行了不少的职责。（第 263 页）

（三）“道义”服从“利益”原则

在宗藩关系中，宗主与藩国之间建构了“利益”原则，在这基础上构建了一种带有理想色彩的“道义”。“道义”成为两国之间关系的主要表现形式，但宗主国与藩国有着不同的利益。对于宗主国来说，藩国的意义，一是对国内政治合法性的需要，是王朝合法的表现，在《王室后裔》一书中表现在南明对宗主国身份的追求；二是藩国对宗主国的安全功能。对于藩国来说，宗藩关系对于藩国也有一定的意义，韩国学者郑容认为，朝鲜保持与中国的朝贡关系，主要有三个层面的政治目的：一是保持在东亚文明圈中小中心地位；二是确保国家安全；三是确保王朝的正统性和安全性。（第 271 页）这三点对于中越关系来说仍然有效。

但在宗藩文化中，“道义”在一定程度上说是以“实力”为基础的，宗主国与藩国之间“利益”的“美化”。对于藩国来说，“道义”表现为朝贡的义务和宗主国安全的保障，而“道义”的层面更多的是对于宗主国来说的。这主要体现为宗主国的更多“责任”和“义务”。这种义务主要包括宗主国对藩国的安全承诺，对贡臣家族的保护。因为宗藩关系中的“道义”色彩，《王室后裔》认为朝贡与经贸无关，否定了过去许多历史学者认为宗藩文化的核心“朝贡”属于“经济活动”的观点。(第199页) 书中这种“道义”主要表现在对贡臣的保护。宗藩文化中，宗主国对藩国的贡臣有“兴灭继绝”的保护义务。不管当初该藩国王朝是通过什么方式成为贡臣的，只要被天朝认可了其贡臣的地位，天朝就要承认对其保护的义务。明清王朝在对外关系中注重理想主义的政策，因此明清对安南的政策中常能体现出明清政治的重要特点，即“虽然承认现实，但又不能放弃理想”。[1]

明代中国与周边国家的朝贡关系带有浓厚的“华夷秩序”的性质，尤其朝鲜、安南和琉球等对明朝的朝贡，除了政治因素外，实际上还具有明显的文化倾慕的特点。在当时的安南看来，明朝不仅仅是政治上的大国，还是文化的中心，这是当时中越建立朝贡关系的基础。而清朝的建立，在越南人心中，是“匈奴入帝”，是蛮夷取代“中华正统”，是“以夷变夏”。(第260-261页)

(四)“利益”与“道义”实现的“务实”原则

所谓“务实”原则，就是在外交中，国与国之间本着“可能性”的原则来处理各种“利益”和“道义”，背后则是自身的“实力”与变化着的国际形势。这一原则可溯源于中国儒典中的“中庸”。明清之际，朱熹的《四书集注》是国家学术的最高典范，也是八股科举的主要内容。其中《中庸》一书所追求的最高的“中庸”境界，必然影响到天朝进士出身的各级官员的行为，包括外交。在各个时期的中越关系交涉时，他们不固执于某些成规，总是有相机处置的权力。“一切机宜，悉听督臣行事”(第235页)“事体瓦解，不可收拾”(第248页)“相机处置，务求安妥”(第265页)，成为天朝获取自己的“利益”实现“道义”的行为原则。

[1] 黄仁宇：《万历十五年》，中华书局1982年版，第59-60页。

三、《中越关系》中比较隐蔽的“宗藩文化”

《中越关系》所论述的中越关系已经不再是宗藩关系，而是国与国之间的关系，世界也已经进入一个“条约制”时代。但如果比照《王室后裔》所体现的宗藩文化特点，该书中也隐性地存在着某种宗藩文化。

（一）大国与小国之间的竞合关系

1950 年到 1975 年之间中越关系有其独特的时代背景。一是中国刚成立红色政权，百废待兴，一穷二白；二是越南北方刚建立独立政权，而南方先是法国的殖民地，随后成为美国的附属地；三是世界分裂为以苏联为首的“社会主义阵营”和以美国为首的“资本主义阵营”。冷战时代，这里却“热战”正酣。这一时期的中越关系表现了一种自然生成性与既竞争又合作的关系。中越之间的紧密联系是本时期历史的产物。北越由于自己的实力较弱，在与法国殖民者的解放战争中与美国及南越的统一战争中不得不完全依靠中国和苏联等“社会主义”阵营。在这种大的国际环境下，形成了胡志明所谓的“越中情谊深，同志加兄弟”关系。这表明了中越紧密关系的自然生成性，但却随着不同利益的诉求，最后走向了“敌国”关系。这一时期，随着实力的强大，北越制定了“印度支那联邦计划”（“东南亚地区大国计划”）的战略，而中国为了追求自己在东南亚的影响力，坚决反对越南的扩张战略，再加上中美联手制衡苏联的扩张战略需求，直至 1979 年中越两国兵戎相见。用作者的话来说，就是“当两国的国家利益的吻合度很高时（1950 年至 1964 年），两国的关系就是朋友关系。当两国的国家利益的吻合度较低，而且有部分国家利益互相冲突时（1965 年至 1972 年 5 月），两国的关系就是准对手关系。当两国的国家利益的吻合度基本为零，而且互相冲突时（1972 年 6 月至 1975 年），两国的关系就是对手关系”。（第 199 页）

（二）某种政治性仪式的存在

在本时期的中越交往中，其实可以看到古代中越“宗藩关系”的影子，这也是为什么中国出兵参加朝鲜战争，用尽国力支持越南战争的原因。在本时期的中越交往中，虽然看不到比较完备的册封制度、朝贡制度、礼仪制度等，但旧有的“宗藩文化”却隐然可见于中越的高层交往中。这表现在以下几个方面：

1. 中国高层的“中国中心主义”。从越南领导人，包括胡志明、武元甲、长征、范文同、黄文华、春水、黎笋等历次到中国“觐见”毛泽东，到陈赓（代表革命经验）对“边界战役”的指导、韦国清（代表朝鲜经验）对奠边府战役的建议被采用、乔晓光对越南土改的指导，再到日内瓦和谈与巴黎和谈，处处可见中国高层和执行者的“中国中心主义”，特别是日内瓦协议后毛泽东与周恩来对“沙文主义”的反思。2. 越南领导人不时地来中国工作访问。这基本跟中国古代西周时规定的封建诸侯要不定期“叙职”，古代宗藩制下，藩王要在规定的某个时间向宗主国朝贡一样。3. 胡志明和西哈努克亲王在生病期间来中国养病，又如古代宗藩制下宗主国对“贡臣”“人身”的保护。

（三）兼具“道义”的“利益”关系

《中越关系》建立在“现实主义国际理论”基础之，作者多围绕“利益”来展开对中越关系的论说。关于国家利益，作者分其为“客观利益”和“主观利益”。关于“客观利益”，他主要使用了基欧汉的观点，主要是指：生存、独立、经济财富和集体自尊。关于“主观利益”，陈氏使用了邢悦的观点：“我们可以把一个国家对如何实现其客观国家利益的认识叫作‘自我国家利益’或‘主观国家利益’”。[1]客观国家利益是主观国家利益实现的目的，主观国家利益是国家行为体对如何实现客观国家利益的认识或者信念。（第49页）可以这样认为，客观利益体现为国家利益，而主观利益可能被蒙上某种“道义”的色彩。

对于中国来说，在本时期的中越关系中，客观利益主要表现为中国的生存、独立、经济发展和国际地位。而主观利益就表现在“无产阶级国际主义”。“无产阶级国际主义”在这时期表现为一种“道义”原则，实质上与中国的客观利益相统一。但如果把无产阶级国际主义作为中国对外政策的最高指导原则，特别是在“文革”时期，中国对越南的外交成了“有求必应”“无求也要想”，这等于否定了

[1] 邢悦：《文化如何影响对外政策——以美国为个案的研究》，北京大学出版社2011年版，第90页。

国家对外政策由“国家利益”决定这一外交的基本原则。陈氏认为“无产阶级国际主义和情感因素对1950年至1975年中越关系也产生了一定的影响。不过，这种影响是辅助性质的，而不是决定性质的”。(第3页)

对于越南来说，本时期也有其客观利益与主观利益。无论是法国的殖民统治还是美国对南越的支持都直接损害了越南的生存、独立、经济建设和国际地位。美苏冷战和两大阵营敌对是北越当时不得不面对的严峻现实，在敌人的敌人就是朋友的逻辑下，它为了独立和统一，必然站在社会主义阵营去反对法国和美国。“无产阶级国际主义”[1]自然也成为它的主观利益，即“道义”原则。

对于美国来说，客观利益主要表现为对“国家安全”“美元霸权”“美国国家尊严”的维护，而主观利益主要表现在对“基督教文明”“自由和民主制度”“自由、民主、平等价值观”“世界宪兵”身份的保卫以及“输出民主”等。美国的客观利益隐藏在主观利益之下，其主观利益又体现在20世纪50年代的几个文件中，如时任美国总统杜鲁门的国会咨文。美国根据丘吉尔的铁幕演说和“杜鲁门主义”的遏制政策以及“多米诺骨牌效应”制定了自己的东南亚战略。(第30页)

对于苏联来说，虽然经历了斯大林的“放手让中国同志去支持越南革命”政策、赫鲁晓夫的不同社会制度国家的“和平共处”政策，以及勃列日涅夫与美国争霸的扩张政策，其客观利益就是国家安全和与美国争取世界“霸主地位”，主观利益也是“无产阶级国际主义”“世界各民族的民族解放”“输出国共产主义”。

(四) 实现“利益”和“道义”的“务实”原则

在这一段的历史演进中，无论是“边界战役”“奠边府战役”“日内瓦和谈”还是“巴黎和谈”，都可以看到各种势力之间的连横合纵，其后面是一种“务实”的原则。日内瓦和谈时的中国、法国、英国，美国出兵越南以及最后撤离越南，苏联对越南援助的力度，中国对越南的援助及至与越南最后反目成仇、兵刃相见等，背后都是以建立在“实力”和“国际关系”基础上的“务实”原则为指导。

---

[1] 列宁提出了“无产阶级国际主义”这一概念以及“全世界无产者和被压迫民族联合起来!”的口号。见《列宁全集》第31卷，中共中央编译局编译，人民出版社1958年版，第238页。

四、当代国际关系中的“宗藩文化”及其特点

“宗藩文化”的本质是一种大国与小国交往中自然生成的关系。它是人类在漫漫“丛林”般世界里形成的大国与小国“和平相处”的一种“以小事大”关系。它比后起的“殖民主义”要更人性化，但比当代的“条约制”要“不平等”得多。在我们日渐把“达尔文主义”当作一种生物哲学，对斯宾塞鼓吹的“弱肉强食”“社会达尔文主义”进行批评时，不能不设定人类社会未来的发展是“进步”的。这种“进步”的标准，可以采用《联合国宪章》对其成员的规范：一律平等，相互尊重主权、领土完整和政治独立，反对使用武力或武力相威胁解决彼此间的纠纷，提倡通过对话和谈判方式化解争端。在追求一个更为完美的“条约制”未来世界关系的背景下，我们需要进一步反思“宗藩文化”，“宗藩文化”有一种“封建文化”的属性。就当代国际关系而言，“宗藩文化”表现在以下几个方面。

（一）“以小事大主义”流行

国际间由于国家实力的不对称，必然会形成“大国”与“小国”之别。在追逐利益的前提下，又必然会形成某种不平等的“以小事大主义”。这又集中表现在大国与小国自身的外交政策和表现上的“双重标准”现象。比如在乌克兰的“克里米亚独立”事件上，俄罗斯出于自身的利益首先承认其独立地位，而欧美各国出于自身的利益，表示反对。而当2008年科索沃宣布独立的时候，欧美国家出于自身利益考量，首先予以承认，而俄罗斯出于自身利益的考虑，至今也没有承认。而在国际外交中，所有充满“道义”的外交辞令，都是对“利益”的修饰。这还是一种显性的“双重标准”，还有一种隐性的双重标准，比如中国。多年来，由于历史上有过一百多年被西方和日本欺侮的历史，中国一直不能摆脱一种“弱国心态”，总有一种外交的“不自信”，所以对更大的“大国”总会给人一种“附炎趋势”的感觉，而对于周边的利益相关的小国，又不时地把国内的政治话语应用于外交辞令，显得咄咄逼人。

（二）某种“朝圣”般的礼节

作为当代国际关系最大的一极，作为当今世界秩序的主要建构和维护者，美国在大西洋两岸与太平洋两岸，有很多盟友。中国的台湾地区的“政权”，由于历史原因，在台美之间，跟美日和美韩之间一样，都可看到某种“升级版”的“朝贡仪式”。比如，在台湾每次“总统大选”之前，国民党和民进党的候选人或者幕僚都要用自己的政策去说服美国支持自己，而每次台湾的新当选领导人，都要亲自或派人在第一时间去美国努力修复关系，建立互信。总之，美国因素都成为其选举的重要考量因子。

（三）“道义”背后的利益诉求

从明清之际的中越关系，到1950年至1975年间美国对越南事务的干涉，我们都可以看到，中国和美国都曾高举“道义”的旗帜。如明清之际，中国高举“保护贡臣”的旗帜，对越南政局的干预，无论是要求黎郑政权把高平划归“莫氏”，还是对莫氏后裔的保护，用现在的眼光看，这种行为都是打着“道义”的名号，行“利益”之实。而1950年至1975年的中越关系，美国的“保卫民主”、苏联的“输出共产主义”都具有以某种“道义”掩盖国家“利益”的实际。当然我们不可否认美国、苏联在保卫“意识形态”方面，某些时候的真诚与“唯一”。

（四）处理外交的“务实”原则

无论是“道义”还是“利益”的实现，无论是客观利益还是主观利益的实现，都可以看到各国根据自身的实力和国际盟友关系的变化而采取前后不一致，甚至矛盾的方式。比如在1950年至1975年间的中美关系，可以是敌人是对手，也可以是朋友是盟友。而中越关系的演进更是可以看见背后的“务实”原则。古代在中越关系中，更可以看到地方官本着“务实”的原则处理事务。这在中国对“科索沃”“克里米亚”的事件的表态中都可看到。

五、结语

《王室后裔》一书的序作者孙来臣先生已经指出了该书的不足:“友好关系”尚未根除,“中国中心”有迹可寻(第28页),并用了大量的篇幅进行论证。而这一缺点在陈氏的《中越关系》中,表现得尤为严重。在《中越关系》一书中,是否促进了“中越友好”关系的建立,成为该书臧否越南政治人物的一个标准,比如对胡志明和黎笋的评价。“中国中心论”更是一种贯穿该书始终的无意识存在,而在有的地方,陈氏实在憋不住了,还会高喊几声“日内瓦会议的胜利在某种程度上意味着美帝国主义的失败”(第90页),“越南民主共和国以为自己是中、美、越三角关系中的主角,实际上它仅仅是配角而已!”(第170页)。此为二书的不足。

儒家宪政的中国路径

——评陈明先生《儒教与公民社会》

张　敏*

一、"超左右而归本土"：儒家宪政的问题意识

在由传统社会向现代社会、封闭社会向开放社会的转型期，宪政制度的建构在我国这样一个"一体多元"的政治共同体中可谓难题。长期以来，受"挑战—回应"模式的影响，学界形成西方中心主义观，法学界"言必称希腊"，法制建构自清末以来一直采行移植模式，然而，西方的法律制度真的能适应中国的本土吗？如何凝聚56个民族的内聚力建构稳定的社会秩序进而达至富强文明？如何顺利实现社会转型，走出"历史的三峡"（唐德刚语）呢？社会转型期我们应采取何种宪政模式？这些问题在考量中国知识分子和政治精英的智识和经验。

自康有为起形成儒家宪政思想，张君劢、徐复观、唐君毅等港台新儒家主张提出中西哲学会通，共享自由、民主、宪政的基本价值。而蒋庆、陈明、秋风等大陆新儒家则对儒家宪政作出具体规划，虽然方案不同，但问题意识却是相同的，即回归本土，建构中国独特的儒家宪政模式。儒家宪政以儒学为文化本原，凸显儒家古典资源在"政治中国"建构中的作用，以补足当前"文化中国"之缺失。陈明先生的《儒教与公民社会》即是对中国宪政建构之本体性回归的有益探索和理性建

* 张敏，西南政法大学博士研究生，河南大学法学院讲师。本文为2012年西南政法大学博士研究生重大科研创新项目"儒家宪政之证成及其创造性转化"的阶段性成果。

构。作者基于“官方意识形态与民间价值并重”的立场，阐释其儒家宪政思想，重建或强化历史感和历史意识，体现文化的本体性回归。社会转型期，宪政目标尚未实现，“儒家的传统对于中国宪政目标来说是一种积极的助援”。[1]

在该命题下，作者基于近代史语境中的国家建构和国族建构理路，对于中国“一体多元”的政治共同体之发展，提出以儒学联结“文化中国”与“政治中国”，承接自洋务派及康有为以来的中体西用传统，“富强为体，宪政为用”，并通过公民宗教实现儒家宪政的中国路径。陈明与其他儒者的最大不同在于其思想具有“温和的理性”和“健全的现实感”。（第322页）他摒弃了蒋庆的原教旨儒教宪政，认为“国教定位不能是儒教复兴运动的方向”（第99页），因为儒学的全盘推广不适应当前多元化的社会文化；他的儒家宪政思想不同于秋风的“儒家宪政主义”方案，后者把儒家对君权的制约看得过于乐观，其对于先秦时期的论证缺乏历史理性；而康晓光的儒家宪政从文化到文化，缺乏当下关怀，其方案亦为陈明所不取。

与其他儒者致力于“高头讲章”不同，作者更关注国家和民族的发展，其思想具有健全的现实感，其对学界左右两派的理论批判性反思，提出“超左右而归本土”。在作者看来，左派强调“阶级建国”，用阶级解放理论解释国家和政党的合法性存在。政党是“无产阶级的先锋队”，基于长期革命斗争的历史取得执政党地位，并写入宪法序言中。但革命具有激进的一面，阶级建国理论中的革命话语不具有持久性，曾遭遇历史的拷问，如“文革”时期确立了“无产阶级继续革命”方针，而继续革命本身就是对革命的背叛。那么党执政的合法性到底何在？这里出现了历史的断裂。“中山先生的三民主义与传统理念和现实国情相承相系，列宁主义的阶级论却完全由西方输出。”[2]以阶级为核心的革命话语不符合传统文化和现实国情，不能解决党执政的合法性问题。右派以个人自由为基点和目标，其话语体系是西方宪政主义下的“公民建国”理路。五四以来，自由主义者强调启蒙、个人自由，但却抛弃了传统、割裂了历史。一个政治共同体是有历史记忆的，一个民

---

〔1〕 陈明：《儒教与公民社会》，东方出版社2013年版，第117页。下引该书仅在正文注明页码。
〔2〕 陈明：《“中国梦”的儒家解读》，http://www.rmlt.com.cn/2014/1113/342971.shtml。

族总是背负深深的文化烙印，在“国家民族主干性文化话语缺失”的情形下，[1]构建现代国家的事业很难成功。对此，作者提出“走出五四运动以来的意识形态幻觉”，回归近代“富强”语境，探索中国道路。左派的“革命建国”理论不足以解释党的合法性执政地位，右派的“公民建国”理论割裂了传统，对国家建构阐释乏力。而国家建构、民族复兴作为“政治共同体”的目标，应是最佳选择。作者运用近代史语境中的国家建构理路，把社会发展、国家建构和党的合法性地位建立在“富强、民主、文明”的前提下叙事。而“富强、民主、文明”是被明确写入宪法序言的，国家建构理论是可以解释宪法并被宪法所印证的。

祛除左右的激进，不代表对左右的折中和妥协，因为儒者自有他的立场，陈明提出“超左右而回归本土”，用“中体西用”思想下的富强理路来阐释国家和政党的合法性基础就不会产生历史的断裂。“中体西用”思想形成于作者 1994 年发表的《中体西用：启蒙与救亡之外》。[2]如果说左派的“阶级建国论”是救亡话语的体现，右派的“公民建国论”是启蒙话语的反映，那么陈明的“超左右而归本土”思想则是其一贯的“中体西用”观之体现。

二、“富强为体、宪政为用”：儒家宪政的图景

“超左右而归本土”的思想体现为“富强为体，宪政为用”（第 18 页）的儒家宪政图景。该观点并不是实用主义的庸俗观，恰恰体现了作者的现代性回应，即关心国家民族的发展，通古今之变，用儒家理论合理解释中国政治。基于温和的理性，作者在国权与民权、团体自由和个体自由、激进与保守之间寻求中道，且“在中华民族内在的目标需要和现代政治原则的价值落实之间维持求取统一和平衡。”（第 18 页）中道选择是大智慧，参透了中国宪政建设的核心问题所在，即“大国”“多民族”“转型”。因为是大国，社会复杂、多种利益纠葛存在，社会秩序稳定和政治发展需要强有力的国家权力。因为是多民族国家，经济文化差异较

---

〔1〕 陈明：《儒者之维》，北京大学出版社 2004 年版，第 183 页。
〔2〕 陈明：《中体西用：启蒙与救亡之外》，《原道》第 1 辑，中国社会科学出版社 1994 年版。

大，容易引发政治稳定问题。因为是处于转型期的后发现代化国家，缺乏西方国家“自生自发”秩序演变的时间，在短期内实现转型，容易出现制度滞后于现代发展的问题。故此，当前国家建设中任何激进方案都不足取，如自由主义站在国家权力的对立面，强调个人至上的解构理路，会加大多民族的文化分裂主义倾向，导致社会秩序不稳定。而温和理性，中道选择和宽容心态恰恰是儒家应有的姿态。

“富强为体”是中国近代史语境中的国家建构理路，是当前国家建构的核心。清末历“千年未有之变局”，民族救亡图存、国家富强成为第一要事。洋务运动、维新运动、五四新文化运动分别从器物、制度、文化层面争取“救亡图存”和国家富强。康有为“大同梦”，孙中山“民族建国”、毛泽东“阶级建国”、邓小平的现代化理论、江泽民的“三个代表”思想，习近平的“中国梦”，虽然路径不同，但都是为了国家强大，实现国家建构和族群发展。但“富强或所谓现代化并不以对民族文化的否定为前提”，“救亡必须立足自身，自身的自然生命、文化生命和国情民情。”〔1〕换言之，国家富强以文化为本，“富强为体”立足于儒家传统文化。

宪政的概念具有时代性、区域性和个体差异性。宪政的原初含义是 constitution，源自拉丁文 constitutio，该词最基本的意义是指事物的组成、构成与构造。在政治层面，constitution 指的是一国政府的构成或组织方式，尤其是指最高权力的配置。〔2〕所谓宪政“从根本上来说，乃是建立在一先行存在的法律系统之上的一种上层架构，其目的在于用组织的手段实施那个法律系统”。〔3〕宪政就是一种组织方式，它关心权力安排，要求建立有限政府。西方宪政基于“人性幽暗”（张灏语），强调通过制度制约权力。传统儒家则基于“人性善”，致力于构建天人之际的优良治理秩序，其政治组织架构集中表现为礼治，通过“内圣”对君主权力进行道德限制。当然儒家也讲“外王”，但集中在仁政王道和礼乐教化，而不强调把“权力锁在笼子中”的制度制约。因此，中国传统的政治形态只成就了“治道”，而未能

---

〔1〕 陈明：《儒者之维》，第183页。

〔2〕 陈端洪：《宪治与主权》，法律出版社2007年版，第4页。

〔3〕 [英] 哈耶克：《法律、立法与自由》第1卷，邓正来译，中国大百科全书出版社2000年版，第212页。

开出客观法制化的“政道”。对此作者坦言“分权在儒家政治哲学里是一片空白的”（第111页），并认为宪政不仅仅停留在消极的限制权力层面，还要建构制度实现道德和政治理想，积极地促进公共福利的实现。（第112页）作者的“宪政为用”思想，反映了宪政作为制度安排的原初含义，回应了社会生活，积极地促进公共福祉的实现，该思想不仅把宪政理解为一种制度安排，更强调宪政具有积极关怀公民的生命力，即宪政应以人本主义关怀为起点和终点。

“宪政为用”的哲学基础是作者的“即用见体”思想，“用”是“发用”，是儒家为生民立命，以仁为心，成己成物参赞化育的体现。（第146页）“用”是中国哲学的特点，与西方哲学突出“爱智慧”，探寻宇宙的本源，追求真理不同，中国哲学大都是“社会论政治哲学”，讲求入世实用，以“救民于水火之中”和“治国平天下”。[1]作者通过建构、实现儒教之“用”，彰显儒家文化与宪法价值之契合，是实用主义，更是“建构主义”（第147页），为国家转型提供独特的儒家宪政思路。“宪政为用”之“用”，非庸俗主义，后者过滤了道德，丧失了价值观。

至此，作者提出以宪政共和主义替代自由主义以实现政治改革（第107页），“宪政共和主义”与自由派的“宪法爱国主义”不同，宪政共和主义兼具“宪法认同”和“共同善”，通过公民文化即公民宗教把历史传统文化和宪政建设联系在一起。（第20页）作者批评了自由宪政主义在充分尊重权利的同时，忽略、消解了人的内在价值如道德、文化等的历史内涵（第116页），而宪政共和主义强调公民权利、国家理性和价值之间的历史逻辑联系，“一体多元”的民族建构必须尊重国家理性，在此基础上才能谈个人权利，这样可“最大限度地避免社会转型导致的社会震荡、降低改革成本”，且“可以兼容文化认同等问题的解决”。（第116页）

宪政共和主义强调以道德弥补法律的不足，百年之前，儒家大师康有为就已指出法律的实施需要公正的条件，“夫政治法律，必因时地而行方制”。[2]作者同百年前的康子一样，都是时代的过渡人，面临国家转型，基于对现实的忧虑强调道德、文化、价值对法律的补强作用，契合中国法治建设的现实需求。当前，中国的

[1] 参见李泽厚：《中国思想史编》，安徽文艺出版社1999年版，第1148页。
[2] 康有为：《中华救国论》，汤志均编：《康有为政论集》，中华书局出版社1981年版，第729页。

经济快速发展，但伦理精神秩序被严重破坏，社会充斥着“暴戾”之气，此时强调西方个人自由主义法治是不合适的。如2011年出台的婚姻法司法解释三条款功利、自由主义气息太浓厚，对中国家庭共有财产制度有瓦解作用。[1]这说明仅靠制度和法律规范社会是不够的，更需要道德支持和文化引领，中国道德之源、文化之本就在儒学。中国的宪政建设必须重视儒家传统价值，“唤出道德”，强调“共和”，宪政共和主义比自由主义更适合当下宪政建设。作者在国家建构中进行价值排序，国家建构、寻求富强在先，个人自由伸张在后，有国才有家，具有伯克意义上的保守主义意味，也具有哈耶克意义上的进化理性倾向。儒者陈明超越了狭隘的派别界限，以宽容精神传承儒家士大夫的爱国担当，为了国家富强，各流派的优秀文化都可以拿来为我所用。其儒家宪政不排斥西方宪政，而是以儒家为前提接纳和利用西方宪政制度，正如作者所言，“‘共和’则意味着‘现代’，意味着自由宪政、民主人权等。”(第18页)

三、“国家建构与国族建构”：儒家宪政的言说理路

“国家建构指向作为支撑国家这个政治共同体的制度、法律架构，国族建构指向这个政治共同体成员的身份意识和认同观念。”(第64页) 在儒者陈明的思想体系中，国家建构体现的是政治认同，回应政治中国之建构；国族建构体现的是文化认同，回应文化中国之建构。作者认为中国的政治发展应把“文化中国”和“政治中国”统一起来，以形成国家认同，建立富强之中国。

我国仍处于转型期，国家建构和国族建构的现代性目标仍未实现，表现为“一方面GDP持续增长一方面却各种群体事件不断、一方面国际影响力稳步提升一方面却边疆不宁”。(第13页) 边疆不宁反映了国家认同的困难，根源于“文化中国”与“政治中国”的分离。五四新文化运动“打倒孔家店”，压制传统文化，中华道统被抛弃；自清末沈家本修律以来，法学西化，特别是国民党“六法全书”

---

[1] 纪武：《儒家“顶层设计”权力的知识与实践基础》，http://bbs.tianya.cn/post-666-29612-1.shtml。

的全面废止，使中华法统被抛弃，自此全面开启了法学西化的篇章；而1949年中华人民共和国建立后，用马克思主义理论武装自己，但马克思主义是西方的，且引入中国时被有意误读，中华政统被割裂。在中华道统、法统和政统出现断裂的历史场景中，出现“政治中国”与“文化中国”的分离，使政治中国的构建缺乏文化本原，多族群因文化差异呈现出国家认同缺乏。在意识形态的高压隐退后，国家认同危机凸显，出现某些边疆少数民族地区暴乱等极端问题。

在国家建构中，“文化多元”与“政治一体”之间的张力如何化解呢？作者开出的药方是以“共和立宪”重启国家建构与国族建构的历史进程。其传承了康有为的中体西用思想，但不同于康子的“君主立宪”选择，而是选择了“共和”道路；其汲取了孙中山的“五族共和”之共和思想，但把“五族共和”过渡到“公民共和”，把族群问题化解为公民文化问题，由政治复归社会，体现了作者的“宪政共和主义”思想，这是他对近代中国宪政史和当代复杂政治审慎思考的结果。

陈明先生秉承儒家“通古今之变”的思维，由“通三统”切入论证“历史连续性”的内在要求，即国家、民族的合法性基础要求“历史连续性”，以往的阶级论和自由主义的公民建国论不能回答“历史连续性”问题，在当下的建国语境中应予摒弃。而富强话语下的党国体制则符合“历史连续性”，能承担国家建构的历史重任。陈明先生认为党国体制实现了近代中国国家建构的目标，“这个党国体制在国家统一维持以及国族同质性建构上还是有所作为的”。（第15页）党国体制不仅体现了国家主义理念，而且回应了社会，“中华民族先锋队”的属性修改、“中华民族的伟大复兴”的目标调整标志着革命党向执政党的角色转换。

作者主张回归传统，“国族建构需要制度的基础，也需要文化的保障”（第20页），儒学承担着国族建构的文化保障功能。借用甘阳提出的“毛统”“邓统”“传统”概念分析回归传统的历史脉络。[1]“毛统”实现了国家的统一，但并未实现历史的批判继承，“革命—继续革命”话语主导中国进程，历史的一贯性断裂。其实革命成功后，应淡化阶级话语，凸显秩序建构，由革命到治理的转变也是现代国家转型的重要内容。“邓统”实现了国家稳步过渡，以现代化理论叙事，用马克思

---

〔1〕 参见甘阳：《通三统》，上海三联书店2007年版，第6页。

主义意识形态治理国家，而该理论是西方的，且一定程度是被有意误读的，一旦意识形态的高压隐退后，在“一体多元”的国家会产生诸多问题。故此，必须摒弃阶级斗争和意识形态话语，复归传统。中华传统以儒学为主，国家建构应回归儒学话语，才能实现“政治中国”与“文化中国”并行。可喜的是，习近平执政以来，逐渐脱去阶级和意识形态的外衣，尊孔崇儒，力图回归中华道统。十八大首次提出“社会主义核心价值观”，并明确“培育和弘扬社会主义核心价值观必须立足中华优秀传统文化”。对此，陈明先生提出“新党国以创未来”，认为习总书记带领的“新党国”，正在祛除革命话语，保持连续性的正当合法性地位，其行为积极，逐渐向“文化中国”与“政治中国”的统一靠拢。

四、“官方意识形态与民间价值并重”：儒家宪政的现代性回应

陈明先生的儒家宪政思想具有健全的现实感，官方意识形态和民间价值并重。他认为：“儒家是既考虑朝廷，又考虑民间，其出发点或所追求的目标，是一种给定条件下的各集团之间的利益均衡点。”〔1〕在其思想体系中早已形成儒者的立场：儒家既有官方的意识形态，也有民间的价值取向，二者并重。陈明先生的儒学研究不仅关注儒家思想的历史作用，更关注其当代意义。反对“传统的断裂”是其一贯主张，其研究立足于“人”，从中国人、全人类的生存和发展来看儒学。作者既反对刘泽华的专制帮凶说，也不赞成蒋庆等人王道政治说（第146页），其传承儒学，认为儒学非但是帮凶，反而有助于中国政治发展。其不拘泥于儒学，认为儒学不能排斥现代化，反而要回应现代化。正如学者所言“复古派的政治儒学将现代性特征视为外在于中国传统的异己因素”，〔2〕儒者陈明超越了政治儒学对现代化的漠视，他从更深层次上对中国现代化作出回应，重建儒家当代叙事的合法性。陈明先生关怀当下，其理论最终的目的也是关注人的发展，其对“中国梦”的儒家解读，对社会主义核心价值观两阶段的界定，正是基于此。他从近代史语境中的国家

〔1〕 陈明：《儒者之维》，第82页。

〔2〕 刘擎：《中国语境下的自由主义：潜力与困境》，《开放时代》2013年第4期。

建构理路出发，通古今之变，论证了“中国梦”三个层面的创新：超左右而回归本；通三统以重建历史；新党国以开创未来。体现了儒家的现代性回应，及儒学的变革和更新意识。该论证在缜密的逻辑中凸显思想性，具有原创性。让我们体会到哲学不仅是“爱智慧”，更是对人类生活的深切关怀。

很多人对“梦”不屑，认为梦就是泡影，难以实现。但是有谁会对马丁·路德·金的“I have a dream”报以不屑呢？恰恰相反，那篇著名演讲我们读起来朗朗上口，并为之倾心。这个“dream”就是“人权梦”，黑人和白人的平等在当时就是一个遥远的梦。1964 年美国国会通过《民权法案》，废除了种族隔离制度，当“everybody is equal before the law”由文本宪法变为实践宪法时，梦想成真了。所以，“中国梦”这个“强国梦”不是不能实现，只是需要我们努力使之早日实现。“梦”是一个愿景，是基于国家建构的理性要求，是应然状态，当前要从实然状态过渡到那里，有这么一个超出个体、族群的愿景存在，全国各族人民就有了目标，国家也有了凝聚的基础。以国家民族为基点的富强话语一直存在于陈明先生的思想体系中，“中体西用”思想表达了富强的叙事理论。今天，他只是用早已形成的陈氏思想体系来解读了“中国梦”。如果能从理论上把这个有梦幻意味、模糊的概念解释清楚，又何尝不是一种贡献呢？

儒者的现代性回应，体现为儒者“匡扶时事”的社会责任和“关怀当下”的变革意识。随着 1905 年科举制的废除，儒学失去了制度依托。民国政制趋于西化，废除“六法全书”后，儒学与法律制度脱钩，渐趋衰微，竟至成为“游魂”（余英时语）。自此儒学被边缘化，儒家也所剩无几，到梁漱溟被称为“最后的儒家”，儒学凋敝。在 20 世纪 90 年代蒋庆、陈明、秋风等儒者在对港台新儒家反思的基础上，发展出大陆新儒家，儒学出现由边缘到复兴的契机。当然大陆新儒家的主张各有不同，但儒者陈明坚持自己的立场，即儒家要同时考虑国家和民生，儒学研究不应停留在心性层面，应回应现代社会生活。他对国家建构理路的论证，对作为政治共同体的“中国”主体性回归的反思，对作为价值符号的“中国梦”的儒家解读，反映了其对现代性的回应及儒学的变革和更新意识。

五、"公民宗教"：儒家宪政的实现路径

陈明先生把儒家的目标定位为，"对古代和西方文化话语形态的双向对接和超越"，他反对"简单的复古"和"全盘西化"，主张多维度而非仅从科学、自由的理性主义一维理解西方，他更强调宪政的宗教维度。（第43页）西方宪政是基督教文化的一部分，"植根于西方基督教的信仰体系及其表述世俗秩序意义的政治思想中"。[1]而中国宪政自然应植根于中国传统文化，儒教相比于佛教和道教，无论是从其作为价值观、利益和信仰体系的呈现来看，还是从其对中国传统政治影响来看，更能代表中国传统文化。儒学与宪政价值相契合，中国的宪政建设不能脱离儒教进行。对此，作者提出"公民宗教"论，并认为儒教可以经由属于公民文化范畴的公民宗教平台参与到国家建构中。(第20页)

"公民宗教"属于公民文化范畴，是一个民族的价值观、利益和信仰体系的体现。阿尔蒙德指出公民文化不是现代文化，而是一种现代与传统的混合文化，建立在沟通与说服基础上，一致性和多样性并存，允许有节制地变革。[2]当前我国公民文化的建设对于宪政建设起到社会推动作用，正如托克维尔所言，"民情"比法制对美国民主共和制度的作用更大。[3]我国公民文化的建设应以"公民宗教"为杠杆支点，因为公民宗教是现代和传统的混合文化，联系了古今，能凝聚民族文化认同和国家认同。此外，公民宗教强调协商、多元文化并存和有节制地变革。这就使公民宗教区别于排除异己的传统宗教。作者视野中的儒教是宗教，但不是"作为一个宗教的儒教"，不同于康有为和蒋庆的国教论，也不是基督教那样的宗教。(第137页）而是"作为公民宗教的儒教"，其视域中的公民宗教是"复数性"，"表现在它内部构成的复合性"，如同美国的公民宗教是基督宗教、共和主义与个人主义的复合一般。"作为公民宗教的儒教"是对作为政治共同体的国族而言的。

---

〔1〕［美］弗里德里希：《超验主义—宪政的宗教之维》，周勇等译，上海三联书店1997年版，第1页。

〔2〕［美］加布里埃尔、西德尼·维巴：《公民文化》，徐湘林等译，东方出版社2008年版，第6－7页。

〔3〕［法］托克维尔：《论美国的民主》，董果良译，商务印书馆1991年版，第354页。

(第137页) 在作者看来,“公民宗教”是一个开放性概念,是多元文化的复合体。

作者的“公民宗教”理论延展了近代史语境中的国家建构与国族建构的言说理路,通过公民文化共享增进社会凝聚力和国家认同。中国尚未实现现代国家建构,族群问题依然存在,如何消解“多元”的差异性形成“一体”的统一是转型期的核心问题。“以儒家为基地的公民宗教,正是要超越作为 ethnic group 的族群性”,以建构一套国族历史叙事。(第143页) 作者的公民宗教观是希望儒家传统获得更大的影响力,为“政治中国”的建构提供文化保障。作者把儒教作为联结“文化中国”和“政治中国”的节点,进而实现“道统”与“政统”的统一,“儒学的根基在民间,但作为政治哲学它是一种社会政治理论,作为宗教它是一种生命信仰,都具有积极入世的品格。所以,它的发展方向和途径都是在文化和政治之间建立积极的互动,进行很好的沟通。”(第297页) 有千年历史传承的儒教是公民文化的体现。作者认为,儒教走出边缘化困境的重要途径就是建立“公民宗教”,他用卢曼的“公民宗教即对宪法价值理念的承担”理论论证公民宗教对宪政建设的意义,认为“公民宗教能为民族国家共同体中的所有成员提供共识”(第31页),且公民宗教具有现实的政治功用。“公民宗教是一种既吸纳宗教超验价值,将其融汇入公民文化发挥其为社会凝聚正能量的作用,又避免信仰群体间疏离紧张导致社会瓦解负能量释放的问题解决思路。”(第22页) 可见,“公民宗教”具有凝聚公民文化认同和稳步推进政治进程的双重功效,有利于“文化中国”和“政治中国”之并行,最终达至富强,实现宪政。

作者对“公民宗教”的论述建立在其“宪政共和主义”思想基础之上,与个体相比,他更信任社会对于宪政建构的意义。他指出“优良政体的产生是基于不同世代之知识积累而获得的进化,而非某个人的理性建构”。(第14页) 他相信政治共同体的发展必须由社会力量推动,基于国家建构的理路,他主张“公民宗教”,将儒家文化视为公民生活的一部分,走“下行路线”。这是儒学在制度化建构失败后,作为“游魂”重新获得生命的唯一选择,即儒家的现代化出路在于日常人生化,即避开建制而致力于精神价值的重构。[1] 陈明先生提出“下行路线”

---

〔1〕 余英时:《儒家思想与日常生活》,《现代儒学的回顾与展望》,上海三联书店2012年版,第255页。

的具体措施是，完善理论建设，扩大信众基础（如《原道》的工作）；重建实体性的社会组织平台，被承认合法宗教的地位（如原道书院的建立）；积极参与公共领域的活动建立自己的社会形象（如教化乡里服务社区）。（第25页）由公民宗教激活公共生活，发扬儒教，以实现国家建构和国族建构目标，最终达至宪政目标。

如何实现“公民宗教”与“儒家宪政”的具体衔接，这是陈明先生需要进一步加深论证的。但对于解决问题而言，从中国当下出发，发现问题，提出问题，是更为难能可贵的，我想这也是陈明先生对于时代的贡献吧。

从远处所见：对话朱利安兼论他对先秦儒学的误判

靳大成*

一、关于这门学科

对于今年刚入学的同学，我有几点建议：第一要清楚目前文学研究、特别是文艺学的研究现状；第二要掌握好的学习方法；第三则是改造我们的学习。可能大家不全是文学系的同学，但是人文学科的特点基本相似，有共通性。不管你是否研究美学或者文艺理论，它所遇到或者要解决的问题是相通的。1978 年中国社会科学院建立，此前它作为“社会科学学部”原本隶属于中科院。研究生院稍后成立，没有本科生，直接招收硕士和博士，因此人文学科的建制并不十分完善，但也有其优势。因为没有本科生，导师与学生的交流增加很多，基本属于半师徒性质，类似古代的书院。社科院却保持着一种相对自由的状态，老师讲的都是自己最新的研究成果。一个人通过十几年的学习，到了研究生阶段，系统地听课并不重要，重要的是自己看书自己研究，确认目标、找出问题并解决问题。听课是要听老师讲的思路与方法，了解老师怎么提出问题、处理材料、解决问题。社科院的老师可能并不太注意系统知识的传授，但是会讲授他们的研究方法。

如果我们回溯，去寻找文艺理论这门学科的起源，则发现它的来源有两处：一个是西方，特别是苏联；另一个是我们自身的传统。自身的传统我们利用得并不充

* 靳大成，中国社会科学院文学研究所研究员。本文系根据2014 年10 月23 日作者在中国社会科学院研究生院文学系的讲座录音整理，整理人为薛冰洁并经作者审定，本刊发表时有所删节。

分，大部分利用的是从西方学习而来的知识、概念、方法。文艺学的知识合法性是可疑的，因为文艺学是被建构起来的。之前我们的学科主要受苏联体制影响，经过改革开放三十年，这种影响逐渐淡去。此后，我们开始追随西方，狂追猛赶。从1840年以来我们用了将近160年学习西方的话语和美学经验。

但是我们做学问，要把我们自己的经验陌生化、重新问题化。我们要深入思考、经常质疑。在这个意义上，即便文艺学这门学科建构不健全，知识来源不牢固，这段历史也并不是没有意义的。它是我们的思想源泉与研究对象，这本身也构成学术问题。选题的时候，除了阐述某一个人的文学理论思想之外，一定不能只停留在逻辑平面，而要“立体化”，把他放在历史的褶皱中去观察和理解。研究一个文学理论的历史脉络，看似没有意义，其实不然。如果梳理清楚了某一文学理论的脉络，还有自己的一点心得一点评论，就是有意义的。在我看来，硕博论文不是去发明创造、建构体系。论文显露了一个人的能力、知识结构、文学眼光和追踪问题的敏感度等。学位论文就是一个学术训练，表明作者要解决问题，且具备了一个投身学术研究的资历。

文艺学现在处于一个上不着天、下不着地的状态，总能听到一片“失语症”的叫喊。80年代学术训练不足是个问题，但是学术热情很高。我用这样的方法进入今天的课题是有意的，因为这是我的历史奇点。现在回过头来清理前30年文学的东西，除了为“马恩列斯”做一些注脚之外，很难提出自己的问题。论战的文章也很多，但我们的论战是一种报纸上的社论语言。李泽厚认为60年代关于美学的讨论是中国美学、哲学和思想史界比较有学术含量的讨论，这有道理。但必须指出当时最制约他们话语的是所谓唯物论和唯心论两条路线的斗争。这两个概念的意义很有限，非要用这个范畴来思考，其实唯心论和唯物论重要的不是所谓的“对错”而是看谁可能更方便来讨论文艺理论问题。很多学科在建构过程中表现出了种种不同的相貌，这背后有政治原因，学术原因，也有人和人之间的问题。很多混沌的东西，如个人喜好、民族地域等决定了个人的审美取向。罗素的《西方哲学史》是一个例，他把西方哲学史上两种不同的派别与风格分为“刚”和“柔”。刚是决定论者，柔是二元论者、不可知论者，刚是唯物的，柔是唯心的，等等。罗素的哲学史划分，就超越了逻辑平面，还有历史的深度。他从气质上解决理论的分野。这不是用理性来解决问题，而是靠感觉和直观。

导师都会给学生建议，如何去找资料，如何去写论文。我的建议是不管你的专业是什么，历史研究文学研究哲学研究等，一定要游学采风，实地调研，去做档案调查。我们一路走上来，不能一直在故纸堆里找东西，很少有批判与自我批判的能力，除非有极高的洞察力。这种知识的建构不能解决自己的困惑也不能帮助别人。我强调的这种游学采风，不是人类学或社会学等田野调查、话筒录音、数量分析、类型列表之类，而是孔子、司马迁曾做的事情，我们要全身心进入一个地区，获取直接的生活经历与在地理解。只有在别人的目光里才知道自己是什么人。我们要追求客观知识。所谓客观，就是“他观”，就是别人的目光。我与他者之间得出了一个共同的看法，这叫知识。在这之前只能叫意见。这是超出主体之外的共同体共同认可的一个东西，这就是客观。换句话说，我们只有出了家门才知道家里是什么样子。另外一个重要的事情就是拿着介绍信去档案馆查资料。做研究要先查第一手资料，然后再去看资料汇编和别人的研究成果。还有就是尽量实地参与、跟踪某一项文学、艺术活动，并长期深入地观察研究。

二、朱利安的“历史奇点”

朱利安，也被译作于连。他的著作陆续翻成中文，其中主要的包括：《势》（1992），《迂回与进入》（1997），《功效：在中国与西方思维之间》（1997），《道德奠基——孟子与启蒙哲人的对话》（1998），《圣人无意》（2004）《（经由中国）从外部反思欧洲——远西对话》（2005）等。我注意到朱利安是偶然的。之前看过毕来德的《〈庄子〉研究》。毕来德是一位资深的法国汉学家，他关于庄子的解读十分精彩，但由于找不到自己的工具，也无法建立一个理论模型，他总是对文本做赏析式的解读，因此呈现给我们的就是一段文本，一段赏析，一段评价，且这些观点互相之间的关系也没有给出解释。引起我注意的主要是毕来德与朱利安的论战。一方面朱利安有其犀利敏锐的地方，他有一个“他者”的目光，这是我们的盲点，我们要学习。这种“他者”对于我们来说就是一面镜子。我们意识不到的、不敏感的问题都被朱利安捕捉到了，且他善于把感性直观上升到理性，形成方法找到证据，把问题解释清楚。另一方面，朱利安的某些观点我也无法赞成。因为他有很多似是而非的观点，对此我强调：没有历史研究为基础的思想史研究如何可能？朱利安是西方哲学出身，他自己解释他进入中文的原因并不是为了解释中国，而是想去解决古希腊，即西方哲学的困境。他认为西方并不知道自己的盲点，所以他希望“迂回”，通过中国看西方。在朱利安看来，印度不行，从语言上看，语系太近，都属于印欧语系；从历史上看，交往过深，印度曾做过欧洲的殖民地，所以很多印度的知识分子英语能力很强，不具备比较的典型性。其他东亚国家，如日本，日本不是一个原生性的文化国家，它的文化受中国影响太深。只有中国，既与欧洲国家没有非常直接的交往，汉语与欧洲语系差别又甚大，最重要的是中国这个多民族国家独自发展了五千年形成了独特的文明。他选择了中国之后，回过头来再看中国的古代典籍与古希腊典籍的差异性。

我们在看二者的差异的时候，容易陷入误区。首先是语言问题。一个著作的翻译者并不一定就是这方面的专家。不管你是什么领域，只要你在某一方面下过一些功夫，有一些造诣，你再看文本，就能突破流行版本的语言而发现他提供的翻译文本存在着很大的理解问题。朱利安著作的译者杜小真女士翻译德里达、福柯等人的著作，做出了很大贡献，但她与朱利安的对话并不成功，她采用的是记者式的一问一答的对话方式。杜小真女士的法语很好，但她没有成为真正的对话者，她不能理解中国传统文化的特征，因此她并不是站在中国文化的立场对话。我们要警惕和注意的问题就是这个。另一个问题是对两种不同文化的“相同点”的忽略，很容易忽略表面相同背后的不同构成因素。在比较二者的时候我们总要找一些差异，因此大量表面上相同的东西都被忽略，只有差异构成了我们对这个事件的认知。没有进入一个对象的生活世界，那么你也不可能有一个视界的融合。人和人之间对一个问题的看法可能不一样，但是他们都看到了一个点，一个表象。表象背后的东西是一个理性传统。这个传统在没有被建构之前我们都是没有意识的。只有经过历史研究真正进入历史细节才能明白表象背后的东西。

从做研究来说，假如不看对象，不实地或者身体感觉式地进入一个文化，那你文本逻辑再严密，证据再严密，也没有进入历史的褶皱，和对象毫无关系。那同学们可能会质疑：中国的思想史研究难道都去实地生活了吗？几百年上千年的历史生活如何体验？这种质疑有其合理性。为什么要去游学采风呢？采风就是让我们在生活上还原到某一种状态，如果不然，我们根本无法了解研究的对象。朱利安即使学习了中文，他也不会真正理解中国，中国语言的含蓄、微妙外国人不会懂。他必须进入中国，与中国人接触才有了解的可能。历史研究的基础就是践行，先把自己抛开，然后才进入。只有在外面，在他者的目光中，你才能意识到你和别人的不同，而且你必须要在不同之中找到相同的地方。

毕来德批评朱利安的力度非常大。他写了一本小册子，题目就叫《驳于连》，他采取了一种十分巧妙的论战方式。法国的思想家从 18 世纪开始到 19 世纪，都曾通过写小册子反对帝制。毕来德熟谙这个传统，他以小册子的方式来与朱利安论战。毕来德的批评主要集中在以下几点：第一，朱利安的研究方法有问题；第二，朱利安对文本的解释有问题——他只按照自己的意愿将文本朝有利于自己的方向去解释；第三，他采取了回避的态度。在汉学家看来，朱利安是哲学家，而在哲学家看来，他又是汉学家。在这一点上，我十分赞同朱利安。他试图跨越、试图迂回，他所说的间距与差异自有其道理。毕来德的文章一出，影响非常大。朱利安的支持者们接着编了一本论文集，他自己只作了一篇序，虽然没有点名但实际上就是直接反驳毕来德，其他文章都是他的支持者反对毕来德的文章。作为反弹，毕来德的支持者又有一大本论文集出版，论战十分激烈。

我们通过朱利安"迂回"，看看他们的论争对我们有什么启发，有没有可能帮助我们认识自己的传统。朱利安有一套最有特点但也最遭人诟病的理论。他把中国文化政治中特别突出的特点给概括出来，我称之为"朱利安模式"。他将道家、阴阳家、法家、鬼谷子的思想整合并提炼，认为不管中国政治、哲学、艺术、文化或者军事思想等，都不像西方的古希腊传统，会给人一种正面的回应。遇到问题或者矛盾冲突，它并不直接处理和对抗，而是试图在过程中占得先机，站在某一个恰当的"点"上，让整个形势的发展朝着对自己有利的方向运动，即"圣人执要，四方来效"。这种说法有其相当的合理性，比如他举的一些传教士的例子。传教士刚到中国给官员送礼，官员们表面上拒绝，其实不是不要，而是因为嫌送来的东西太少。这是中国官员的"含蓄"与"迂回"。然后朱利安从这一点出发上升到审美、诗学的层面，对论语、孟子、杜甫的解释等都有一定道理。我们中国的说法和他不同。以西方和中国的战争为例。希腊的重装部队方阵在打仗时，排成密集队形，将金属投枪向敌方投过去，整体移动，像一座金属森林，无法攻破。中国的战争不同。中国也有阵法，也讲“不动如山”，但更强调出其不意攻其不备。毛泽东的游击战解释得更为透彻：敌进我退，敌驻我扰，敌疲我打，敌退我追；或者说你打你的，我打我的，打得赢就打，打不赢就跑。这种战略战术思想符合不对等势力碰撞之时的打法，总之我要掌握最好的节点，利用一切可以利用的因素战而胜之，拼的不完全是武器装备的强弱和人数的多寡。像拿破仑成名的奥斯特列斯战役，他说我们是四万人对十万人，因此必须进攻。强调必须要主动攻击。而中国则不然。孙子说，我要攻击，就攻于九天之上，让敌人无法防备；我要守，就藏在九地之下，让敌人无法找到。也就是说，兵家、政治家、道家、法家，他们的思想中有相通之处，有贯通的点，这个点被朱利安敏感地抓住了。从思想、政治到修辞、美学，他形成了一整套方式解释中国思想特征。

仔细考察，会发现朱利安的奇点来自于“批林批孔”时期的中国经历。朱利安1975年入复旦大学学习中文，当时中国正在经历“批林批孔”。那时我也正在经历一个思想的觉醒期，我们的奇点是基本相同的。朱利安是法国人，法国人自由民主要求和对政治权力十分敏感。安东尼奥尼1972年拍了一部片子《中国》，讲述关于中国人的日常生活。1974年国内开始批判这个影片。他拍了中国的工厂、中国的造钢铁运动、中国的农村、中国的宣传形式，还有中国的交易市场等。安东尼奥尼拍了一个中国的灰色市场，镜头就从当时的宣传中心林县红旗渠直接过渡到这里。这种市场与中国传统的集市不同，它不是按照固定的日子开放，而是根据工厂的公休时间进行交易。欧洲的左翼理论家和很多思想家都曾到中国，从萨特开始，还有波伏娃、罗兰巴特、安东尼奥尼等人。有的人回去写过一些东西，有的人则保持沉默。如果不是中国的特异经验，福柯的理论很难出来。他虽然只去过日本未到过中国，但他通过博尔赫斯的小说看到中国：中国的类书与西方博物学家林奈的知识系统分类完全不同，这么不同的东西怎么分类能分到一起去呢？这个原因他解释不了，他们原有的天经地义的词与物的关系在这里发生了动摇，这是他的理论创造的出发点。

“文革”末期朱利安作为留学生，跟我们一样，早上要早起。上课、参观工厂等都要集体行动，而且对于事物的解释模式都是一样的。在他看来，当时的文本要解决的问题，没有象征，连标点符号都没有应有的意义，只有规定的意思。在那个同一单调的模式里，根本没有隐喻。出于对统一步调统一口径集体活动的反感，所以他要用法国人的方式进行抵抗。有一天留学生们要去集体参观一个模范街道，朱利安不去。当时负责留学生工作的队长说你如果身体不好，写一个假条，可以休息。朱利安说他没有身体不好，就是不去。他的态度完全是一种个人主义、自由主义，双方开始僵持。朱利安要看中国会如何反应。队长不再理他，第二天早上集合的时候，队长拼命地表扬一个第三世界国家的留学生，说这个学生为了参加集体活动，连早饭都没有吃。朱利安明白这是在批评他，然后就决定提前回国。他开始用中国人的方式回敬中国人。中方觉得不能把已经培养了近两年的留学生推到我们的敌对阵营上去，所以就决定与朱利安缓和关系，不去参加集体活动的事情不再说了，而且队长把朱利安之前提到的需要的材料复印好交给他。给朱利安造成他整个中国文化印象的基础就是这段经历。

之后，朱利安去了香港，在新亚书院跟随牟宗三。再然后去了日本两年，直到“四人帮”倒台后的1978年，朱利安回到中国，在北京大学教授法语课程。朱利安在香港期间，除了继续学习中文，跟随牟宗三等人之外，他还受一个基督教会的聘请，在香港监听中国大陆各省市的电台。这个基督教会的很多人都是大陆的偷渡客，并且以监听电台这种职业谋生。从来没有人像朱利安一样通过监听电台，监听政府公报广播来彻底学习中国语法。1979年，西方思潮开始进入中国。当时北京大学给全国的法语教师培训，朱利安全面介绍了很多西方的文艺理论思潮。由于朱利安工作勤奋、师生关系太密切，引起了系里领导的注意。当时不能允许西方的资产阶级思想文化过于流行。有一天朱利安拿着一堆他指定打印的材料去上课，忽然他发现其中有一篇材料不是他自己选择的，讲的是中法战争时期一位作家对法国政府的批评。朱利安明白这是给他的一个小小的警告。他一看立刻开始采取他的策略抗议。于是他找到系里说他认为自己的情感受到了巨大的伤害，中法两国之间的友谊遭到了破坏，正常的工作条件也丧失了云云。同时为了表示严肃抗议他上课不再讲中文，全部改用法语，必须靠别人翻译。最后系里的一个人，说是他自己弄错了，误把那份材料混进了讲义中去。朱利安接受了他的道歉，并恢复了正常的上课秩序。

类似用这样的方式来对抗中国的事例还有很多。《毛泽东的囚徒》这本书影响了朱利安。朱利安在大使馆的图书馆看到了《毛泽东的囚徒》这本书，大受震动。他看了之后，觉得中国传统思想和阴阳家、鬼谷子的思想完全一致。例如苏联人的劳动改造是完全强迫式的，而中国的劳动改造则是设置了一个情景，让人感觉到劳动的光荣，然后自觉地改变。《毛泽东的囚徒》的作者鲍若望（Jean Pascalini）是一个法国人，从小生活在中国，1949 年之前做新闻记者，并娶了一位中国妻子，但他保留着法国国籍。因为双重身份，50 年代初，他因“反革命罪”被判处有期徒刑 12 年，在监狱接受劳动改造，从而非常熟悉中国的劳动改造方式。苏联人当时对待战俘比较苛刻，但中方对待战俘坚持人道主义，他在监狱及劳改营中看出了二者的差别。直到中法建交前，鲍若望被特赦，从此离开中国。当时要回法国，首先要坐火车到广州，再从罗湖转车到香港，然后再从香港回法国。从北京到广州的火车交通时长大概两天一夜，中国的陪同人员与他一起去往广州。吃饭的时候鲍若望坚持不去餐车，他说中国的社会主义建设运动正在如火如荼地展开，而且广大的贫下中农还缺少粮食，我就要离开中国了，也再不能为国家的建设贡献我个人的力量了，因此不能铺张浪费，我只要两碗米饭一碗汤，不去餐车。鲍若望作为外宾是要被礼送出国的，因此有一定的经费。但是在火车上他坚持不去餐车，直到罗湖。这两位陪同人员最后没办法，只好自己去餐车吃饭。用他的话说在离开中国之前用这个方式“报复”了这几年对他的劳动改造和思想教育。类似这种“中国式”幽默反弹的例子还有。比如有个法国使馆的工作人员在华工作多年，完全了解中国人的话语方式。因此在离开之前，法国的参赞办了一个酒会，这位将离开者致辞说：在中国的这几年要感谢一些人，首先是离不开大使的正确领导，其次是参赞的正确指挥，特别是中国的朋友给予我的巨大的帮助，至于我个人嘛，只是做了一些小小的工作。这话说得太“中国”了，立刻引起哄堂大笑。这是这些法国人以中国方式回敬中国的例子。

朱利安看到了“文革”后期对法家思想的强调，还直接地感受到了当时中国政治的迂回与含蓄。昨天一个人还是副统帅，今天照片不出现，然后名字不出现，再然后变成了一个政治骗子。还有邓小平政治上的“三起三落”，先是“走资派”，然后变成“错误”，再然后开始公开亮相。朱利安看到的就是这样的形势。正是由于这些生活经历与历史奇点，朱利安从中国的文化思想与政治斗争等方方面面的有张力的地方切入去叙述，形成了自己独特一套模式。他说的话有一定的道理，但也不完全正确。阴阳家、鬼谷子等人的思想并不能完全代表法家思想，这是他的盲点。我们要完全明白朱利安，必须把他带入历史的褶皱中去。我认为他之所以有些地方具有盲点，是因为1975年前后在中国经历的政治形势和生活烙印深入骨髓，因此看不到别的一些东西。

三、朱利安对传统经典解读的误区

朱利安所著的著作有一个特点，一本书就像一章，把四五本书放在一起看，就会发现它们探讨的其实是同一个问题，整体像一本书一样。他不断地迂回，类似太极拳，你以为你和他已经接上手了，其实则不然。《道德奠基：孟子和启蒙哲人的对话》这本书讨论的是道德奠基的问题。他把从卢梭开始，经过康德，一直到尼采等人对道德的质疑，与中国的孟子做了一个比较，认为中国的思维不需要像西方古希腊确定的思想路线那样去考虑道德伦理问题，中国自有一套解释体系。朱利安总结了孟子思想的一些特点：

“既然孟子没有确定一个主体我的范畴，又不具备任何人性的神学——本体论标准，那么他不可能马上就建立起道德意识的普遍性。因此，他继续采用类比的方式来进行思考；人的味觉有共性，而这些共通点，大厨师易牙做的佳肴美味便使之毕现无疑了，人的道德意识也有共通性，而往圣先贤的言行举止则使之展现出来了，类比推到这一步——虽自有其个中逻辑，因为孟子除了自然主义便再没有别的理论支点了——仍不免令人称奇：孟子说，道德原则及由它而生的‘义’使我内心畅快，就如同用草谷饲养的牲畜‘悦我口’一样。而若人要我编一双草鞋，我即使没有见过那双穿鞋的脚，我也不会编个草筐子。同理，我可以认定圣人与我也是‘同类者’，人心相似，就有如人脚相仿一般。在中国思想中，人性没有以一个预先设定的绝对标准来加以规定，道德意识也没有依附于任何实体性的‘灵魂’，所以对孟子来说，由善、由羞恶、由怜悯等反应来开掘道义之心，再以道德为唯一基础来定义人性是尤为重要的。

“自孔子以降，人性问题的思考开出了两条路。第一条是由‘天命’出发的。天命不再被视为天主发下的指令，而是被理解为万物造化之中自然散发的要求，促发我们去自动与之相符。换言之，天命变成了内生于我的自己的东西。即‘天命之谓性’。人的天性实际上只是世界之大化中的一种特殊性、个体性的产物，‘乾道变化，各正性命’是谓也。天性使我们根生于冥冥化境的积极意义之中，一如造化之不断创新，人的天性——既然根植于大化之中——便也是为了不断地推动演发生命而来。而另一条便是孟子所采取的思路：他不是从天出发来推导出人的性，而是从人的经历及其所显示的意义出发来理解‘天’。事实上，在羞恶、怜悯等反应的深处，人可以——通过显露在外的‘端’——极其真切地领悟到天生的使命。由于这份‘感情’的反应促使人接受了一个超个体存在的逻辑，所以它足以使人体会到存在是如何生根于世界共通的生生不息的造化之中的。由于它在人身上出现的契机总是当下的、不受控制的，所以它能直接接通人与自然的关系。通过它，人忽然得面对世界之天全本然，不仅可以从中发现自己的本性，自己根本的道德律令，而且还可以由此上通于‘天道’，臻临自然之化境。”

这是朱利安的总结，我称之为“朱利安模式”，这套解释模式自有其道理。西方哲学发展到今天面临了很多问题，他们一开始就决定要使用一个理型往外投射的方式，从一个形而上学的第一原理往外推的形式思考，因此它必须设置一个起点。这个起点就是所谓的彼岸。他们从苏格拉底开始，苏格拉底、柏拉图、亚里士多德之前那些本体论被认为是一种思想，不是哲学。因为它不具有这种理型式的思考方法。海德格尔等人就认为这种思考方法很伟大。这种前后的对比其实与西方哲学与中国的对比比较类似。中国不是理型投射性的思考，没有一个目的论的东西，它是一个过程性的，在发展变化中让某种功效自然达到。

假如我只是从文本上反驳朱利安的话有很多例子。由于他缺少中国的生活经验，他解释孔子、孟子的时候就有很多偏差。但这些只是文本理解上的差异，是合理的，这是他的想象。文本的裂缝本来就是要产生新思想的。人文科学有时会面临着缺少所谓的证据，需要提出假说和想象。但朱利安所说的孟子不仅仅是文本上理解的偏差，重要的是解释方向的偏差。以孟子的《离娄》为例。孟子总是陈义过高，经常不能说服别人，只能说服自己。这种过高的架子使孟子在面对诸侯、弟子时总显得尴尬。朱利安的思想焦点，缺少对中国历史的深刻理解。孟子的“去齐”是一件非常重要的事情，如果没有理解它，那就不可能理解孟子的整个思想。“去齐”这件事，是孟子人生中最大的挫折。之后，孟子就摆出一种拒人于千里之外的姿态，采用了一种决绝果断却又略显酸涩的语言。比如，孟子离开齐国以后在与弟子的辩论中说：“予岂好辩哉?”但却从三代开始说起，解释了三个王朝的颠覆，到了圣人，之后便是自己。“予岂好辩哉？予不得已也。”由于孟子的这个处境，他关于人伦、道德的解释和孔子出现了差异。我们要联系实际理解这种差异，就必须把孟子放在历史的长河中去考察，探究他在历史中的浮沉。只有这样孟子的对话者和孟子之间出现的很多意义饱满的差异才会凸显，其思想的丰富性才能被我们真正地理解。

朱利安并没有关注这个过程。不是他看不见，而是他“不觉得”这是问题。这里涉及名、言和语、默的问题。这是我最不同意朱利安的一个地方。在这个问题上，朱利安对一些文本做了有利于他自己的、非常主观的解释，毕来德的批评我十分赞成。比如，“君君，臣臣，父父，子子”这句话。朱利安所说中国的句子中没有谓语，中国式的思考中没有宾词。朱利安的说法是错误的，这是中国的语言方式，很清楚地传达了所要传达的意思。齐景公很了解这句话的意思，并且回答说：“善哉！信如君不君，臣不臣，父不父，子不子，虽有粟，吾得而食诸?”但是在朱利安看来这只是一个同义反复的字，没有谓语，没有动宾关系。这就是中国式的语言，在他们的语法限定之外还能表达出清楚的意思。另外还有语默动静。语默动静就是说话，都是说话，都是表明态度。比如孔子。孔子非常反对多言，但是现在生活环境必须逼着我们发言，只好不停地重复自己说过的东西，名实之间已经错位了。这种错位也显示出了生活的变动。孔子要求慎言、寡言、不言，先行其言，这是有具体的环境所指的。虽然他并没有遇到后来像名家、法家、惠施那类人，可是孔子面临的形势和我们今天一模一样：异说蜂起，伪学流行。朱利安的汉学修养深厚，但他对这些基本事实的认识却有错误。

毕来德对于庄子的理解非常深刻，朱利安对于王夫之的解释也很精彩，也就是说他们有非常深的汉学功底，那为什么在我们看来是基本的事实，他们却出错了呢？我们以后遇到这种问题的时候，不要简单地说某一个人“错了”，而要去探究他“为什么”错了。朱利安这种“错误”的背后是有原因的。在逻辑层面上看，这就是一个文本解释的错误，但事实并不简单。举例来说，康有为从小浸淫在传统文学中，儒学和经学的造诣深厚。但是你会惊讶他在《新学伪经考》与《孔子改制考》中出现的很多明显不对的解释。康有为为了证明自己的观点，生拉硬扯，将文本往对自己有利的方向解释。我们一定会感到不可思议，如此学问深厚、立志高远的人怎么会在这些基本的东西上出错呢？这与朱利安是相同的。我在朱利安与毕来德的争论中所看到的朱利安的错误，不是简单的文本错误，这是两个思想预设在碰撞。在康有为那里，他面临着几千年的经学的压制，他要从三代以来的文献中证明从古至今都在改制。虽然很牵强，但也有其道理。康有为没有指出历史的深层原因，这些思想文本最后都为他的目的所用。在面临一个大的历史变动的时候，康有为怎么寻找出路呢？他只能做一个“六经注我”的非常超前的解释。某种意义上来说，康有为是有所创新的。有人曾批评李泽厚先生，认为他只是整合了马克思和儒学的思想，这并不正确。李泽厚先生按照思想史脉络，从黑格尔返回康德，改造了康德，把马克思剥离化，其实是创造出了一种新的思想。他确实试图在今天的历史语境中，把马克思主义“中国化”，为中国传统思想包括儒家思想和现代社会的对接寻找一个办法。

我在这里举了一些看似与朱利安不相干的人，但是如果把他们放在一个平面上看，他们都有相似性：这些人都生活在一个非纯粹学术的生活流里。我们处理的也都不是纯粹的文本，我们也是在思想流里感受着压力做出一个变化，这是我们进入思想史文本的一个最好的途径。以80年代为例。80年代的学者提出了很多新的观点，如科学主义、人道主义、人的异化等。我们要探究他们的目的和意义何在，就必须要考虑这些文本的错置背后的原因。只有这样，才会有理论的深度。我们在处理历史文本时，要给予对象同情之理解，指出文本的滑动与裂缝，讨论它背后的支点，并看到它的运动趋向。同样，我们来看朱利安、毕来德处理孟子、庄子的时候，举了很多很好的例子。他们往往能非常犀利地抓住中国哲学中可以上升为方法论的东西。中国和西方之间确实存在很大的差异，我们没有办法用一个范畴化的东西数量化地梳理，无论是做中国哲学、中国思想史或者是美学的人都没有办法。最早从胡适、冯友兰开始，他们试图用一些西方的概念范畴来规范中国的哲学，也做了一些很有意义的尝试，但是这个过程到今天为止仍旧没有胜利的结束。很多人会提出异议，因为各人有各人的奇点。比如说，对于庄子的解释。在西方，有一个技术层面的范畴，它无法上升到美学范畴。在中国的传统里面，“功力”“修为”是美学中一个极为重要的范畴。比如打拳，一个人真正超越技术层面的时候，只需要一个姿势一个动作，有没有功力就看出来了。所有人通过勤学苦练，在技术上基本都能达到完美，但是有没有功力与韵味却因人而异。这种感觉找不到合适的范畴来概括，因为它不是一个知性的东西，你无法给出一个确定数量。什么时候达到“不以目视而以神会之”呢？这种中国人特别擅长的思维特点如何表达出来呢？朱利安敏锐地发现了中国的动能的过程，并试图使之普世化，于是他对一些不利于自己解释的东西就视而不见了。他并不想按照西方古希腊所规定的思想路线来思考，于是迂回到中国。可是另一方面，一旦他试图用中国的思想来思考，他还是会陷入他原来的思想范畴，把中国思想公式化，因此对中国文本的解释就出现了主观化趋势。

我们这一百多年来，从晚清开始，一直在学西方的东西并试图和它对话，却总是不成功。那些先贤们（冯友兰、熊十力、牟宗三、季羡林等）创造出的东西在我们今天看来更多地集中在思想的学理层面。在阅读朱利安的过程中，我想到了中国的儒学。中国与世界各国不同，这一百多年对自己传统文化的批判走了一个和别人都不同的道路。现在复兴儒学正如火如荼，这是又开始往回走了。法国的汉学和美国的汉学之间互相不去对话。今天那种认为中国没有法制、没有民主、缺少科学精神、自身不能生长出一个现代的科学体制的简单化思想已经渐渐消失，中国的新兴儒家试图建立一种新的自由主义为表，儒家思想为里的价值体系，它包含了思想、文化、政治，却缺乏最重要的核心价值观。

狄百瑞在《儒家的困境》所提到的问题我比较赞成，他认为中国儒家现在面临两个困境：第一，中国的儒学和西方的基督教不同。西方的基督教有原罪观念，因此大家都是罪人，所以面对一个彼岸或者耶稣基督的时候，人们都需要忏悔，这个责任是由全民族全体人民来承担的。中国的儒学则是只针对一部分开明的帝王和一些精英，它并不对普通大众说话，它也不需要全体人民都成为仁人志士。那些精英知识分子通过自己的学习变成仁人，承担了大家应该共同承担的使命，所以士的责任非常重大，而完成使命也变得特别困难。这个观察特别敏锐。其实，中国正史里面记录的牺牲的文人要比战死沙场的将军多得多，他们不仅不是什么专制的辩护者，而且是反对者，抗争者，持“不同政见者”。第二，作为儒学在实际操作层面上的“礼”在渐渐消失，是生活制度的消亡。现在提倡新儒学和新新儒学的人，他们最多只能在学理层面提出一些范畴概念，对人们的生活却基本没有影响，完全无法落实到生活制度的层面，因此成为臆想空谈。牟宗三先生也只能把康德的一套践行的知识修为变成一种知识论的东西，这是不成功的。

“礼乐文化”是中国人的生活与道德行为，是通过宋明理学直接下行到百姓日常生活中的东西。因为社会发展变化，特别是近代以来的不断地“革命，革革命，革革革革”而把这套“礼”文化给革掉了，规矩在丧失，因此现代生活中我们会有很多无意识的失礼的行为。以我自己为例，“文革”中1968年我在中学，有一次我曾经隔着窗户看一位孔氏后裔的老师。虽然“文革”中老师辈都被打成臭老九，随时面临批斗，但他走过来对我说：同学，请你不要隔着窗户看人，这样很不礼貌。要知道这可是“文革”最高潮的时候！几十年后，我才明白，他的这句话是什么意思。虽然他当时在课堂上讲的可能是流行的政治文本，但他骨子里，潜意识里，是从小形成的礼的思想和习惯。另外举一个李慎之先生的事例。李慎之先生是全国最早讨论全球化问题的学者。他去世后我读他的文集发现有一篇文章叫《有时间我去找您聊聊》，读完让我非常惭愧。文中说他接触到很多年轻学者有时会在电话中和他讨论一些问题，聊完了总爱说，有时间去找您聊聊。他说他自己生长在一个礼教规矩非常严格的家庭环境中，虽然很早就参加了革命，但从来不敢在长辈面前说这种话！他会说“什么时候您有空了我再去当面向您请教”。这就是礼数，而包括我在内的这批学者，就是给他打电话的人。在老辈看来我们的言行其实就如同类人猿一样没有“文化”。

我想用这些事例说明什么是“礼”。现在儒学最大的困境就是“礼”的消失。现在中国要想从学理层面、制度层面、行为规范层面把儒学传统延续，一个必须面对的事实是如何和国际接轨，如何倾听和吸收西方的声音。我们要把自己拉开间距，要迂回地从别人那里看到自己，这对理解我们自己是有帮助的。路在哪里？就在我们脚下。我们不能把传统文化当作博物馆式的东西，它永远不是一个外在于我们的客观对象。当我们这样去处理的时候，这只是一种高蹈的学术文章；而只有当我们去实做，去践行，去创造，身土不二，传统文化才不会变得仅仅是鬼画符而是活在我们身上的具有无限可能性的东西。

最后想提一提《儒林外史》中的马二先生。马先生被大家当作一个庸俗化的典型来看待。在我看来，他从一个不同的侧面庸俗化地解释了什么是儒学，什么是经学，什么是传统。他认为儒学就是功名：孟子游说就是当时的“举业”，是为了做官；汉代“举贤良”也是举业，是为了做官；唐代诗文取士也是如此。这话虽然很庸俗，但是他真正懂经学的功用，他说得非常实际。如果我们今天的政治制度、文化制度无法和中国的儒学变成水乳一家的状态，那么传统思想肯定会灭亡。儒学只有在实际的生活中发挥作用的时候才能真正活在人的心中。所以我非常同情地理解包括李泽厚先生在内的一批先辈学者试图将马克思主义“中国化”的努力，而人们评论他为新儒家，我认为也有一定道理。最重要的是，你们在座的年轻的学生必须意识到自己既有责任也要抱有希望，必须要用你们自己的理解和自己的生活实践，去创造一种全新的符号来表现传统文化中的精神内核，来回应当今社会的时代课题。这样，传统文化才真正有希望得以复兴。

《狄仁杰之通天帝国》里的宗教问题

袁鑫忞*

一

宗教是人类生活的重要内容，通俗文艺不会放过这座宝藏。华语荧屏之展示宗教文化，集中于古装戏。细数之，1985年香港亚视《八仙过海》、86年大陆央视《西游记》、92年台湾台视《新白娘子传奇》，当然还有85年的《济公》，都是万人空巷，它们或道或佛，或兼而有之，仿佛在二十年前成就了宗教题材影视剧的黄金期。此后，广受欢迎的同类作品就难得一见了。最近十年，我们在大堆的庸俗、戏谑类古装片外，发现徐克2010年导演的商业大片《狄仁杰之通天帝国》（下称《通天》）在宗教内容上有特别的用心，颇值得说道。

《通天》所虚构的侦探故事，安置在真实的历史框架内，多数角色见于正史。《通天》的宗教内容集中体现在场景安排上。具体言之，“通天浮屠”指向佛教，“明堂”指向儒教（姑且以儒为教），“太极观”指向道教，另有一座耶教教堂。这部关于唐代名臣狄仁杰的电影，似乎是在不经意间，勾画了当时佛、儒、道、耶并存的画面。如果说佛道在中国的荧幕上常见，那么儒家的明堂、耶教的教堂作为叙事的重要舞台就罕见了，以笔者所知，或是仅此一见。也许是凑巧，四处建筑各自在故事中的分量，与武则天时期这四个宗教真实的力量对比也大致吻合，即：佛、儒为朝廷所宗；道教稍次（道教本为李唐国教，但武曌时被削弱）；基督教为民间

* 袁鑫忞，浙江大学哲学系博士后研究人员。

小教。另外，四个宗教场景看似相互独立，某种程度上却又相互沟通，如明堂与大佛的对望、大佛中心柱上贴着道教的符咒等等，形同宗教对话。几大建筑并立于洛阳，可谓唐朝宗教多元发展的明示，而细部的设计可谓暗喻，讲述着中国一向不得逾越于皇权的相互影响着的、生活化了的宗教。

前面说过，历史上宗教对民众生活的重要，中西无二。若问中国特色，则大者有三，曰：多元宗教融合并存；宗教团体下于皇权；皇权以天命为依归（即使是名义上），三者递为约束。《通天》一片，于此三者皆有所表现，可谓难得。毋庸置疑，电影主创对宗教问题兴味盎然，并有着自己的见解。然而这部电影在具体宗教现象的呈现上并非没有问题。

二

该片的主要场景是一尊高六十六丈的女佛像，位于武则天准备登基的“明堂”正北，被称作“通天浮屠”。从高度及方位，可以判断其原型是洛阳古代历史上最高的一座建筑，称为“天堂”，不同的是天堂乃筑屋以贮存大佛，而非光秃秃一个佛像。《资治通鉴》第二〇五卷载，大佛的小指即可容数十人，可见有多大。这里有几点商榷的。第一，剧组为什么把佛像设计成女性？徐克导演曾表示，这个女性是武则天。[1]史籍未明言天堂所贮是哪尊佛，一般而言应是佛祖像，加上武则天屡屡在此举行无遮大会，故几乎可断定是佛教中最尊的如来佛。之所以设计成女性，自然是为了呼应武曌作为中国历史上唯一女皇帝的身份，表示改天换地的政治变化对宗教领域的可能影响。然而这样做还是过于想当然了，且不说天子之为天之子，其尊贵比之佛菩萨有过之无不及，就说一个聪明绝顶的政治人物，明目张胆地神化自己，而不考虑其莫名其妙的篡改完全不利其收服人心，就够无厘头的。第二，片中台词说道，佛像六十六丈高象征“六十六重天”，笔者孤陋寡闻，未听过这种说法。屈原的诗里说过九重天，道教有三十六天，佛教有三十三天，哪里来的

---

〔1〕《〈狄仁杰之通天帝国〉明日上映“通天浮屠”印有刘嘉玲的脸》，《市场星报》2010年9月28日。

那么多重天？史籍不载“天堂”实高，[1]编剧有了发挥空间，而一发挥便没了边。我们这里倒是可以给“六十六”做个完美“附会”，即六在易学里代表“老阴”，是阴数之大者，象征妇人登极最好不过。

“通天浮屠”南去数百步是明堂。明堂是根据周制，天子室内祭天的场所，同时作布政、朝会之用。南郊有露天的圜丘，用来祭天，并用某祖先配祭（如周以后稷），今天北京的天坛就是明清两朝祭天的圜丘；明堂也是祭天，同样用一位祖先配祭，这个时候的天称作“上帝”，比较拟人化，历代通称“昊天上帝”。据《旧唐书》第二十六卷，武则天命僧人薛怀义主持修建的这座明堂高二百九十四尺，折算成今天的单位，为九十米上下。这个高度即便放在现在的很多中小城市，依然够得上最高建筑。电影里，武则天在明堂与佛像间的广场上阅兵，在明堂登基并差点让倒塌过来的佛像砸到。可以说，这座明堂被塑造成了武则天的政治舞台，发生其上的事件对电影情节的展开举足轻重，而在真的历史上，其在武则天朝君臣政治生涯中的地位更在天堂（“通天浮屠”）之上。不过，电影对它的呈现并没有像大佛像那般精细，观众只能在几个虚晃而过的镜头里得其外部轮廓，约略感到是北京天坛祈年殿的样子，惟底层是方形。其余关联的场景就都是内景、地面近景了，与一般的戏里所展示的唐代宫廷布景没有两样。因此可以说，由于没有努力再造明堂盛况，《通天》失去了一个使剧情延伸到更富意义的时空中的机会。明堂初建，武则天名之曰“万象神宫”，后与天堂一齐毁于大火，武则天又命人原样重建，建好后命名“通天宫”。这两个极富宗教色彩的名字并没有出现在电影里，但可以猜测，电影名应是受“通天宫”三字启发。武则天对神、对天感兴趣，以“通天宫”指称作为祭祀圣地的明堂，虽一面有取其高入云霄之义，一面则是武则天（作为“天子”）期望获得上天授命的直白表达，与西人的“通天塔”有相似的神学寓意。当“通天”二字被转移到“浮屠”（一般指佛塔，此处权且作佛像解）头上，实际上有点不伦不类，因为佛已是直接的崇拜对象，而不像明堂那样属天人之间的媒介。因而此通天浮屠之“通天”完全丧失了神学意义，只剩下表示该建

---

[1] 佛像“高百余尺”，但用于覆盖的外部建筑高度不详，可能是由于它始终未完工。见《旧唐书》卷22。

筑“非常高”这种浅显的意思。考虑到这部电影有关明堂的内容实际只停留在皇帝于明堂登基这个截面，并无半点涉及明堂的最重要也是非常频繁的功能——祭祀，可以看出创作人员对于电影错过了向宗教深度的展开是不在意的。于是乎我们可以说，《通天》传达了一些宗教信息，但总归是表面而有限的。另外，从使用“通天”作片名而事实上只表示了一个“非常高”的意思这点来看，商业片以大名头唬人的做法昭然若揭。

下来有“无极观”，观前立石碑曰“太上无极圣地”，所以显然是道教场所。然而片子把它设置成了“国师陆离”一人闭关修仙之处，阴森神秘，因而又非典型的道观。需要指出的是，道观正殿前庭整整齐齐排满十二生肖雕塑，这种摆设几乎是不可能的。片子为了烘托打斗效果而如此“匠心独运”，可谓创新，很可能是受了少林寺塔林的启发，那片塔林可谓是武侠剧里的常客。不过无论如何，那里用十二生肖是不妥的。一般而言，影视剧中的场景，除去完全凭空捏造的（如这部电影里的“鬼市”），那些可以考证或推证的，其设计也未必皆须合于史实。它们可分成两种，一种是因客观因素之不足或主观目的之需要合理地调整部分构件，前者如本片明显因为预算之类的原因只在明堂底层的飞檐上安一只母鸡大小的凤鸟，而这只凤鸟本来应该在明堂顶部当盖用的，硕大无比；〔1〕后者如本片中大佛像的中轴系铜铸而成，而历史上其实是木质，鉴于中国冶金技术一向发达，这种改变说得过去，而且也是切实服务了剧中情节。另一种是不合理地变通准真实的场景，无极观的十二生肖石像就是一例，可谓生拉硬配，足以误导观众。依道教传统，设计一些八卦阵、星宿阵会比较合理。

《通天》里最不醒目的一处宗教场所就是前文提到的耶教堂。在唐代，发源于西亚的耶教大体有了西方基督教和东方基督教之别，传入唐朝的是东方基督教的一个分支，称东方教会，即景教。景教始入华在贞观年间，到唐武宗灭佛，便连同祆教、摩尼教等于中原大地消失了。〔2〕武则天继承了贞观以来的开放政策，景教方兴未艾，于神都洛阳设教堂很自然。学术界对中世纪耶教远未达到说清楚的地步，

---

〔1〕《旧唐书》卷26：“［万象神宫］盖为鸾鷟，黄金饰之，势若飞翥。”

〔2〕参阅段园园：《7—11世纪景教在陆上丝绸之路的传播》，兰州大学2007年硕士学位论文。

而当问起唐代耶教教堂什么样子，恐怕也没人回答得了。这种情况下，一部电影大胆安排这种教堂出境，着实让人眼前一亮。《通天》的创作者很聪明，教堂是一座正在修建的教堂，内外都是脚手架，从而免去了设计众多细节的困难。之所以能辨出是教堂，是因有十字架，且有两种形状。

我们知道，作为基督宗教象征的十字架实际上有诸多变种，华人世界见得最多的则是所谓“拉丁十字”，即西方教会的十字架，包括天主教的带着耶稣受难相的十字架以及新教的无任何装点的十字架。今天我们有幸知道唐朝基督教徒所用的十字架什么样，是因为中外闻名的“大秦景教流行中国碑”碑额上刻着。该碑立于唐德宗年间，后来湮灭，出土于明末。[1]对比可知，电影里的两座十字架都没有苦相，与史实一致，特别是教堂内部那座，横竖两端都有若干圆圈，颇近碑上的样子，显然不是凭空想出。因为十字架对耶教各宗派的极端重要，细节上是不会随便的，一物之有无往往包含着独特的用意。不过，该十字架交叉处的花草纹饰，可能是另有所本，但更像是艺术工作者的画蛇添足之举。

三

合而言之，《通天》是一部在宗教问题上显山露水的电影，唯显露的程度和方式多可商榷。虽有卓识，徐克的步子也没敢迈太大，甚至迈得过小。当镜头对准明堂，而未半点涉及祭天敬祖，只能说这是惰于挖掘史料使然。为剧情计，明堂（通天宫）乃武曌为其帝王梦而处心积虑营造的神圣舞台，她从这里获得天赋权威，借昊天上帝之名号令天下，登基大典之在明堂举行无非是向朝野宣布我武曌乃上天遴选，今起正式代李氏宗室而立于人极：如此关键却未作交代，可乎？

最后谈一下电影涉及的武则天评价问题，它既关政治也关宗教。后人以及名臣狄仁杰，自然不会因为武氏大建明堂、佛寺，大肆祭祀，大搞图谶，宣扬自己乃上天所命，就认为她的称帝属正义之举。评价武则天不会是简单的事情。

来看看徐克导演借电影传达的观点。故事高潮退去，狄仁杰挺身救主，使武则

---

〔1〕 详情请阅贺忠辉：《〈大秦景教流行中国碑〉的历史价值》，《文史杂志》1987年第6期。

天幸免于难，嗣后便手举高宗所赐“亢龙锏”（代表特权）谏于武则天曰：“汝等假借法术，滥杀宗室重臣，罪无可赦。顾及社稷现处于存亡之秋，特缓免其罪。治国需要权力、谋略，但是非曲折不可苟且，请皇上知所进退，再传大唐宗室后代，回归正朔。”既有严厉的批评，又承认她权谋过人，堪为人主，尊之为“皇上”。片末又有字幕：“［即位］十五年后，武则天宣布退位，还政于太子，信守她对狄仁杰的承诺。”要说的是，武则天不是主动还政，据《新唐书》本纪，她在位时曾赐姓她与高宗所生的太子为“武氏”，亦即企图武氏江山永远坐下去，这说明其后传位太子本意不是要天下重新姓李。这段字幕只能当小说家言看待，但也折射出作者的态度，即对武则天的晚年是认可的。应该说，“神探狄仁杰”对武则天的责备及期许，亦即《通天》这部电影对武则天的评价，所反映的是一种当今较为普遍的历史观，这种历史观对历史强人抱肯定态度，对其评骘以功不以德，有时甚至充满敬意。当年张艺谋《英雄》结局彰显的对秦始皇的同情曾引来一番争论，聚讼所在也在于此。

今人多怀如此历史观，大概与功利哲学的盛行有关。中国思想史不乏尚功利者，然正统儒者深恶之，对于以诈力篡位，冒称天命者，武功再高，也不能抵罪。欧阳修编《新唐书》，相比于《旧唐书》，其中一个特点就是祖法《春秋》，更加严于正名，书中对武则天只称皇后，不称皇帝，认为其晚年能善终纯属幸运，说：“武后之恶，不及于大戮，所谓幸免者也。”（《新唐书》卷4）观念之异，或许会令不少现代人骇然。关于武则天毁掉乾元殿修造近三百尺的明堂，欧阳修完全不想详谈，只说了一句：“其制淫侈，无复可观，皆不足记。”（《新唐书》卷13）表现出极度的厌恶。之所以这样，更是因为不希望后人效法武氏所为。《资治通鉴》卷205载，薛怀义主持修建天堂时“日役万人，采木江岭，数年之间，所费以万亿计，府藏为之耗竭。”这样不惜民力，是十足恶劣的榜样。回到电影，在这点上，徐克导演毫无批判性可言，相反，由于对超级雄伟大佛及其周边的细致描绘，观众无不感叹大唐盛世，恨不能作唐朝人。联系到时下各地广建摩天大楼的奢靡风气，这实在是助纣为虐。

从姓氏选取新规看法治中国化趋向

朱小飞*

姓氏选取问题不仅关系公民人格自由和个人形象，而且具有深刻的民族伦常内涵。子女姓随父母是合乎民族伦常纲纪的基本原则，古今中外均对选取“第三姓”问题采取严格而审慎的立场和规范。2014 年 10 月 31 日，全国人大常委会出台《关于〈中华人民共和国民法通则〉第九十九条第一款、〈中华人民共和国婚姻法〉第二十二条的解释》（以下简称《解释》），这一立法解释首次明确了公民在父姓和母姓之外选取姓氏如何适用法律的问题。《解释》出台前后，各界舆论对其做了一定的阐发与解读，但基本上未能明确指出《解释》所蕴含的学理内涵和所宣示的最高立法机关立场。本文即试图明确《解释》的理论与现实意义，进而揭示《解释》所彰显的法治建设回归本土化、民族性和中国化的新趋向。

一、姓氏选取关系民族伦常要害

在中国传统文化中，姓氏是人伦要害和治理起点。俗话说“行不更名，坐不改姓”，不仅因姓名代表着个人形象与尊严，更因姓氏承载着民族伦常纲纪。

首先，姓氏是血缘传承的体现。姓氏是张三李四们对生命所出、血脉所来之处的敬畏，上有祖宗父母，下有子孙后代，姓氏的传承代表着血缘的延续。郑樵《通志·氏族略序》云：“姓所以别婚姻，故有同姓、异姓、庶姓之别；氏同姓不

* 朱小飞，浙江大学光华法学院硕士研究生。

同者，婚姻可通；姓同氏不同者，婚姻不可通。三代之后，姓氏合而为一，皆所以别婚姻，而以地望明贵贱。”此论清晰揭示了古今姓氏流变。中华传统姓氏萌生于公元前2000年左右，是以血缘关系为纽带的氏族公社符号。古代社会中，男女一般都采用父姓，女子出嫁后或单称父姓，或夫姓在前父姓在后。现代社会中姓氏专指姓，氏已成为历史陈迹，只在特殊情况下出现。姓氏最主要的功能就是区分血缘群体，是对同一血缘群体之血缘同一性的认知和表征。〔1〕也就是说，姓氏是代表一定的血缘遗传关系的种族记号，通常是指一个家族长期以来共用的一种表示同宗同族的代号，是历史上遗留下来的，以家族观念加以支撑的身份确认体系的一部分。〔2〕因此，姓氏具有深厚的伦理性。

其次，姓氏是伦理秩序的要求。共同的姓氏让父子兄弟们在血缘共同体中找准自己的定位，并据此扮演伦理角色，承担伦常义务，由此将个体的生命凝聚成秩序井然的伦理共同体。众所周知，伦常纲纪在我国传统文化中占重要地位，深刻规范、影响和制约人们言行，其中最重要的基石就是姓氏。如果说中国人一生都深深镶嵌在伦常秩序之网中，那么姓氏就是这张网的关键结点。〔3〕在伦常秩序中，姓氏具有个体区分和身份区分的重要作用，姓氏本身就意味着高低贵贱和名分权位，家长权、夫权、亲属权等都可以通过具体姓氏体现出来；人们可以通过姓氏判断不同人的尊卑、血族、双亲、婚姻，从而确定他们之间的伦理权利义务关系。与之相关的“同姓不通婚”“异姓不封王”等禁忌规则也构成了传统法律文化的一部分。〔4〕事实上，在重视家族渊源的我国，同姓之人，彼此互认为同宗，自然产生亲切感，形成由一家而宗族，由宗族而民族之观，及父子之宗族社会，姓氏由此成为中华民族伦理文化之具体表现及维持民族向心力之重要条件。

最后，姓氏是文化传统的载体。姓氏文化是中华传统文化的重要组成部分，在中华五千多年连绵不断的文明史中占有重要地位。赵钱孙李们由此发展出灿烂悠久的祠堂、族谱、祭祀、婚嫁、继承、丧葬和避讳等文化现象。公民随父姓或者母姓

---

〔1〕 参见袁雪石：《姓名权本质变革论》，《法律科学》2005年第2期。
〔2〕 参见郭明瑞等：《民商法原理（一）》，中国人民大学出版社1999年版，第480页。
〔3〕 参见刘文杰：《民法上的姓名权》，《法学研究》2010年第6期。
〔4〕 参见吴欢：《“异姓不王”传统国宪规范及其悖伦与破解》，《南京大学法律评论》2014年秋季卷。

是我国姓氏文化的重要体现，应当得到良好的传承。据学者考证，中国传统姓氏文化源远流长，内涵丰富：北宋有蒙学读物《百家姓》，尊国姓以“赵”居首；明代有《皇明千家姓》，尊国姓以“朱”居首；清代有《御制百家姓》，尊孔子以“孔”居首。[1]历代英雄豪杰在艰苦奋斗而遇到困难挫折时，常用“生不更名、死不改姓”的铿锵话语表示决心和气节，已成为中华民族的传统美德。古代帝王也常以己姓为国姓而恩赐大臣，以示宠爱和嘉奖，如唐太宗赐徐世勣姓李，并为其更名李勣。在中华民族大家庭里，汉、回、满、畲等族通用汉语，并有比较稳定的姓氏传统，其他兄弟民族在姓氏和取名制度上存在着各自的特色。[2]如元代蒙古族尊“博尔济锦”为国姓，畲族有盘、兰、雷、钟四大姓等。

姓氏不仅承载着中华民族伦常纲纪，姓随父母也构成了民族伦常的基本原则。姓氏是祖宗世世代代遗传下来的，一般而言个人并没有选择姓氏的余地，没有正当事由也不能随意变更姓氏。在中国古代，人民主要随父姓，亦不乏随母姓的现象。二者均得到传统民族伦常的认可，可见随父姓或者母姓在我国有深厚的伦理基础，也得到了全社会的普遍遵循，是承载民族伦常的一项基本原则。如果允许随便改姓，既不随父姓，也不随母姓，会对中国伦理秩序和家庭文化造成很大冲击。在当代社会，子女姓氏随父或随母，是对我国传统姓氏文的继承和改革，体现了父母子女之间的血缘、亲权关系和父母男女平等的原则，符合中华民族的传统和习惯。事实上，在现代社会，姓氏作为自然人身份登记的一项重要内容，和自然人的名字一起构成社会识别的手段和方式；姓之天定、名之后立，以姓表家族、以名彰个性也成为我国自然人确定姓名的主导观念；从常情来看，自然人易改其名，而不率尔改姓，盖因姓的伦理性要求所在；从实践来看，名之变更少生纷争；姓的变更，则往往引起家庭纠纷，其根源也在姓的伦理性。[3]因此，姓随父母不仅是民族伦常的基本原则，更构成了社会治理的基本规则。

---

〔1〕 参见慕容翊编：《中国古今姓氏辞典》，黑龙江人民出版社1985年版。
〔2〕 参见柏镇：《中国姓氏及连名制习俗古今谈》，《菏泽师专学报》1994年第3期。
〔3〕 参见郭站红：《姓氏立法刍议》，《中国社会科学院研究生院学报》2009年第3期。

二、域外法制对“第三姓”的审慎立场

域外姓氏文化不尽相同，但都肯定姓是关于血缘家族关系的反映，都没有不受任何限制选取姓氏的规定，均在选取“第三姓”问题上采取了审慎立场。

西欧封建贵族姓名中往往有一个音节表明其贵族身份，如“德（de）和“范”(van)。但由于西欧封建制度持续时间较短，姓氏表明身份等级的社会功能并不典型。日本的姓氏曾是权势的象征，冠用姓氏是统治阶级的特权，百姓有名无姓。1868年“明治维新”后，日本政府废除了封建等级制，并于1870年允许百姓取姓，更于1875年规定所有国民必须有姓氏。此后日本国民子承父姓，妇随夫姓，世代相传。[1]雅利安人侵入印度后推行种姓制度，将所有的人分为婆罗门、刹帝利、吠舍、首陀罗四种种姓，姓氏表明等级身份的功能遂被发挥得淋漓尽致。印度《摩奴法典》还规定不同种姓的人不能在同一个房间里，不能同桌吃饭，不能同饮一口井里的水，不同种姓的人严格禁止通婚，以期将种姓的划分永久化。

随着时代变迁，世界许多国家和地区都通过立法规范姓氏选取，并且明确子女应当随父姓或者母姓。如日本《户籍法》第18条规定，子女只能使用父母、父或母的姓氏；前苏联《婚姻和家庭法典》第158条规定，未成年子女的姓随父母双方姓的改变而改变。可见即使在西方社会，姓氏的类似传统中国“别世系”功能仍然明显，它使得个体属于某个家族并区别于其他，姓始终与一个家族相关，它不会独立存在，也不能随意变更。因此，公民的姓氏选取自由应具有边界限制，具体而言，在形式上不应妨碍基本的社会公共管理秩序，在实体上不应损害基本的社会公德、公序良俗，尤其不应随意选取“第三姓”。

我国台湾地区和日本与姓氏变更相关的立法例也显示，其在公民选取“第三姓”问题上采取了较为严格和审慎立场。台湾地区“民法”规定，姓氏须以一定的亲属关系为前提，变更范围限定于父母姓氏以内，且不允许选取父母之外的第三姓。据台湾“民法”第1059条的规定，夫妻离婚后，为保护子女的利益，子女有权在父姓和母姓之间变更姓氏。据台湾“民法”第1078条第3款的规定，为了保

---

〔1〕 参见袁雪石：《姓名权本质变革论》，《法律科学》2005年第2期。

护未成年养子女的利益，经养父母协商一致，可以为养子女改称养父姓或养母姓。这样的规定考虑到了收养家庭的和睦共处利益，也可以满足未成年养子女自身意志的判断发展。[1]至于改称父母之外的“第三姓”问题，台湾“民法”至今并未对此打开法律缺口，充分体现了其审慎立场。

日本民法关于选取“第三姓”的规制相较于我国台湾地区宽松，但并不意味着放弃了对伦常禁忌的考量。日本《户籍法》第107条第1款规定：“因不得已的事由拟变更姓时，须有户长及其配偶处的家庭裁判所的许可，申报其意旨。”这一规定是日本公民变更姓氏的基本规范，而且并未限定必须在父姓和母姓之间变更，所以为变更“第三姓”打开了缺口。但如欲成功改姓，还需有“不得已之事由”。至于何谓“不得已之事由”，日本学者认为包括：1. 珍奇、难解、难读的情形；2. 已长年使用的姓而拟变更成为户籍上的姓的情形，如于某些场合长年使用与户籍姓不同的“通姓”拟变更为户籍姓；3. 同一地区内有很多同姓的人。[2]日本司法实践中变更“第三姓”的典型案例如“暴力团成员更姓案”。重审法院认为，申请人之姓作为原暴力团成员已众所周知，对其脱离暴力团组织后自营建筑涂装产业的运营与更生有重大妨碍，故认为适用“不得已之事由”而允许其变更。

三、我国姓氏选取立法与司法现状

在现代社会，姓氏选取问题与公民人格自由利益关系重大，国家立法和司法应当妥善对待。但在《解释》出台之前，我国有关姓氏选取的法律规定相对滞后，司法实践也较为紊乱，既不利于法制统一，也不利于维护和弘扬姓氏伦常。

在法律的层面，我国对于姓氏选取问题主要由《民法通则》和《婚姻法》加以规范。《民法通则》第99条第1款确立了公民姓名权行使“依照规定”的原则，但实践中并没有统一的姓氏选取规定出台。《婚姻法》第22条为公民姓氏选取问题确立了基本原则，但仍然没有解决子女能否选取父母姓氏之外的“第三姓”的

---

〔1〕 参见张红：《姓名变更规范研究》，《法学研究》2013年第3期。

〔2〕 参见［日］西村信雄：《战后日本家族法的民主化》上卷，法律文化社1978年版，第114页以下。

问题。法律以外层面，姓氏选取规范更加杂乱无章，呈现出较大差异性甚至随意性。在选取“第三姓”问题上，有的不允许称父母姓之外的第三姓，并给出“其他特殊原因”的例外性条款，如《黑龙江省公安厅关于规范常住户口管理若干问题的意见》，而有的地方则持相反观点，如《潜江市公安局户籍业务办理工作规程》。可见，在能否选取“第三姓”的问题上，地方规范看法不一，承认与否认并立；而在否认第三姓的规定之中，又对可否变更为具有血缘关系的祖辈姓氏规定不一，而“其他特殊原因”也不能明确其内涵；这些规定的差异性与模糊性给意图变更为父母姓氏之外的“第三姓”的当事人造成了极大的困扰。

最高人民法院对涉及公民姓氏变更的问题颁布了若干司法解释，基本上为离婚后子女改姓、离婚后再婚一方要求随自己的子女改称继父继母姓、形成抚养关系后养父母要求养子女改称己姓等问题提供了裁判规范，但针对这些情形之外的选取“第三姓”问题，最高司法机关还是没有明确的立场。司法实践中已经发生很多子女要求变更为“第三姓”的案件，但人民法院的审理结果各异。律诗案中，原告申请改姓为“耶律”，法院则认定被告沈阳市公安局依据婚姻法第22条及辽宁省公安厅《关于加强当前户口管理和户口登记项目变更更正工作的通知》认定变更第三姓“不属所列可受理之事由”而对原告申请不予接受的行为合法。〔1〕但在王文隆案中，公安机关起初不同意将其名字改为“奥古辜耶”，但后来又同意了其更名申请。〔2〕由此可见，司法实践中对选取“第三姓”的态度尚未形成共识。对此，张红教授认为，我国姓名现状，虽有支持第三姓之观点，但主要着眼于避免“重名”及“尊重公民人格自由”，这种观点没有注意到姓氏具有表征家族身份与血统、传承文化与凝聚家庭、彰显人伦孝道并维护社会稳定的功能。〔3〕张红教授此番见解的确抓住了姓氏所蕴含的伦常要害，但是现实中也切实存在合理的变更“第三姓”的需求，域外法例也没有绝对禁止选取“第三姓”，因此，最高立法机关有必要对此问题表达明确立场和态度，以解决立法和司法困境。

---

〔1〕 参见辽宁省沈阳市中级人民法院［2005］沈行终字第252号行政判决书。
〔2〕 参见北京市石景山区人民法院〔2002〕石行初字第15号行政判决书。
〔3〕 参见张红：《姓名变更规范研究》，《法学研究》2013年第3期。

四、姓氏选取新规与法治中国化趋向

当下中国处于深刻转型期，社会关系复杂，人口流动频繁，婚姻家庭关系也面临转型，姓氏选取中的立法滞后和司法乱象已经无法适应人民日益增长的实际需要。最高立法机关此时出台姓氏选取新规，有重大现实意义和深刻学理内涵。

《解释》开宗明义指出："最高人民法院向全国人民代表大会常务委员会提出，为使人民法院正确理解和适用法律，请求对民法通则第九十九条第一款'公民享有姓名权，有权决定、使用和依照规定改变自己的姓名'和婚姻法第二十二条'子女可以随父姓，可以随母姓'的规定作法律解释，明确公民在父姓和母姓之外选取姓氏如何适用法律。"这番表述依次交代了此次立法解释的解释主体、发起主体、发起原因、解释对象和解释目的，言简意赅，堪称典范。接着，全国人大常委会表达了基本法律观点："公民依法享有姓名权。公民行使姓名权属于民事活动，既应当依照民法通则第九十九条第一款和婚姻法第二十二条的规定，还应当遵守民法通则第七条的规定，即应当尊重社会公德，不得损害社会公共利益。"《解释》在此首先确认公民依法享有姓名权，并重申公民行使姓名权的基本法律规范，同时运用体系解释方法将公序良俗原则导入姓名权行使规范。也正因为导入了这一原则，《解释》在实质上限缩了《婚姻法》第22条的适用范围。

众所周知，公序良俗作为民法基本原则，对全部民事活动都具有指导效力，但此种指导效力欲具体化还需满足具体民事规范不足和具有充分理由等条件。[1]最高人民法院请求释法说明具体规范不足，但《解释》还须进一步阐释启用公序良俗原则的理由。《解释》对此作了详细说明："在中华传统文化中，'姓名'中的'姓'，即姓氏，体现着血缘传承、伦理秩序和文化传统，公民选取姓氏涉及公序良俗。公民原则上随父姓或者母姓符合中华传统文化和伦理观念，符合绝大多数公民的意愿和实际做法。"《解释》首先肯定姓氏在血缘传承、伦理秩序和文化传统中的重要意义，强调姓氏选取关涉公序良俗，进而提炼并认定公民随父姓或随母姓原则具有文化、伦理和现实的正当性。这番论述体现了全国人大常委会坚持民族伦

---

〔1〕 参见梁慧星：《我国民法的基本原则》，《中国法学》1987年第4期。

常与公序良俗的坚定立场，意义十分重大。但《解释》并未止步于此，“考虑到社会实际情况，公民有正当理由的也可以选取其他姓氏。”因此作出解释：“公民依法享有姓名权。公民行使姓名权，还应当尊重社会公德，不得损害社会公共利益。公民原则上应当随父姓或者母姓。有下列情形之一的，可以在父姓和母姓之外选取姓氏：（一）选取其他直系长辈血亲的姓氏；（二）因由法定扶养人以外的人扶养而选取扶养人姓氏；（三）有不违反公序良俗的其他正当理由。少数民族公民的姓氏可以从本民族的文化传统和风俗习惯。”

关系民族伦常要害的传统姓氏文化源远流长，时至今日其中最基本的伦常关照仍应当坚持和弘扬。《解释》在坚持随父姓或者母姓原则的同时，根据实际情况规定可以在父姓和母姓之外选取姓氏，是一种兼具原则性与灵活性、有经有权的做法。但纵观《解释》规定的三项例外情形，仍体现了对民族伦常的坚持：“选取其他直系长辈血亲的姓氏”体现了对血缘传承的重视；“因由法定扶养人以外的人扶养而选取扶养人姓氏”体现了对养育之恩的尊重；“有不违反公序良俗的其他正当理由”体现了对公序良俗的坚守。此外，“少数民族公民的姓氏可以从本民族的文化传统和风俗习惯”也体现了对少数民族文化传统和风俗习惯的尊重。可见《解释》在灵活中仍然坚持原则，在权变时仍然本于守经。

《解释》形式严谨、说理充分，是立法解释的模范作品，更重要的是其昭示了当前法治建设回归本土化、民族性的趋向，亦即“法治中国化”趋向。“法治中国化”是范忠信教授近年来着力倡导和推动的、兼及法学理论与法治实践的重大工程。所谓“法治中国化”，“其实正是在民族精神、民族形式、民族气派的法制探索中追求普世价值与民族特色的有机结合。”“‘法治’的普世价值，只有与中国的具体法治实践相结合，只有以不对抗民族性、与国俗民情不太扞格的法律形式去兑现，亦即只有通过法治中国化，才能真正解决法治实践中的中国问题，才能真正形成深植于中华土壤的有生命力的中国法治体系和中国法治模式。”[1]最高立法机关此次姓氏选取新规旗帜鲜明地体现了法治中国化的趋向。

众所周知，在当代中国立法实践中，全国人大常委会虽然具有当然的立法解释

〔1〕 参见范忠信、吴欢：《法制中国化：新世纪以来实践与争鸣之反省（论纲）》（未刊稿）。

权，但这种权力长期以来处于“备而不用”的状态。此次全国人大常委会应最高人民法院请求，针对姓氏选取这一具体民事问题释法立规，实属罕见。最高立法机关就此作出符合民族伦常的解释，代表了立法回归民族性的趋向，是法治中国化的重大进步。当然，前途是光明的，道路是曲折的。在《解释》已经厘定姓氏选取基本规范的基础上，当前和今后有关婚姻家庭法治中国化，还有许多问题值得进一步研究，进而推动相关立法改革。作为民事领域第一个立法解释，《解释》只是最高立法机关立法解释工作常态化的一小步，但有理由相信，它会是当代中国法治本土化、民族化、中国化变革中影响深远的一大步。

编后记

本辑《原道》在超过预定刊期3个月后，终于和诸君见面了。

出现这样的状况，首先要向所有关心《原道》的读者、作者和同仁致歉。

我们在去年的“儒学与公共领域”暨创刊20周年纪念座谈会上宣布，在湖南大学岳麓书院的大力支持下，在学界同仁的关心期待中，1994年创刊的《原道》辑刊已从最初的年刊转为近年的半年刊；自2015年起，我们更要因应这个求治时代对治道思想的迫切需求，将出刊频率改为一年四辑；同时加大选题策划力度，每辑提供近半篇幅，邀请中青年学者围绕重大选题展开有深度、有分量的专题研讨。如此一来，便对稿源、约稿、审稿、编稿、校稿、出版等一系列流程提出了更高的要求。我们的编辑团队虽然有所准备，但也虑有不及，以致第25辑和第26辑《原道》出版均有所延误，着实深感不安，有负众望。

好在皇天不负。作为正式实行“专题组稿”制的第一辑，本辑《原道》邀请到了民族问题研究青年才俊、西北政法大学常安博士担任“国族认同的论争与实践”专题组稿人兼特约责编。常安博士又以其专业眼光和敬业精神，为我们奉献了大家所看到的本辑专题。关于本专题的学理脉络、问题意识等基本情况，常安博士已经在专题导言中作了高度概括，毋庸赘言。这里需要强调的是，《原道》辑刊在选题标准和作者构成上一贯注重兼顾儒家情怀、公共领域和青年声音，今后还将继续沿着这一方向为华夏治道之发明与损益贡献智识。

专题组稿之外的其他稿件亦大有可观。盛洪等学者回应李明辉关于大陆新儒学的批评的座谈整理稿，以及蒋庆先生独家首发的“‘大陆新儒家’正在形成中”的大块文章，堪称大陆新儒家面对内外质疑的集体发声。此举当仁不让，正当其时，堪称正本清源。与之相关，邓林华对康有为与现代新儒家问题的深入研讨，和张敏对陈明论著中潜涵的儒家宪政之中国路径的探微索隐，则显示了新生代儒家学者的敏锐洞见。他们作为新生代，虽然尚不老到，但可能因为少了历史包袱与顾忌，而更加能够轻装上阵。或可谓，沉舟侧畔千帆过，儒门代有才人出。

此外，徐辰对公元4至6世纪中国"大分裂"的法理分析，曾海军对传统"民之好恶"话语的义理阐释，多丽梅对组玉佩所反映的古礼等级制的揭示，冯建章对当代国际关系中"宗藩文化"的评介，朱小飞对姓氏选取新规背后法治中国化趋向的解读，均涉及传统治道建构与运行的核心要素，而且不乏现实关怀。靳大成向朱利安的隔空喊话、陈强对印光与康德哲学契合点的聚焦，梁玉春对宗教极端主义研究的反思，衷鑫恣对影视剧中宗教问题的点评，均关切了儒家、儒教不可忽视的"他者"，构成我们今日"原道"的重要参照。这些稿件，虽然尚不够精致的标准，但各有各的亮点，愿同仁宽容视之。

在照例约稿之前，还必须交代的是，由于改版后的《原道》每辑篇幅有限，以上不少稿件均在编辑过程中有所删节，所以读者诸君若觉意犹未尽，责任不在作者而在编辑部；作者诸君必有所遗憾，然料能体谅编者苦衷。

最后，拟定于今年9月出刊的《原道》第27辑，将以"香港基本法与国家建构"为题组织专题研讨，并邀请到香港问题研究青年才俊、北京航空航天大学田飞龙博士担任专题组稿人兼特约责编。我们相信，熟悉《原道》的朋友，关心时局的朋友能够一眼洞见此选题的意义与分量。我们期待田飞龙博士组织的精彩专题，更期待诸君为此专题和《原道》第27辑贡献智识。

投稿邮箱：yuandao1994@ 163. com

讨论网址：www. yuandao. com

微信公号：原道（yuandao_ rujia）

QQ 交流群：308299147

图书在版编目（CIP）数据

原道.第26辑/陈明编.—北京：东方出版社，2015.5
ISBN 978-7-5060-8217-4

Ⅰ.①原… Ⅱ.①陈… Ⅲ.①文史哲—中国—文集 Ⅳ.①C53

中国版本图书馆CIP数据核字（2015）第112373号

原道：第26辑
（YUANDAO：DI26JI）

主　　编：陈　明　朱汉民
责任编辑：冯文丹
出　　版：东方出版社
发　　行：人民东方出版传媒有限公司
地　　址：北京市东城区朝阳门内大街166号
邮政编码：100706
印　　刷：北京市大兴县新魏印刷厂
版　　次：2015年9月第1版
印　　次：2015年9月第1次印刷
印　　数：1-2000册
开　　本：710毫米×1000毫米　1/16
印　　张：19.25
字　　数：310千字
书　　号：ISBN 978-7-5060-8217-4
定　　价：50.00元
发行电话：（010）64258117　64258115　64258112